소프트웨어 개발에 관한 인문학적 접근

거꾸로 배우는 소프트웨어 개발

이호종 지음

거꾸로 배우는 소프트웨어 개발

지은이 이호종
1판 1쇄 발행일 2011년 8월 22일

펴낸이 장미경
펴낸곳 로드북
편집 임성춘
디자인 이호용(표지), 박진희(본문), 홍성훈(일러스트)

주소 서울시 관악구 신림동 1451-15 101호
출판 등록 제 2011-21호(2011년 3월 22일)
전화 02)874-7883
팩스 02)843-6901
정가 16,000원
ISBN 978-89-966598-2-2   93560

ⓒ 이호종 & 로드북, 2011
책 내용에 대한 의견이나 문의는 출판사 이메일이나 블로그로 연락해 주십시오.
잘못 만들어진 책은 서점에서 교환해 드립니다.

이메일 chief@roadbook.co.kr
블로그 www.roadbook.co.kr

이 땅의 프로그래머,
　　　당신을 응원합니다.

머리말_

까만 화면에 초록색 커서가 깜박이는 터미널에서 "Hello, World"를 출력하는 프로그램 코드를 한 글자씩 조심스레 입력하고 떨리는 마음으로 컴파일하고 엔터키를 눌러 실행했을 때 느꼈던 작은 감격을 다시 떠올려봅니다. 그때 대뇌피질을 관통하던 희열과 두근거리던 심장의 박동수를 아직도 기억합니다. 그렇게 연애처럼 빠져들었던 프로그래밍의 세계는 고단했지만 황홀했습니다.

그렇게 20여 년이 흘렀습니다. 그 사이 참 많은 변화가 있었습니다. 컴퓨터 하드웨어를 살펴보면 눈부시다 못해 아찔해질 지경입니다. IBM 호환 PC XT는 Intel 8088 @4.77MHz CPU와 640KB 메모리를 갖추고 있었습니다. 지금 제가 쓰는 PC는 Intel Core i5 @3.3GHz CPU와 6GB 메모리입니다. 클럭 속도는 거의 1000배 빨라졌고, 메모리는 무려 백만 배 늘어났습니다. 소프트웨어 역시 엄청나게 발전했습니다. PC-DOS에서 윈도7까지 실로 어마어마한 혁신이 있었습니다. 응용 프로그램 역시 강력해졌습니다. 점점 더 많은 기능들이 생겼고, 점점 더 사용하기 편리해졌습니다.

프로그램 개발환경은 어떻게 되었을까요? 개발환경 역시 괄목상대하게 발전했습니다. 도구적 진화는 눈부십니다. 겨우 텍스트 편집기 수준이었던 것이 통합개발환경 IDE, Integrated Development Environment으로 성장 진화했습니다. 화려하고 편리한 GUIGraphic User Interface 프로그램도 라이브러리와 프레임워크를 이용하면 금방 뚝딱뚝딱 만들 수 있습니다. 개발력도 엄청나게 증가했습니다.

하지만, 일부 선진적인 개발 회사를 제외하면 전체적인 개발 생산성이나 품질 수준은 오히려 정체 내지는 퇴보하고 있는 느낌을 많이 받습니다. 특히 한국의 경우에는 2000년 초반의 인터넷 닷컴 버블이 터지기 직전 프로그래머는 최고의 직종이었습니다. 하지만 버블 붕괴 이후에는 신종 3D 업종의 하나로 지목 당하고 있는 실정입니다. 유수 대학의 컴퓨터공학과 신입 모집이 정원 미달이라는 뉴스가 이젠 낯설지 않습니다. 더 이상 우수한 인재들이 모여들지 않고 있고, 업계는 만성적인 인력 부족 현상을 겪고 있습니다. 좋았던 시절은 끝난 것일까요? 뜨겁지도 않고 차갑지도 않았던 골디락스Goldilocks[1]의 시절은 영원히 지나가 버린 걸까요?

---

1 http://ko.wikipedia.org/wiki/골디락스

많은 개발자들이 고민합니다. 뭔가 답답한 현재와 뭔가 막막해지는 미래. 공부하고 모색하며 돌파구를 찾습니다. 검토하고 음미하고 판단해야 할 것들이 많습니다. 개발을 둘러싼 여러 가지 복잡 미묘한 주제들 속에는 기술적 내용뿐만 아니라 인문적 항목들도 많습니다. 현대 소프트웨어 개발의 중심축인 팀 단위 개발, 팀을 만들고 유지하는 방법, 권한과 역할과 책임의 분할 문제, 개발의 인프라 구조를 정립하고 정착시키는 문제, 팀 단위 개발 생산성과 품질 수준 확보 문제, 개발 표준 수립과 준수, 실정에 맞는 개발 방법론 정립 문제까지 어느 것 하나 허투루 하기 어려운 문제들이 많습니다.

이 책은 이런 개발 관련된 주제들에 대한 실전적 문제의식과 고민과 모색을 담고 있습니다. 지난 5~6년간 개인 블로그[2]에 틈틈이 썼던 글들이 기본 뼈대가 되어주었습니다. 이론적이거나 학술적인 관심이 아닌 실제적인 문제들에 대한 해법을 고민하며 쓴 글들입니다. 비슷한 고민을 하고 계시거나 돌파를 모색하시는 분들에게 도움이 될 수 있기를 진심으로 기대합니다. 한국에서 개발자로 살아가며 동시대를 함께하고 있다는 사실 하나만으로도 뜨거운 연대의식을 느낍니다. 허황된 부귀광영을 바라진 않습니다. 일 속에서 재미와 보람을 느낄 수 있기를 원합니다. 더 강력해지고 주도적일 수 있기를 희망합니다. 그럴 수 있는 방법과 길을 찾아낼 수 있기를 바랍니다.

그때그때 아무렇게나 막 썼던 개인 블로그 글을 유심히 살펴보시고 이렇게 한 권의 책으로 엮어낼 수 있도록 도와주신 로드북 임성춘 편집장님께 깊은 감사를 드립니다. 님의 유혹(?)과 도움이 없었다면 이 책은 세상에 나올 수 없었습니다. 망설임을 넘어설 수 있게 격려해주셨고, 개념과 방향을 잡을 수 있도록 도와주셨습니다. 다시 한번 감사를 전합니다. 고맙습니다.

책 쓰기는 늘 도전인 것 같습니다. 또 하나의 도전을 마무리한 저 자신에게도 따뜻한 격려를 전합니다. 알게 모르게 저를 지지하고 도와주는 많은 분들이 있기에 지금의 제가 있다는 걸 늘 깨닫습니다. 깊이 감사 드립니다. 제가 누구 얘기하는지 다들 아시죠? 맞습니다. 바로 당신입니다. 고맙습니다.

---

[2] http://blog.naver.com/joycestudy

목차_

머리말   4

프롤로그
- 01 소프트웨어 개발 제대로 배우자   9
- 02 개발자는 무엇으로 사는가   13
- 03 문명 붕괴 패턴과 너무 비슷한 소프트웨어 붕괴 패턴   18
- 04 소프트웨어 진화 전략을 고민해봄 (1)   24
- 05 소프트웨어 진화 전략을 고민해봄 (2)_리팩토링   30
- 06 즐겁고 행복한 개발자를 위한 3종 세트   37
- Colum01 프로그래밍 언어에 관한 두서 없는 생각   42

개발 방법론
- 07 개발 방법론에 대한 오해와 억측   48
- 08 복잡한 개발 방법론 따위가 왜 필요할까   50
- 09 폭포수 개발 방법론을 위한 변호   58
- 10 소프트웨어 솔루션 단기 속성 개발 전략의 위험성   66
- Colum02 전문성의 기준으로 본 전문가 등급 피라미드   74

개발 조직론
- 11 개발 방법론은 누구에게 필요한 걸까   77
- 12 좋은 소프트웨어 개발 관리자가 되려면_전문성   83
- 13 좋은 소프트웨어 개발 관리자가 되려면_시간 관리   92
- 14 좋은 소프트웨어 개발 관리자가 되려면_몰입형 업무 환경 조성   101
- 15 SCRUM은 소프트웨어 개발 방법론일까?   107
- 16 SCRUM 세미나에서 나온 질문들   116
- 17 SCRUM이 제대로 도입되려면, 개발 최고 관리자인 사장님이 달라져야 한다   124
- 18 소프트웨어 개발은 쌍두마차 야간여행과 같다   131
- 19 소프트웨어 프로젝트와 제품에 대한 의식의 흐름   136
- 20 협업은 가능한 걸까? 어떻게 해야 가능해질까?   141
- Colum03 Continuous Integration(지속적 통합, CI)은 왜 필요할까?   149

개발 표준

21 전사적 개발 표준을 정하는 문제와 관련된 어려움   152
22 문서화 3원칙   162
Colum04 Coding Style과 Unit Test_ 프로그램을 좀더 실천적으로 배울 수 있는 방법 165

소스관리 도구

23 전사적 소스 코드 관리 체계 도입과 관련하여   170
24 왜 한국의 프로그래머들은 소스 형상 관리 도구를 잘 안 쓰는 걸까?   181
Colum05 좋은 소프트웨어 개발을 위한 최소한의 실천지침   187

Framework

25 Framework에 대한 두려움 혹은 불안감   188

TDD

26 소프트웨어 버그의 속성, 세균을 닮았다   192
27 소프트웨어 개발에서 버그는 정말 어쩔 수 없는 것일까   199
28 소프트웨어 개발에서 품질 향상은 생산성을 갉아먹는 게 아니다   207
29 프로그램 오류에 숨겨진 IT 조직 이야기   215
30 TDD를 도입해야 하는 10가지 결정적인 이유들   220
31 TDD 도입을 꺼리는 10가지 주요한 이유들   234
Colum06 소프트웨어 개발자 구인 소개글을 써봤습니다   242

에필로그   244
찾아보기   246

"가치를 만드는 건 엔지니어, 과학자, 예술가들이다. 다른 사람들은 단지 그걸 이리저리 옮길 뿐이다."

— 로버트 노이스Robert Noyce, 인텔 창립자

프롤로그

소프트웨어 개발, 제대로 배우자

소프트웨어 개발은 참 재미있다. 이것처럼 생각을 즉각적으로 구현하고 확인해볼 수 있는 분야는 많지 않다. 처음 프로그래밍 언어를 배우고 "Hello, World"[1]를 출력해볼 때의 설렘을 아직도 기억한다. 컴퓨터와 세상이 서로 인사하고 만나게 해주는 일, 바로 프로그래머의 일이다.

프로그래밍은 재미있는 일이지만, 프로그래머는 고단한 직업이다. "소프트웨어 개발이 극도로 인간을 피폐하게 만든다."라는 어느 개발자의 고백[2]도 있을 정도다. 피폐와 소모를 강제하는 고유한 메커니즘이 한국 소프트웨어 산업 내부에 있다는 지적[3]도 있다. 개발자 개인의 문제뿐만 아니라 개발 조직의 문제 역시 크다. 현대 소프트웨어 개발의 중심은 팀이다. 개발 조직의 규칙/규약/규율/문화/방법론이 더욱 중요한 이유다.

---

1 http://en.wikipedia.org/wiki/Hello_world_program
2 〈인간, 조직, 권력 그리고 어느 SW 엔지니어의 변〉(이종국, 인사이트, 2011, p. 294)
3 [취재수첩] 여전히 심각한 SI 하도급 문제. http://www.ddaily.co.kr/news/news_view.php?uid=30073

프로그래밍 언어만 배웠다고 개발에 대해 다 배웠다고 착각하는 경우가 많다. 개발은 정말로 광대한 영역이다. 언어의 문법과 용법에 대해 배운 건 먼 여행길에 작은 물통 하나 챙기는 정도일 뿐이다. 제대로 개발을 배우려면, 팀 단위에서의 규칙과 규약과 방법들에 대해서도 배워야 한다. 테스트 방법도 배워야 하고 소스 관리 방법도 익혀야 한다. 라이브러리/프레임워크에 대해서도 공부해야 한다. 정말로 배우고 익히고 챙겨야 할 것이 많다. "매년 새로운 언어를 최소 하나씩 배우라."라는 선배 개발자의 조언[4]도 있다.

통칭 개발 방법론이라고 불리는 부문이 있다. 소프트웨어 공학 software engineering이라고도 한다. 개발을 둘러싼 여러 가지 주제에 대해 다룬다. 개발 절차와 단계별 과제, 요구사항 분석 방법, 설계 방법, 테스트 방법뿐만 아니라 개발 조직 내의 역할과 권한과 책임에 대해서도 다룬다.

처음 개발을 배울 때에는 사실 이들 분야의 지식은 별로 필요가 없다. 순수 기술 개발적인 주제들이 아니다. 팀과 조직의 역학, 내부 정치적 요소, 권력 현상까지 드러나는 문과적 주제들과도 맞닿아 있다. 팀이 구성되고 프로젝트가 조직되고 관리가 진행될 때, 개발 방법론에 대한 이해와 경험이 높은 팀일수록 더 생산성 높게 과제를 수행해갈 수 있다. 조직 역학에서 생겨나는 편향과 긴장을 이해한다면 문제 발생 가능성 자체를 더 낮춰갈 수 있다.

소프트웨어 개발은 참 쉽지 않다. 돌파해가야 할 순수 기술 개발 주제들도 쉽지 않다. 소프트웨어 개발은 전적으로 사람에 의존한다. 그래서 사

---

4 〈실용주의 프로그래머 The Pragmatic Programmer : From Journeyman to Master〉 (앤드류 헌트/데이비드 토머스 공저, 김창준/정지호 공역, 인사이트, 2005).

람에 따라서 정말로 많은 것이 달라진다. 개발자의 개성/성격/특성/습성/습관이 개발 결과물에 그대로 반영된다. 개인적 편차가 심하다. 팀 단위에서의 통일성/일관성을 유지하고 관철하는 일이 쉽지 않다. 팀을 오래 유지하는 일도 관건이다. 들락날락이 심해질수록 팀 단위의 응집력과 협업력은 떨어진다. 팀 단위의 관습과 문화를 키워가는 것 역시 중요한 과제다.

이러저러한 개발 현장에서의 문제/과제들에 대해 개발 방법론/소프트웨어 공학이 해답을 줄 수 있을까? 일부분 해답을 주기도 하고 전혀 다른 오답을 주기도 한다. 개발 방법론이라는 부문 자체가 '일반화'가 참 어려운 영역이기 때문이다. 모든 사람과 모든 조직에 다 잘 맞고 잘 어울리는 그런 신통방통한 영약은 없다. 어떤 사람/조직에 효험이 있었다고 해도, 그게 우리 사람/조직에 효과적일 거라는 확증은 누구도 해줄 수가 없다.

더 중요한 것은 우리 자신을 아는 것이다. 우리의 체질과 습관을 아는 것에서 시작해야 한다. 우리의 고유한(?) 문제에서부터 출발해서, 그 문제를 풀어가는 데 도움이 될 처방전을 찾는 과정이어야 한다. 현학적인 이론들을 그대로 가져다가 현실에 적용해보는 건 오히려 역효과가 생길 공산이 크다. 특히 개발 조직 외부에서 주로 상층에서 아래로 강요하고 주입하는 방식으로 던져주는 방법론[5]은 대부분 실패한다. 실무자/담당자들이 감당할 수 있어야 한다. 방법론 도입과 적용과정에서 생겨나는 불편과 부작용을 감당하고 극복해갈 수 있어야만 약효를 얻을 수 있다. 아무리 보약을 지어줘도 쓴 약 먹기 싫어서 몰래 버리기만 하면 몸이 튼튼해질 수가 없다.

---

5 〈겸손한 개발자가 만든 거만한 소프트웨어〉(신승환, 인사이트, 2009) "위에서 아래로 내려오는 방법론은 '역병'보다 무서운 도덕적 해이를 불러 일으킵니다." (p. 127) "강압적인 방법론이 일으키는 가장 큰 문제는 '악의적인 순응'입니다." (p. 128)

이 책에서는 최대한 개발 현장의 현실적인 문제들에서 시작해서 해법을 모색해 가려 한다. 그 과정에서 이론서들의 도움을 얻거나 다른 개발자들의 경험에서 배우려 한다. 개발을 다시 거꾸로 배우는 과정이지만, 제대로 배우는 과정이기도 할 것이라고 믿는다. 실전에서만 제대로 배울 수 있다.

> "가능한 한 앉아 있지 말라; 야외에서 자유롭게 움직이면서 생겨나지 않은 생각은 무엇이든 믿지 마라. 모든 편견은 내장에서 나온다 – 꾹 눌러앉아 있는 끈기 – 이것에 대해 나는 이미 한 번 말했었다 – 신성한 정신에 위배되는 진정한 죄라고."
> 니체 Nietzsche 『이 사람을 보라』 「나는 왜 이렇게 영리한지」 1: KGW VI 3, 279쪽

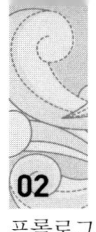

프롤로그
개발자는 무엇으로 사는가?

프로그래머로서 지내온 시간을 잠시 되돌아 보았다. 80년대와 90년대, 2000년대, 꽤 많은 변화가 있었다. 그 시간을 되돌아 보며 개발자/프로그래머는 무엇으로 사는가[6]에 대한 짧은 답을 찾아보았다.

80년대, 90년대에는 프로그래머가 얼마 없었다. 전산학과 출신의 소수만이 프로그래밍을 했다. 프로그래밍 언어도 C 같은 어려운 언어밖에 없었다. 어셈블리어로 직접 짜야 하는 경우도 많았다. 도구도 별로 없었고 사용법이 어려웠다.

그 대신, 주변 사람들은 아주 작은 기능에도 과분할 정도로 감동해줬다. 컴퓨터를 잘 쓴다는 것 자체에도 놀라워하던 시절이었다. 그 어려운 컴퓨터로 뭔가를 멋지게 자동 처리해주면, 바로 감동 먹었다. "와, 컴퓨터로 이런 것도 돼요? 정말 멋져요." 관리부서 사람들이 야근하며 손으로 하던

---

6 http://ko.wikipedia.org/wiki/사람은_무엇으로_사는가 - 톨스토이 단편 소설

서류 작업을 뚝딱뚝딱 프로그램으로 만들어주면, 고맙다고 맛있는 것도 사주고 그랬다. 가끔은, 천재소리도 들었다. 우쭐한 날들이었다.

그때는 사람들이 컴퓨터에 바라고 기대하는 것들도 소박했다. 뭔가를 좀 더 편하고 쉽게 자동 처리할 수 있으면 만족했다. 복잡한 기능은 원하지 않았다. 화려한 그래픽이 없어도 괜찮았다. 요즘처럼 사용성[7]을 심각하게 고민할 필요도 없었다.

프로그래머로서 보람도 느꼈다. '내가 사람들을 편하고 기쁘게 해줄 수 있다.'는 생각에 뿌듯했다. 본업도 아닌데, 주말에 재미 삼아 프로그램을 짜곤 했다. 보람도 있고 긍지도 있고 보상도 나쁘지 않았다. 프로그래머로서 행복했던, 참 좋은 시절이었다.

그러던 잠시, 2000년대, 인터넷이 터졌다. 프로그램도 터져 나왔다. 점점 더 강력하고 멋진 녀석들이 쏟아져 나왔다. 프로그래밍 작업도 쉬워졌다. 도구가 엄청 좋아졌다. 프로그램 만드는 게 쉬워졌다. 많이 똑똑하지 않아도, 전산학 공부 많이 하지 않아도, 그럭저럭 프로그램 짤 수 있게 되었다. 인터넷 웹 프로그래밍은 정말 쉬워졌다[8].

그 대신, 주변 사람들이 달라지기 시작했다. 이젠 어지간한 기능 따위에는 별 감동도 하지 않았다. 사용자 눈높이는 하루가 다르게 높아졌다. "이거, 다른 프로그램에선 더 멋지고 예쁘고 편하게 더 잘 만들었던데."

---

7 http://ko.wikipedia.org/wiki/사용성 Usability
8 프로그래머 입문 문턱이 낮아지면서, 보상과 대우의 하향 평준화 경향이 강해졌다. 초급도 짤 수 있는 걸 중급/고급 개발자에게 맡길 이유가 없어 보이기 때문이다. 중급/고급 개발자가 해야 할 일을 초급을 시켜서 빨리 막 만들고 잠깐 사용하다가 문제가 많아지면 버리고 새로 만드는 방식이 생겨났다. 개발의 인스턴트화다. 난개발과 저가 개발의 만연/만성화, 중급/고급 개발자의 위상/입지/토대가 불안정해지는 복합적인 현상도 생겨났다.

라고 비평하는 사람들이 늘어갔다. 작고 사소한 실수 때문에 생기는 에러(버그)에 대해서도 관대함을 잃어갔다. "또, 에러야? 아휴, 왜 이따위로 만들어서 사람 고생시키는 거야?" 프로그래밍이란 게 그냥 생각만 하면 자동으로 콸콸 쏟아지는 줄 아는 사람들도 늘어갔다. "아, 그건 이렇게 하고 이건 저렇게만 하면 돼? 어때, 쉽지? 이런 거 프로그램으로 짜는 거 별거 아니지?"

프로그래머는 고단해졌다. "지는 프로그램 코드 한 줄 짤 줄도 모르면서, 그렇게 잘 알면 니가 짜라, 프로그래밍!" 그렇게 대꾸해주고 싶은 상황들이 늘어갔다. 이래저래 간섭은 많고, 권한은 별로 없고, 의무는 잔뜩 지워진 상황 속에서 고군분투해야 하는 나날들이 이어졌다. 감동은 없어졌고, 비평만 많아졌다. 공짜 오픈 소스 프로그램도 너무 많아졌다. "아니, 핀란드 애들은 왜 자꾸 공짜로 프로그램을 만들어서 푸는 거야." 그나마 프로그래밍으로 먹고 살 수 있는 영역이 자꾸 사라졌다. 높아진 사용자 눈높이에 맞춰내기가 점점 어려워졌다.

2000년대에 프로그래밍을 시작한 프로그래머들은, 특히 인터넷 웹 프로그래머들은, 인터넷 붐 초기에 반짝하고 주목과 열광과 감동을 받았던 짧은 추억만 어렴풋할 뿐, 현재의 현실은 각박하고 치열하고 전투적이다. 감사와 환호를 받아본 경험이 너무 적어졌다. 불평과 불만과 비평과 비난에 익숙해져 있다. 긍지도 부족해졌고 보람도 적어졌다.

프로그래머는 무엇으로 사는가? 돈만이 전부는 아니다. 고액 연봉이 보람과 기쁨까지 주는 건 아니다. 사람들이 환호하고 감동하고 고마워할 때 프로그래머는 더 신난다. 뭔가 세상에 기여하고 있다는 느낌, 실제로 내 작업의 결과에 고마워 하는 사람(사장님 빼고)이 있다는 걸 느낄 때, 정말 즐겁고 행복해진다.

그런데, 요새는 그렇게 하기가 너무 어렵고 힘들어졌다. 웬만한 거로는 관심조차 끌기 어렵다. 사용자들을 감동 먹게 하려면 정말 엄청나게 어렵고 복잡한 프로그래밍 과제를 풀어야 한다. 그것도 아주 빨리 풀어야 한다. 기술적으로만 풀어가도 안 된다. 사람들이 정말 원하는 게 뭔지를 찾아야 한다. 사람들이 환호하고 감동할 그런 걸 만들어야 한다. 이것은 프로그래머가 찾기는 어려운 영역이다. 재능 있는 기획자나 마케터와의 협업이 필요한 이유다.

프로그래머 역시 돈만 먹고 살지는 않는다. 사람들의 관심과 감사와 환호도 받고 싶다. 최소한, 비난과 악플은 피하고 싶다. 그러자면, 일단 더 잘 만드는 수밖에 없다. 사람들을 즐겁게 하거나 더 편하게 하는 소프트웨어를, 그것도 에러 없이 아름답게 더 잘 만들어야 한다. 개발 방식과 방법을 되돌아 보고, 더 잘할 수 있는 방법을 찾아내고 실천해가는 것을 통해 다시 개발자로서의 보람과 긍지와 기쁨을 되찾을 수 있다고 생각한다.

프로그래머는 무엇으로 사는가? 돈만이 전부는 아니다. 고액 연봉이 보람과 기쁨까지 주는 건 아니다. 사람들이 환호하고 감동하고 고마워할 때 프로그래머는 더 신난다. 뭔가 세상에 기여하고 있다는 느낌. 실제로 내 작업의 결과에 고마워 하는 사람(사장님 빼고)이 있다는 걸 느낄 때, 정말 즐겁고 행복해진다.

프롤로그

문명 붕괴 패턴과
너무 비슷한 소프트웨어 붕괴 패턴

소프트웨어 붕괴? '붕괴'라는 표현이 좀 지나치다고 느끼는 분도 있을 것 같다. 붕괴 맞다. 사고에 의한 급격한 붕괴도 있지만, 서서히 무너지는 붕괴도 있다. 개발자라면 누구나 금방 알 수 있다. 누구도 손대고 싶어하지 않는 소프트웨어 모듈이 있다. 다들 피한다. 너무 복잡하고 미묘해서, 누구도 들여다 보고 싶어하지 않는다. 까닥 잘못하면 오류가 폭주한다. 아무리 분석해도 오류를 해결할 수 없는 코드가 있다. 마치 여기저기 물 새는 제방[9] 같은 느낌이다. 개발자의 손으로 물새는 곳을 한 곳씩 틀어막고 버티는 모양새다. 응급처방으로 땜질을 한다. 그러면, 곧 다른 곳이 터진다. "손이 모자라요."라는 얘기가 일상이 된다. 개발자를 계속 투입해줘도 기껏 손으로 틀어막고 땜질을 하기 때문에 제방은 늘 위태위태하다. 사용자들의 거센 항의/요구가 빗발친다. 제방의 물이 넘실거린다. 제방이 견뎌낼 수 있는 한계치를 넘어선다. 드디어 무너져 내린다. 사용자들

---

[9] 몸으로 물 새는 제방(둑)을 막은 네덜란드 소년의 이야기가 생각난다. 누군가 영웅적으로 희생해야만 사고를 막을 수 있는 체계/방식은 원시적이다. 영웅적 희생은 고결하고 감동적이지만, 그걸 개발자에게 강요하는 조직/회사는 미련하고 비열하다.

누구도 손대고 싶어하지 않는 소프트웨어 모듈이 있다. 다들 피한다. 너무 복잡하고 미묘해서.
누구도 들여다 보고 싶어하지 않는다. 까딱 잘못하면 오류가 폭주한다.
아무리 분석해도 오류를 해결할 수 없는 코드가 있다. 마치 여기저기 물 새는 제방 같은 느낌이다.

이 모두 떠난다. 아무도 사용하지 않는 소프트웨어가 된다. 사용자도 개발자도 떠나버린 소프트웨어, 쓸쓸한 폐허만 남는다.

왜 소프트웨어는 붕괴하는 걸까? 그 이유가 궁금했다. 어느 날, 미국의 사회생물학자Socio-biologist 레베카 코스타Rebecca D. Costa의 인터뷰 기사[10]를 읽었다. 문명/세상의 복잡성이 인간의 좌뇌/우뇌의 수준을 넘어설 때 일어나는 현상을 문명 붕괴의 패턴으로 요약한 글이었다.

- 좌뇌와 우뇌의 능력을 뛰어넘는 문제의 복잡성complexity
- 이것을 해보고 안 되면 저것을 해보는 순차적 완화책의 실패
- 교착 상태gridlock에서 빠져드는 통념과 믿음. 퇴행
- 상태 악화와 문명 붕괴

문명 붕괴의 패턴을 읽다가 소프트웨어 역시 비슷한 양상으로 붕괴한다는 걸 깨달았다.

- 초기 버전 개발/출시
- 기능 추가 / 개선 / 유지보수
- 복잡도 증가 / 문제 발생
- 해결 노력 / 교착 상태gridlock
- 믿음belief에 기반한 개발로 퇴행
- 문제 지속 / 상황 악화
- 소프트웨어 붕괴

10 [Weekly BIZ] 日 지진 대처, 문명의 교착상태에 갇혀있음을 적나라하게 보여줘. http://biz.chosun.com/site/data/html_dir/2011/03/25/2011032501620.html

위기의 원인은 1차적으로 복잡성complexity에 있다. 개발자가 감당하기 어려운 수준으로 복잡도가 급격히 증가해버린 탓이다. 거꾸로 말하면 복잡도 관리에 실패했기 때문에 위기가 시작된다. 해법은 간단하다. 복잡도를 낮추든지, 아니면 복잡도를 감당할 수 있는 개발자만 투입하든지.

초기 버전을 출시했을 때는 별 문제 없었다. 기능 자체도 간단했고 많지도 않았다. 초기 요구사항 분석을 잘했기 때문에 최적화된 구조를 갖추고 있었다. 기능을 하나 둘씩 추가해가고 개선해가는 일도 쉽고 빠르게 진행된다. 그러다가, 점차 기능들이 많아지고 서로 영향을 끼치면서 시스템이 조금씩 복잡해진다.

소프트웨어는 계속 변한다. 성장한다. 원래 그렇다. 변화는 소프트웨어의 본질적 특성이다. 변화를 강제하는 사용자들의 요구는 정말 끝이 없다. 소프트웨어의 숙명이다. 개발자의 숙명이다. 사용자 없는 소프트웨어, 아무도 사용해주지 않는 소프트웨어는 무의미하기 때문이다. 사용자와 함께 성장해가는 것이 소프트웨어다. 변경/추가/보완은 피할 수 없다. 소프트웨어는 아이와 같다. 탄생했을 때 모두 기뻐하고 축하해준다. 처음엔 작고 귀여웠고 말도 잘 들었다. 그런데, 어느덧 말썽쟁이가 되더니 이윽고 괴물로 변해간다. 정말 간단한 기능을 하나 추가하기 위해서도 이젠 수십 갈래로 얽힌 시스템의 세부 구조를 다 헤집고 다녀야 한다. 유지보수가 점점 힘겨워진다.

처음에는 해결을 위해 노력한다. 하지만, 역부족이다. 이러지도 저러지도 못하는 교착 상태에 빠진다. 그 지점으로부터 과학/공학/공예는 사라지고 신학/믿음/기도가 개발자를 사로잡는다. 이것을 해보고 안 되면 저것을 해보는 방식으로 변한다. 코드를 짜놓고 잘 돌아갈 거라고 믿고 기도하는 마음이 된다. 문명 붕괴 패턴에서 말하는 '퇴행'이 시작된다. 이런 건 공학이 아니다. 신학이다. 믿음에 기반한 개발로 퇴행하면 더 이상 길은 없다. 문제는 지속되고 악화된다. 종말이 다가온다.

해법은 원인을 완화하고 제거해가는 데 있다. 바로, 복잡성이 원인이다. 소프트웨어가 어느 수준 이상으로 복잡해지면, 그 순간부터 복잡도와의 치열한 싸움을 전개해야 한다. 새로운 기능 추가에 대한 시장/소비자/사용자들의 거센 요구에도 부응해야 하지만, 내부적으로 점점 더 정글처럼 복잡해지는 구조를 간소화할 수 있는 아키텍처를 고민하고 전환해야 한다. 대부분 소프트웨어는 이 지점을 통과할 때 적절한 가지치기와 구조 변경을 실행하지 않는다. 바쁘다는 이유로 그 실행시점을 놓친다. 그나마 잘 돌아가고 디버깅까지 해놓은 코드를 수정하는 일은 쉽지 않다. 그래서 망설인다. 그 결과 방심한 사이에 제멋대로 자라난 괴물을 만난다. 이 괴물은 불가사리처럼 개발자의 기력을 모두 빨아먹는다. 아무도 뛰어들고 싶어하지 않는 공포스러운 코드의 늪이 된다. 손만 대면 오류와 장애가 터지는 소프트웨어가 된다. 이 지경이 되면 이 소프트웨어가 아무리 강력하고 화려한 기능을 가졌다고 해도 사용자는 외면한다. 기능 개선도 안 되고 오류투성이인 소프트웨어를 써줄 사용자는 어디에도 없다. 사용자가 버리고 외면하는 소프트웨어는 버려진 놀이시설처럼 황폐해진다. 개발자가 손대기 두려워하는 소프트웨어를 사용자가 잘 참고 사용해주길 기대하는 건 좀 지나친 욕심이 아닐까? 그것도 돈을 내면서?

문명 붕괴 패턴으로부터 소프트웨어 붕괴에 대처하기 위한 지침을 뽑아보면 아래와 같다.

- 복잡도가 증가할 때 증상 완화를 위한 대중요법으로 대처하기보다는 근원적인 치료법인 아키텍처에 대한 검토와 전환을 실행해야 한다.
- 믿음에 기반하는 신학적 기법이 아닌, 공학적/공예적 기법으로 대응해가야 한다. 소프트웨어의 문제는 인간이 감히 도전하거나 해결할 수 없는 난제인 경우가 그다지 많지 않다. 신학적 기법을 써야 할 이유? 전혀 없다. 자신이 짠 코드가 잘 돌아갈 거라는 믿음은 버리고, 공학적/공예적 기법으로 '검증'을 해서 '입증'하면 된다.

프롤로그
소프트웨어 진화 전략을 고민해봄 (1)

'진화 전략'이라 하니 좀 거창하다. 사실 고민의 시작은 단출하다. 현재 배포/서비스 중인 소프트웨어 제품이 있다. 밀려드는 고객 요구를 받아 새로운 기능을 추가하느라 여념이 없다. 버그와의 싸움도 계속된다. 그런데, 갈수록 새로운 기능 추가 작업에 필요한 시간과 노력이 점점 더 늘어간다. 기능 자체는 간단한데, 그걸 기존의 시스템에 충돌 없이 장착하는 일이 점점 더 어렵고 난해해진다. 에러와 버그도 점점 더 많아지고 수정 작업도 점점 더 길어진다. 소프트웨어의 복잡도가 제어 범위를 넘어 출렁거린다. 가끔 물이 흘러 넘친다. 원인을 알 수 없는 장애가 자주 발생한다. 긴급 복구 대응을 해보지만, 근본적인 원인 치료는 할 수 없다. 왜냐고? 원인을 찾을 수 없으니까.

개발자들도 하나 둘 바뀐다. 지친 사람은 떠난다. 새로운 사람이 들어온다. 구조와 기능을 배우며 적응해간다. 떠나간 개발자와 새로운 개발자, 남아있는 개발자, 서로 지식/경험은 제대로 전수되지 않는다. 아무리 설계 개발 문서를 체계적으로 생성/관리하더라도 개발자의 머릿속에 들어

있는 지식과 손에 배어 있는 기술을 모두 뽑아낼 수는 없다. 떠난 개발자가 남긴 구멍은 아주 오랫동안 남는다. 기존 시스템에 대해 속속들이 알고 있던 사람들이 줄어든다. 그들만 알고 있던 암묵적 지식/경험도 사라진다. 남들이 짜놓은 기존 시스템 구조에 대한 비판자가 하나 둘 늘어난다. 조직 전체적으로 완전히 새로운 설계와 구조에 대한 갈망이 커진다.

대부분 개발자는 남이 짠 코드를 싫어한다. 자신이 짜지 않은 코드는 레거시legacy[11] 코드로 취급한다. 레거시 코드에 대한 유지보수와 개선 작업은 괴롭고 피곤한 일이다. 새로 구조와 기능을 파악해야 하고 코드를 모두 읽어봐야 하고, 이상한 문법과 코딩 스타일 때문에 코드 읽기도 괴로운데 기능이 제대로 돌아가는지 아닌지 검증까지 해야 한다. 그냥 통째로 버리고 새로 짜는 게 더 빠르겠다는 얘기가 자주 나온다.

비즈니스적 관점에서는 화들짝 놀랄 얘기다. "아니, 조금 오래되고 불편한 건 사실이지만, 기본 기능들은 아직도 쓸 만하고 잘 돌아가잖아. 게다가 이렇게 오류가 거의 없는 상태까지 오는 데 얼마나 많은 노력이 들었는데. 이걸 버리고 새로 완전히 처음부터 만들자고? 다시 만들면 잘 만들 수 있다고? 그걸 어떻게 믿어?"

조직 내 개발자들이 이구동성으로 '새로운 시스템'을 만들어야 한다고 주장하면, 관리자/경영자도 결국은 손을 든다. 개발 전문가/실무자들이 도저히 재활용할 수 없고 폐기해야만 한다고 강력히 주장하는데, 그 요구를 묵살할 수 있는 관리자/경영자는 없다. 더구나 사용자/고객들도 낡고 불

---

[11] '유산'이라는 의미이다. 전산학에서는 기존에 구성된 시스템을 의미함. 완전히 폐기/교체하기에는 비용이 너무 많이 들고 재활용하기엔 어려움이 많은 그런 시스템이다. 개발자들은, 자신이 안 짠 모듈은 모두 레거시 취급을 하는 경향이 있다. 심지어, 본인이 짰더라도 시간이 아주 오래 지난 것들 역시 레거시 취급을 한다. 레거시는 나쁘고 후지다는 게 일반적인 인식이다.

편한 기능에 대해 이미 오래 전부터 아우성을 치고 있었다. 더 버틸 재간이 없다.

안팎의 요구에 따라 완전히 새로운 제품을 만들기 위해 프로젝트 팀이 조직된다. 우수한 인재들을 총동원해서 완전히 처음부터 코드를 만들어간다. 기획부터 전부 새로 한다. 설계에 많은 공을 들인다. 신기술도 대량으로 적용해본다. 새로운 제품에 대한 기대와 열정으로 모두 열심히 일한다. 그 사이 기존 제품은 프로젝트 팀과는 다른 팀에서 최소한의 버그 수정 작업과 유지보수 작업으로 버텨간다. 프로젝트 팀이 우수한 개발자를 빼갔기 때문에, 상대적으로 덜 우수한 개발자만 남아있다. 고객의 새로운 요구 사항은 최소한으로 그리고 최대한으로 늦춰가며 버틴다. 남은 팀의 개발자들은 또 다른 심리상태에 젖어든다. "뭐, 대충 버티기만 하면 되겠지. 이거 결국은 안 쓰고 버릴 시스템인데, 뭐…." 안 쓰고 버릴 시스템에 대해 관심과 애정을 쏟을 사람이 있을까? 애정과 관심을 쏟지 않는 시스템이 잘 돌아가며 성장해갈까?

새로운 프로젝트, 그 시작은 창대했지만, 끝은 갈수록 바빠진다. 기존 제품의 기본 기능을 구현하기에도 빠듯해진다. 기존 제품에 있는 여러 가지 부가 기능 모두를 구현하는 건 시간과 자원 제약 때문에 어려워진다. 초기의 강렬했던 열정도 점차 식기 마련이다. 열정만으로 돌파하고 해결할 수 없는 문제점도 여럿 출현한다. 다들 만들어본 제품이니까, 쉽게 만들 수 있을 거라는 착각과 오해에 빠져있었다는 걸 깨닫지 못한다.

세상에 똑 같은 소프트웨어 제품은 없다. 같은 제품이더라도 소스 코드가 한 줄이라도 바뀐다면, 그건 이미 그 전의 소프트웨어가 아니다. 이미 바뀐 소프트웨어다. 기능적으로 똑 같은 제품을 새로 만든다고 해보자. 똑 같은 사람들을 투입해서 만든다고 가정(!)해보자. 가정이다. 현실에서는 똑 같은 팀이 똑 같은 제품을 처음부터 새로 만드는 경우가 없기 때문이다. 똑 같은 제품이 나올까? 아니다. 똑 같은 제품을 만들려고 했다면 새로운 프로젝트 자체를 시작했을 리가 없다. 그냥, 기존 제품을 그대로 사용했을 거다. 뭔가 다른 게 나올 것을 기대했기 때문에 새로 프로젝트를 시작한 거다. 똑 같은 팀이 개발해도 다른 제품이 나온다. 이 제품은 기존 제품이 가지고 있지 않은 장점들이 많을 것이다. 그런데, 모두가 쉽게 눈 감고 외면하는 불편한 진실이 있다. 기존 제품에는 없는 단점들이 새로운 제품에 수두룩하다는 점이다. 주로 오류/버그다. 새로 짠 코드는, 통계적으로 불가피하게 오류/버그를 품고 있다. 프로젝트에 투입된 개발자마다 차이는 있다. 아주 적게 오류/버그를 만드는 개발자도 있다. 아주 많이 엄청나게 만들어내는 개발자도 있다. 어쨌든, 새 제품 코드에는 오류/버그가 득실거린다는 사실. 이게 모두가 알고 있지만, 모른 척 외면하는 '불편한 진실'이다.

모든 프로젝트는 프로젝트이기 때문에 위험하다. 시작이 있고, 끝이 있다. 목표가 있다. 실패 위험이 아주 높다. 원래 그렇다. 위험하지 않거나 도전적이지 않으면 프로젝트로 시작하지 않기 때문이다. 소프트웨어 개발 프로젝트는 더 위험하다. 사람에 너무 크게 의존하기 때문이다. 사람에 무슨 일이 생기면 프로젝트 전체가 영향을 받는다. 일정 지연에 대한 위험이 가장 크다. 사람들이 많이 착각하는 것이 바로 일정이다. 자신들이 일정을 아주 과학적(?)으로 계획한다고 착각한다. 슬쩍 질문 하나 해보자. 3개월 후 첫 번째 월요일에 뭘 하고 있을지 계획할 수 있나? 그리고, 그 계획을 진짜로 지킬 수 있나? 아니, 이제까지 그래 본 적이 있나? 모든 계획은 그냥 추정이고 예측일 뿐이다. 1주일 단위로 산출물이 가시적으로 나오지 않는 모든 프로젝트 계획은 그냥 '희망사항'일 뿐이다. 그걸 진짜로 '계획'이라고 믿는 사람이 있다면, 순진하신 거다. 프로젝트 관리에는 전혀 적합하지 않으신 분이다. 딴 일 찾아보라고 진지하게 권하고 싶다.

우리의 야심 찬 프로젝트가 예정 기일을 한두 번 넘기기 시작하면, 이해관계자들 모두 들썩거린다. 팀장님/사장님 모두 바빠진다. 문제 원인을 찾는 사냥이 시작된다. 프로젝트에 대한 기대가 불안으로 바뀐다. 실패에 대한 두려움이 번진다. 책임 떠넘기기와 희생양 만들기가 물밑에서 소용돌이 친다. 진짜로 프로젝트가 실패하게 되면, 아주 살벌해진다. 누군가는 책임을 져야 한다. 개발자에게 꽤 많은 책임이 돌아간다. 왜냐고? 그 기능을 만들 수 있다고 해놓고, 만들지 못했으니까. 만들었다고 했는데, 알고 보니 엉망으로 만들어 놨으니까. 일정을 지킬 수 있을 것 같다고 해놓고, 그걸 못 지켰으니까. 아주 가시적으로 결과가 보이는 부분이 바로 개발자이기 때문이다. 상대적으로 다른 참여자들은 그 사람 때문에 실패했다는 근거를 추적해서 찾아내기가 꽤 어렵다. 예를 들어, 프로젝트 관리자가 뭘 잘못해서 프로젝트가 실패했다고 추궁할 수 있을까? 좀 어렵다. 실패한 프로젝트는 아주 큰 후유증을 낳는다. 그래서, 소프트웨어 개발 프로젝트는 더 위험하다. 참여자들에게 아주 큰 내상을 남긴다.

우여곡절 끝에 프로젝트가 끝났다고 하자. 제품이 출시된다. 이제 행복해질까? 아니다. 이제 겨우 시작이다. 기존 제품과의 하위 호환성 확보는 일찌감치 포기했다. 그걸 감당하려면 더 많은 시간과 인력을 투입해야 하는데, 대부분 그럴 여력이 없기 때문이다. 마케팅 라인에서 혼란이 시작된다. 고객들의 혼란도 시작된다. 기존 제품 사용자를 새로운 제품 사용자로 이전해가는 새로운 프로젝트가 시작된다. 전환을 지원하는 개발자와 고객 지원팀과 제품 사용자인 고객 모두 힘겨운 시간을 보낸다.

새로운 제품에서도 에러와 버그는 발견된다. 새로운 구현 요구도 생겨난다. 버그 수정 작업과 기능 개선 작업이 바로 시작된다. 새롭고 유연한 설계 덕분에 추가 기능 구현이 쉽고 간단해졌다. 다시, 시간이 흐른다. 오류 수정과 기능 개선 작업은 계속된다. 그러던 잠시, 새로운 제품 역시 복잡해진다. 점점 무거워진다. 하루가 다르게 변화하고 발전하는 시장 트렌드에서도 점점 뒤떨어진다. 이제 더 이상 새로운 제품도 아니게 된다. 폭증하는 요구와 복잡해져 가는 시스템, 기존 구조와 얼개로는 포섭할 수 없는 특이한 요구들로 고뇌하고 번민하는 기획자/개발자가 생겨난다.

새로운 제품이 레거시가 되었다. 다시, 똑같은 고민이 시작된다. 어떻게 해야 하나? 또다시, 새로운 제품을 개발하는 새로운 프로젝트를 시작해야 하나?

제로 베이스 코드에서 완전히 새로 시작하는 것. 제일 쉽고 깔끔하고 자유롭다. 그래서 대부분 개발자는 이걸 선호한다. 하지만, 비즈니스 현실 관점에서는 너무 위험할 수도 있는 선택이다. 아무리 탁월한 천재라고 해도 시장의 불확실성을 모두 예측하고 대비할 수 없다. 기술적 불확실성 역시 프로젝트를 위험에 빠뜨린다. 기존 제품과의 호환성 문제와 사용자 재학습 부담, 사용자가 만든 데이터 자료의 이전migration도 무시할 수 없는 이슈다. 참, 간단하지 않은 것이다, 개발이란 것이.

혹시, 새로운 제로 베이스 코드 프로젝트 외에 또 다른 진화 전략은 없을까?

있기는 있다. 다음 편에서 좀더 자세히 살펴보려 한다.

05
프롤로그

소프트웨어 진화 전략을 고민해봄 (2)
_리팩토링

점점 더 복잡해지는 소프트웨어 제품의 문제를 해결하기 위해 취할 수 있는 전략 가운데, 지난 번에는 제로 코드 베이스 뉴 프로젝트zero code based new project 전략에 대해 살펴봤다. 기존 제품의 기능은 그대로 구현하되 완전히 새롭고 신선한 구조와 코드를 새로 설계하고 구현하는 방식이다. 기술적으로는 완성도도 더 높을 수 있고, 유연성과 확장성도 높을 수 있고, 코드도 깔끔해질 수 있다. 그런데, 비즈니스적으로는 너무 위험하고 위태로운 전략이다. 비용도 중복으로 들고 기간도 걸릴 만큼 걸린다. 대개의 프로젝트가 그러하듯 프로젝트 자체의 성공 확률도 그리 높지 않다. 완성품이 시장에 출시될 즈음에는, 곧바로 상당히 많은 새로운 기능 추가 요구에 직면하게 될 공산도 크다. 이래저래 어려운 길이다.

또 다른 진화 전략은, 그냥 기존 코드를 조금씩 뜯어고치는 것이다. 이렇게만 말하면 너무 배운 티가 안 난다. 조금 고상한 용어를 동원해보면 이렇다. 리팩토링refactoring 전략이다. 건축 용어인 리스트럭처링restructuring

이라고 부를 수도 있다. 코드 개선, 구조 개선이다. 사실, 마틴 파울러[12]의 리팩토링은 전략이라기보다는 하나의 기법이다. 코드에서 나쁜 냄새를 찾아서 없애가는 활동이다. 새로운 요구사항이 생기면 그걸 우아하게 포섭할 수 있도록 구조를 개선해가는 작업이다. 이것을 기법 차원이 아니라, 소프트웨어 진화 전략으로 끌어올릴 수 있다. 기존 소프트웨어 제품을 완전히 폐기하고 새로운 코드/구조를 가진 새로운 소프트웨어를 만들어내는 게 아니라, 기존 제품을 보완하고 수정하고 개선해가는 방식이다. 비즈니스적 관점에서 훨씬 더 안전하다. 기술적 관점에서도 불가능한 일이 전혀 아니다. 적용 대상 코드의 복잡도와 난이도에 따라 차이가 있겠지만, 함수/클래스/상속관계/데이터베이스 테이블 변경 등이 모두 가능하다. 그것도 점진적이고 체계적인 방법을 통해서 지속적인 개선이 가능하다. 사실, 우리는 이미 이런 활동을 하고 있다. 그걸 리팩토링이라고 부르지 않았을 뿐이다. 디버깅하면서 문제를 해결하기 위해 코드를 수정하고 개선해왔다. 이걸 좀더 확대하고 좀더 강화하고 좀더 잘해보자는 게 바로 리팩토링이다. 그래도, 아래에 소개하는 책 정도는 읽는 게 좋겠다.

리팩토링 관련 도서 소개

- 〈Refactoring 리팩토링: 나쁜 디자인의 코드를 좋은 디자인으로 바꾸는 방법〉
  마틴 파울러 저/윤성준, 조재박 공역 | 대청 | 원서 : Refactoring
- 〈패턴을 활용한 리팩토링〉
  조슈아 케리에브스키 저/윤성준, 조상민 공역 | 인사이트 | 원서 : REFACTORING TO PATTERNS

---

12 http://en.wikipedia.org/wiki/Martin_Fowler

리팩토링 책들에서 소개하는 기법들을 하나씩 음미해보면, 아 이제껏 난 형편없고 어처구니없이 코드를 막 짜 왔구나, 하는 자괴감이 들 수도 있다. 뭐, 그렇게까지 자책할 필요는 없다고 본다. 코드 짜기는 사실, 글쓰기랑 약간 비슷하다. 처음부터 글을 일점일획 손볼 곳 없이 완벽하게 일필휘지로 써낼 수 있는 작가는 몇 없다. 다들, 한 번 쓴 글을 몇 번씩 다시 읽고 고치고 다시 읽고 고치고 다른 사람에게 리뷰 받아보고 또 고친다. 프로그래밍도 비슷하다. 마틴 파울러 정도되는 초고수들이야 거의 수정 없이 휘릭 하고 코드를 짜낼 수도 있겠지만, 우리 같은 평범한 사람들은 계속 고치고 고치고 고쳐야만 좋은 구조와 스타일의 코드를 만들어 낼 수 있다. 더구나, 우리가 짜야 하는 프로그램의 요구사항은 계속 변한다. 계속 바뀐다. 모든 걸 다 예측해서 미리 짜놓을 수도 없고, 그럴 필요도 없고, 그래서도 안 된다. 개발자들 사이에서 농담처럼 말하는, 예언적 프로그래밍predictive/prophetic programming[13]은 피곤하다. 예언은 원래 빗나가는 게 더 많기 때문이다. 필요한 만큼만 만드는 게 더 낫다. 더 빠르다. 더 오류도 적다.

리팩토링 기법들을 거의 외웠고 눈 감아도 아른거릴 정도까지 되면, 이제 바로 코드 리팩토링 작업을 시작해도 되는 걸까? 아니다. 그랬다간 아주 박살이 나는 수가 있다. 공연히 겁주는 게 아니다. 정말로, 정말로, 그냥 막 리팩토링을 시작하면 곧바로 재앙을 만난다. 배우고 익힌 것을 바로 실전에 적용해보고 싶어 몸이 근질거리겠지만, 조금만 참자.

---

13 공식 용어가 아니다. 그냥 내가 지은 말이다. 요구사항이 죽 끓듯이 바뀌는 개발조직에서는 '예언가'들이 생긴다. 기획자가 얘기하지 않아도, 미리 예측/예언해서 구조를 설계해둔다. 기능을 미리 만들어두기도 한다. 그러면, 나중에 추가 기능 넣어달라는 기획자의 요구에도 의연하게 대응할 수 있다. 의외로 많은 개발자들이 '예언력'을 개발력의 필수 요소로 생각하기도 한다. 하지만, 이게 과연 좋은 현상일까? 딱 잘라서 말하긴 어렵다. 요구사항이 툭하면 바뀌거나 분석을 제대로 하지 않는 조직에서는 예언력이 정말 필요하다. 하지만, 예언은 맞는 경우보다 틀리거나 빗나가는 경우가 훨씬 더 많다. 틀린 예언/예측에 기반해서 미리 개발해놓은 것을 다 그냥 버려야 한다. 예언력과 분석력은 다르다. 기획자의 말의 행간을 분석해서 필요한 구조를 도출해내는 건 꼭 필요한 능력이다. 하지만, 기획자가 다음 달에 새로 들고 올 요구사항을 예측해서 미리 개발해놓는 건 낭비다.

아는 사람은 이미 눈치채고 있겠지만, 리팩토링은 아주 위험하고 독한 기법이다. 그래서 약효가 직방으로 듣는다. 그 독성을 제어하기 위해서는 다소 고단하고 지루한 작업을 함께 해야 한다. 바로, 단위 테스트Unit Test다. 이거 없이 리팩토링하는 건 거의 자살 행위에 가깝다고 보면 된다. 또 책 선전이다. 요 책 정도는 읽어줘야 한다.

테스트 주도 개발 관련 도서 소개

- 〈테스트 주도 개발: Test-Driven Development〉
  켄트 벡 저/김창준, 강규영 공역 | 인사이트
- 〈고품질 쾌속개발을 위한 테스트 주도 개발〉
  채수원 저 | 한빛미디어

리팩토링을 하게 되면, 코드의 상태와 내용이 계속 달라진다. 계속 바뀐다. 코드가 제대로 동작하는지 매 순간 계속해서 테스트하면서 확인해야 한다. 이 때 전통적인 수동입력-육안검사라는 탁월한(?) 기법을 사용해도 된다. 손으로 입력하고 눈으로 결과를 확인하는 기법이다. 모든 테스트 항목에 대해 매번 빠짐없이 충실하게 수행할 자신이 있는 사람은, 이 기법만을 사용해도 아무 문제가 없다. 자신이 없는 분은, TDD(테스트 주도 개발, Test Driven Development)까지는 실행하지 않더라도, 최소한 단위 테스트Unit Test를 실행할 수 있는 환경부터 갖추기를 권한다.

테스트를 최대한 자동화해서 개발자 자신이 귀찮거나 피곤하다는 심리적인 이유 때문에 테스트를 소홀히 하는 심각한(!) 사태를 미리 예방해야 한다. 그래야 리팩토링을 순조롭게 진행할 수 있다. 테스트를 충분히 자동화하지 않은 상태에서 리팩토링하겠다고 하는 사람이 있다면 즉각 저지

해야 한다. 겨우 잘 돌아가고 있던 코드가 한 순간에 미치는 수가 있다. 리팩토링을 위한 기초 토대인 단위 테스트는 아무리 강조해도 지나치지 않다.

단위 테스트만 갖춰지면 이제 리팩토링을 시작해도 될까? 아니다. 하나 더 남아있다. 소스 코드 관리 도구가 갖춰져 있는지 점검해야 한다. 아직도 소스 코드 관리 도구라는 거 자체를 모르거나 알더라도 도입해서 개발 팀이 전체적으로 사용하고 있는 상태가 아니라면, 미안하지만 리팩토링을 시작할 준비가 안 된 조직이다. 리팩토링은 소스 코드의 상태와 내용이 하루에도 수십 번씩 변경되고 번복되고 변화한다. 변경 이력 추적과 이전 버전과의 비교와 롤백rollback 보장이 안 되면 실행해선 안 되는 독한 기법이다. 소스 코드 관리 도구는 필수다. 소스 코드 관리 도구는 어떤 걸 써도 무방하다. 서브버전Subversion이라는 도구가 있는데, 가장 많이 사용한다. 이 부분도 좋은 책 하나를 소개한다. 애석하게도 절판이다. 서브버전에 대해서는 인터넷 자료를 참조하기 바란다.

서브버전 관련 도서 소개:

- 〈서브버전을 이용한 실용적인 버전 관리〉
  Mike Mason 저 | 류광 역 | 정보문화사 [절판]
- Subversion 사용 HOWTO
  http://www.pyrasis.com/main/Subversion-HOWTO →

준비가 되었다면, 리팩토링을 단위 테스트 코드 짜기와 함께 시작한다. 물론, 단위 테스트 코드부터 먼저 짠다. 그래서, 일단 잘 돌아가는 상태를 테스트 코드의 입력 조건과 출력 비교 검사한다. 그 다음, 소스 코드를 리팩토링해 간다. 잘 돌아가던 단위 테스트 코드가 리팩토링한 후에도 깨지지 않아야 한다. 단위 테스트가 실패하지 않으면, 리팩토링이 성공적이라고 생각해도 좋다. 물론 100% 확신할 수는 없다. 하지만, 기존에 잘 돌아가던 코드가 리팩토링 후에도 여전히 단위 테스트 코드로 검사한 항목들에 대해서 만큼은 잘 돌아간다는 것을 믿음이 아니라 검사하고 전도가 아니라 입증했다는 데 의의가 있다. 이것은 일종의 '감싸기 & 정복하기wrap and conquer' 기법이다. 리팩토링 대상 코드를 단위 테스트 코드로 감싼 다음 하나씩 수정하면서 정복해간다. 중간 중간에 소스 코드 관리 도구에 소스 변경 내역을 커밋commit해서 올려두는 걸 잊지 말자.

와중에 구조를 좀더 유연하고 확장성 있게 재설계해갈 수 있는 여지를 확보할 수 있다. 단위 테스트와 함께라면, 두려움 없이 리팩토링할 수 있다. 테스트가 깨지지만 않으면, 적어도 그 입력 조건들에서만은 정상적 동작이 보장된다는 의미이기 때문이다. 아, 지금, 머리 갸우뚱하며 입술 삐죽이는 거 알고 있다. 맞다. 단위 테스트 코드 꽤 많이 짜야 한다. 이런 조건, 저런 조건, 이런 입력, 저런 입력, 생각해낼 수 있는 모든 경우를 따져보면 무지하게 많이 만들어야 한다. 많을수록 더 안전해진다.

뭔가, 대단히 거창한 진화 전략을 얘기하는 것 같았지만, 이게 다다. 제로베이스 코드의 뉴 프로젝트를 야심차게 추진하지 않아도, 기존 소프트웨어 제품의 내부 구조와 기능 개선을 점진적으로 비교적 안전하게 이룰 수 있는 비법이다. 코드를 점점 더 우아하고 아름답게 만들어 가는 방법이다. 유지보수도 쉬워지고, 새로운 기능 추가도 쉬워진다.

너무 간단해서 좀 싱겁게 들릴지도 모르겠다. 하지만, 막상 해보면, 좀 고단하고 약간은 지루하고, 또 약간은 짜야 하는 단위 테스트 코드의 양에 살짝 질릴지도 모른다. 그럼에도 어렵지는 않다. 천재가 아닌 평범한 우리들이, 우아하고 강건한 소스 코드를 만들어 낼 수 있는 거의 유일한 방법이기도 하다. 바로 준비하고 시작해보자. 우리 소프트웨어 제품이 강건해진다. 개발자인 우리도 같이 건강해진다. 코드가 우아해진다. 우리도 함께 우아해진다.

프롤로그

즐겁고 행복한 개발자를 위한 3종 세트

개발 경력이 오래될수록 이상하게도 '개발력'이 떨어진다. 이유가 뭘까? 물론, 개발자를 둘러싼 사회적/환경적 요인도 무시할 수 없다. 하지만, 엄격하게 개발자 자신의 내부를 들여다 보자. 과연, 나는/우리는 개발을 잘하고 있나?

꽤 여러 기준들이 있을 것이다. 일반적으로는, 원하는 기능을 오류 없이 늦지 않게 만드는 것, 이게 제일 무난한 기준일 것이다. 하지만, 조금 다른 기준을 제시해보고 싶다. 내가 던져보고 싶은 기준은 이거다.

"지금, 개발이 즐겁고 행복한가?"

정말, 내가/우리가 개발을 잘하고 있다면, 그 일이 즐거울 것이다. 그렇지 않다면, 뭔가, 아주 많은 문제의 늪에 빠져 있는 거다. 생각해보자. 처음 '개발'을 배우고 익히던 초심자 시절을! 참, 재미있고 즐겁지 않았나? 원하던 기능이 눈앞에서 구현되어 펼쳐질 때의 그 황홀하던 기억들을, 꿈끙거리며 문제를 고민하다가, 드디어 해법을 발견하고 그걸 코드로 구현해서 짜잔 하고 돌아갈 때의 그 짜릿했던 기쁨을. 사실, 개발은 원래 참 즐겁고 재미있는 일이었다. 인간의 지적 활동 중에서 이만큼 결과를 즉각적이고 실체적으로 확인할 수 있는 분야? 그리 많지 않다. 소프트웨어는, 짜면, 바로 돌아간다. 와우!!!

그런데, 왜 우리는, 개발자는, 불행한 걸까?

내가 보기엔, 늪에 빠져 있기 때문이다. 더럽고 지저분한 소스 코드의 늪에 빠져 있고, 일정을 압박하는 온갖 맹수들의 위협에 노출되어 있기 때문이다. 게다가 어느 정도 프로젝트가 복잡도의 경지를 넘어서면, 그 때부터는 '과학'이 아니라 '신앙'이 필요해진다. 오류와 버그가 없기를 '기도'해야 한다. 이런!

문제의 원인이 개발 조직과 개발 과정의 '외부'에 있을 수도 있다. 그 외부적 원인 때문이라면, 그 때에는 '외부'를 바꿔야 한다. 하지만, 원인이 '내부'에 있는 경우도 적지 않다. 만약, 아래 3가지가 부족하거나 없다면, 문제의 상당 부분은 '내부 문제'다. '내부'를 바꿔야 한다.

- 소스 코드 관리
- 개발 프레임워크
- 단위 테스트

이 3가지를 다 구비했는데도 행복하지 않고 불행하다면, 그 원인은 개발 '외부'에 있다. 외부를 바꿔야 한다. 그 외부의 대표주자는, 물론 '사장님'이다. 위의 3종 세트가 갖춰졌는데도 개발이 즐겁고 행복하지 않다면, 그건 당신의 잘못이 아니다. 회사를 바꾸거나 팀장님 또는 사장님을 바꿔

라. 더 있어봐야 고생만 한다. 제대로 된 대우나 보상도 못 받고 엄한 삽질만 하다가 계속 소모되고 방전되고 끝내 폐인이 될 수도 있다. 빨리 다른 데로 이사하길 강력히 권한다.

하지만, 이 3가지를 아직 구비하지 못했다면, 들어는 봤으나 실행해보지 않았다면, 개발이 어렵고 고통스러운 이유는 바로 '당신'에게 있다. 남 탓, 조직 탓, 환경 탓을 할 자격도 없다. 연차가 높고 개발 경력이 긴 사람 중에도 아직 3종 세트를 확립하지 않은 채 나날의 전투에 맨몸으로 뛰어드는 사람이 많다. 왜 그럴까? 이런 건, 고급 프로젝트를 수행하거나 여유 많은 개발 조직에서만 구사 가능한 고난도의 무공이기 때문일까?

전혀, 아니다. 개발자라면 누구나 1~2주의 시간만 집중하면 익힐 수 있고, 무엇보다도 대부분의 솔루션이 오픈소스, 무료다. 우리는 못한다고? 우리 조직은 다들 멍청해서 이런 고급 기법은 사용할 수 없다고? 웃기지 마라. 당신 혼자 그냥 써도 된다. 당신에겐 이런 걸 도입하자고 제안하고 결정할 권한이 없다고? 다시 말한다. 그냥, 당신 혼자 몰래(!) 써도 된다. 아무도 뭐라 하지 않는다. 이 3종 세트를 모르거나 도입하지 않고 있는 개발조직은, 개인이 혼자 몰래 어떤 도구나 라이브러리를 써도 전혀 관리/통제되지 않는 조직이기 때문이다. 사실, 조직이라고 표현했지만, 그런 곳은 그냥 프리랜서 모임일 뿐이다. 각자 알아서 일할 뿐인 모임이 조직일 리는 없다.

무슨 말을 하더라도, 그건 비겁한 변명일 뿐이다. 자신의 게으름과 두려움과 무신경함에 대한 핑계일 뿐이다. 좀 심하게 말하면, 당신이 개발 경력 10년 차라고 해도, 이 3가지 무공을 제대로 체득하지 못하고 있다면, 미안하지만, 당신은 영원히 '초짜' 개발자이다. 아니, 싱싱하기라도 한 초급보다도 훨씬 떨어진다. 더구나, 당신 밑에 다른 개발자들이 있다면, 당신이 개발팀의 리더쯤 된다면 상황은 더 심각하다. 당신 때문에 당신 밑에 있는 그들도 개발을 '나쁘게' 배우기 때문이다. 개발을 아주 고통스럽고 불행하게 배우기 때문이다.

개발은 원래 즐거운 일이다. 제대로 된 '방법'을 배우면, 아무리 복잡한 프로젝트를 진행해도 계속 즐거울 수 있다. 당신이 불행한 이유는, '나쁜' 방법을 배웠기 때문이다. 지금이라도 늦지 않다. 제대로 다시 배우고 익히면 된다.

- 독자적인 개발 환경을 PC에 구현한다. 웹 개발이라면 XAMPP 정도면 훌륭하다. Apache, PHP, MySql이 통째로 설치된다. 설정도 몹시 쉽다.

- 소스 코드 관리 솔루션인 SVN$_{subversion}$ 사용법을 익힌다. Lovely TortoiseSVN과 함께라면 걱정 없다.

- 쓸만한 프레임워크를 선택하고 익힌다. 웹이라면, PHP라면 CakePHP와 Zend Framework를 추천한다. 남들이 다 했던 똑같은 일을 혼자 새로 개발하지 않아도 된다. 이미 다 짜놨다. 그냥, 쓰면 된다. 쉽게 할 수 있는 일을 혼자 어렵게 할 이유? 세상에 그런 말도 이상한 이유 따위는 없다. 정말 '공부'가 목적인 학생이 아니라면, 그냥 이미 충분히 똑똑한 사람들이 만들어 놓은 좋은 라이브러리/프레임워크를 그냥 써라.

- 지금 당장, 단위 테스트$_{Unit Test}$를 공부하고 바로 실전에 적용한다. 세상 거의 모든 프로그래밍 언어에는 모두 단위 테스트 기능이 있다. 난이도? 정말, 쉽다. 오히려 너무 쉬워서 나중엔 좀 지루해질 정도다. 함수를 짠다면 그 함수를 테스트하는 테스트 코드를 항상 함께 짠다. if문을 넣었다면, 바로 그 if문을 통과하는 테스트 코드를 짜서

돌려본다. 바로 해보라. 놀라운 경험을 할 수 있다. 개발이 달라지는 느낌을 확연하게 체험할 수 있다. 테스트 코드 짜고, 실행 코드 짜고, 바로 돌려본다. 다시 테스트 코드 수정하고, 실행 코드 수정하고, 돌려본다. 버그에 강건한 코드가 태어나고 성장하는 과정을 함께 느껴보라. 당신도 함께 '강건'해진다. 이게 TDDTest-Driven Development다.

COLUM 01

프로그래밍 언어에 관한 두서 없는 생각

처음 제대로 익힌 프로그래밍 언어는 C였다. 한참 IBM 호환 PC 인 8086 XT와 AT가 보급되던 시절이었으니 참 오래되긴 했다. 터보C 2.0과 UNIX ANSI C로 시작했었다. 데니스 리치와 브라이언 커닝핸 공저의 〈The C Programming Language〉 1판과 2판을 함께 사서 봤었다. 아직도 내 책꽂이에 2판이 꽂혀있다. 손때가 자글자글하게 묻어있고 곳곳에 줄치고 메모를 끄적여 놓은 흔적들이 남아있다. 그때 '베개만한 책'으로 유명했던 임인건씨가 쓴 〈터보C 정복〉을 들고 다니며 열심히 보고 또 봤던 기억이 새롭다. (기억만으로도 팔이 저려오는 건 왜 일까? 정말 무거운 책이었다.)

C를 공부하면서 제일 어려웠던 것은, 역시 '포인터$_{pointer}$'였다. 간접화/추상화 개념이기 때문에 어려웠고 하드웨어적인 개념(컴퓨터 아키텍처와 CPU 구조)과 운영체제$_{OS}$에 관한 개념이 잡혀있어야 제대로 이해할 수 있기 때문이었다. 하지만 덕분에 프로그램의 구조에 관한 내용들까지 속속들이 파악할 수 있었고 이후 매크로 어셈블리와 연동하는 프로그램을 짜면서 그 강력한 위력을 실감할 수 있었다. 하지만, 매번 프로그램을 디버깅하다 보면 늘 포인터 연산에서의 오류 때문에 문제가 발생하곤 해서 몹시 고단했다.

그리고 접했던 언어는 awk라는 유닉스 프로그램이었다. sed와 더불어 간단한 텍스트 프로세싱에 있어서는 강력한 표현력을 가지고 있고 지금도 여전히 많이 사용되는 언어이다. 소프트웨어의 대가였던 Alfred Aho, Peter Weinberger, Brian Kernighan 세 사람이 모여서 만든 텍스트 프로세싱 전용 언어이다. awk라는 이름은 바로 세 명의 이름 첫 글자를 딴 것이라고 한다. 유닉스에서 작업할 일이 많았는데, 간단한 텍스트 처리 작업을 위해 C로 매번 프로그램을 짜는 건 너무 번거로워서 awk를 자주 애용했었다.

유닉스의 C shell과 Bourne shell로도 자주 간단한 배치Batch 프로그램을 짜곤 했다. if-else 제어구문과 for 루프 구문이 모두 갖춰져 있다. 유닉스의 각종 명령들을 쉽게 가져다 쓸 수 있어서 꽤 복잡한 작업도 몇 줄 안 되는 간단한 코드로 처리할 수 있었다.

얼마 후 볼랜드 C 3.0과 MS-C++이 나오면서 본격적인 객체지향 프로그래밍OOP, Object Oriented Programming이 시작되었는데, 책만 사놓고 조금 읽다가 말았다. 그때는 하드웨어 관련된 일을 하고 있었고, 굳이 OOP까지 필요하진 않았기 때문이었다. 대부분 작업은 유닉스에서 shell 또는 awk, 처리로직이 조금 더 복잡하거나 링크드 리스트/트리와 같은 데이터 구조가 필요한 경우에는 C로 처리할 수 있었기 때문이었다.

한참 시간이 흐른 후, 우연치 않은 기회에 인터넷 관련 업종에서 일을 새로 시작하게 되면서, GNU C (gcc)로 웹 서버에서 작동하는 CGICommon Gateway Interface 프로그램을 작성하는 걸 익혔다. 하지만 간단한 HTML 몇 줄 고치는 것에도 매번 컴파일을 새로 해야 했다. 번거로움에 지쳐서 찾은 대안이 PHP였다. 그리고 그 무렵 ASP로 된 페이지들을 디버깅할 일도 생겨서 자연스럽게 ASP도 익혔고 Java/JSP도 공부하게 되었다. 물론, Perl도 그때 조금씩 들여다 볼 기회가 있었다. JavaScript도 함께 만지작거렸다.

본격적인 OOP_{Object Oriented Programming}는 자바_{Java}가 처음이었다. 절차적 프로그래밍 언어_{procedural programming language}에 익숙해있던 머리를 깨고 제대로 된 OOP의 틀을 잡기까지는 꽤 많은 시간과 시행착오들이 필요했다. 특히, '상속'을 적절히 사용하는 일은 요즘에도 꽤 어렵다. 무리한 '상속'으로 너무 자주 문제가 발생했다. 객체지향 개발 방법론과 디자인 패턴, 리팩토링 등을 공부하면서 OOP를 어떻게 끌어내고 구현해야 하는지를 조금씩 깨달아 가고 있는 참이다.

자바와 같은 객체지향 언어를 사용하면서 느낀 것 가운데 좋았던 것은, 우선 전역 변수_{Global Variable}에 대한 부담감이 없어졌다는 점이다. C를 사용할 때에는 전역 변수를 극소화해서 사용하느라고, 거의 모든 함수에서 전달인자_{argument}의 갯수가 계속 늘어났고 리턴값은 데이터 스트럭처의 포인터 값인 경우가 많았다. 하지만, OOP에서는 클래스 범위 내로 한정할 수 있는 멤버 변수를 사용했다. 함수에 전달인자로 넘겨주지 않아도 되고, 다시 리턴값으로 되돌려 받을 필요도 없었다. 마치 전역 변수처럼 자유롭게 사용할 수 있어서 너무 편리했다. 전달인자가 줄어드니 함수들의 프로토타입도 가벼워졌다. 멤버 변수는 전역 변수를 사용할 때처럼 조심하고 주의해야 하는 일은 줄었다. 클래스 내부에서만 안전하게 사용하기 때문이었다.

복잡한 데이터 구조를 구성하고 해당 데이터 구조 관련 함수들을 만들어가는 작업을 피할 수 있다는 점도 OOP의 장점이었다. 간단하게 그냥 배열이나 해쉬 테이블 또는 클래스 서너 개로 거의 대부분의 복잡한 데이터 구조를 구현할 수 있었다. 구조체를 따로 만들 이유가 거의 없어졌다.

객체간의 관계(상속, 인터페이스, 소속)로 유연성과 확장성을 확보할 수 있다는 점도 맘에 들었다. 특히, 인터페이스를 구현하는 방식으로 객체들을 연결하는 것은 흥미로운 작업이었다. 디자인 패턴의 교묘하고 영리한 객체 관계도를 보다보면 감탄이 절로 나오곤 한다. 때문에 이제는 객체지향이 아닌 일반 언어를 보면 '답답'해지곤 한다.

프로그래밍 작업에 있어서, 언어의 역할은 어디까지일까? 고수는 '도구'를 탓하지 않는다는 말처럼, 그냥 '도구'의 문제일까? 뭐, 큰 틀에서 보면 그렇다고 할 수 있다. 어떤 '도구'를 쓰든지 더 중요한 것은 '작업'을 성공적으로 '완료'하는 일이다. 그때그때 가장 적절하고 효과적인 도구가 있는 법이고 고수가 된다는 건 그걸 정확히 알아낼 수 있다는 것이고 어떤 도구이든 낯설어 하지 않고 능숙하게 활용할 수 있다는 의미이다.

하지만, 문제 영역을 조금 더 좁혀보면 언어의 문제는 단지 도구의 범주에 머물지 않는다. 언어의 문법적 형식이 잦은 오류를 야기하는 원천이 될 수도 있고 직관적이지 못한 표현 방식 때문에 겪어야 하는 인지적 낭비도 만만치가 않다. 아직 초절정 고수의 반열에 들지 못한 평범한 프로그래머들에게는 오류와 낭비를 줄여줄 수 있는 '좋은' 도구가 필요하다.

한 예로 세미콜론(;)을 들 수 있다. C로부터 시작된 언어들은 모두 구문의 끝에 항상 세미콜론을 적어줘야 한다. 반면, 베이직 계열의 언어는 세미콜론이 없다. C부터 배운 나는 항상 베이직을 보면서 무슨 언어가 세미콜론으로 끝나지 않는담. 뭔가 어수룩하고 초보적이고 꺼림직한 기분을 가지고 있었다. 그러면서도 항상 주의를 기울이면서도 나 역시 가끔 세미콜론을 빼먹는 실수를 할 때마다 나 자신의 부주의함을 책망하곤 했다. 세미콜론은 컴파일러를 가볍게 만드는 요소일 수는 있어도 사람에게는 그리 친화적인 문법 요소가 아니다.

비슷한 예로 블록을 지정하는 중괄호Brace ({})가 있다. 이것은 베이직 계열의 언어에서도 begin end의 형태로 존재하기 때문에 단순 비교상으로는 {}가 훨씬 좋아 보인다. 일단은 짧고 간결한 것이다. 하지만, 이런 문법적 우위 때문에 {}가 남발되는 일이 자주 발생한다. 어떤 블록문은 너무 길고 너무 다단계로 겹쳐 있어서 어디서부터 어디까지가 한 블록인지를 한 화면상에서 구별할 수 없는 경우가 많다. 이런 면에서는 들여쓰기indent로 블록을 구분하는 파이썬의 블록문 문법이 다소 파격적이지만 강력한 발상이 아닐 수 없다. 또한 파이썬에는 블록을 명시적으로 구분하는 예약 키워드가 없기 때문에 무의식적으로 블록문을 짧게 작성하게 되고 길어질 경우에는 함수나 별도 클래스의 형태로 분리해야겠다는 압박감을 받게 된다. 좋은 프로그래밍 습관을 강제하는 좋은 언어다. 다른 언어에 상처받은 경험이 있는 사람들에겐 좋은 치유용 언어이기도 하다. 게다가 강력하다.

앤드류 헌트Andrew Hunt, 데이비드 토마스David Thomas가 지은 〈실용주의 프로그래머The Progmatic Programmer〉를 보면, "매년 새로운 언어를 최소한 하나씩은 배워라."라는 조언이 나온다.(이 책의 p.10에서도 언급함.) 지적 허영심을 갖추기 위해서가 아니다. "다른 언어는 동일한 문제를 다르게 푼다. 몇 개의 서로 다른 접근법을 알면 사고를 확장하고 판에 박힌 사고에 갇히는 걸 예방하는 데에 도움이 되기 때문이다." 정말 와닿는 얘기다. 하지만, 제대로 실천하긴 어려운 게 사실이다.

다음은, 페이스북에서 장동인(http://www.facebook.com/jang.cloud)님이 '언어language'에 대해 쓴 짧은 글이다. 깊은 울림을 준다.

"저도 개발자였지요. 12년간 IBM 370 Assembly Language를 했어요. 그리고 한 20개 정도의 language를 했습니다. 그러나 개발자로서 가장 중요한 한 language는 우리말입니다."

개발 방법론
개발 방법론에 대한 오해와 억측

개발 방법론은 플로우 차트flow chart가 아니다. 문서도 아니다. 개발 방법론에 대해서 보통 사람들이 생각하는 내용은 어떤 '절차'를 정의한 순서도이다. 1단계에서는 무엇을 하고, 2단계에서는 무엇을 하고, 3단계에서는 무엇을 검사한 후 다시 1단계로 넘어간다. 이런 식의 표준화된 공정 절차를 기대한다. 그리고, 그 단계별로 확인 가능한 산출물/문서/보고서 등이 나와야 한다고 믿는다.

크게 틀린 얘기는 아니다. 대부분의 '개발 방법론'에서는 '절차'와 '산출물'에 대해서 어떤 형식으로든 내용을 제시하고 있기 때문이다. 다만, 개발 방법론의 핵심은 그 절차와 산출물의 양식/종류에 있지 않다. 하지만, 사람들은 최종 결과와 그 외형에만 주목한다. 그래서, 모든 개발 방법론은 '절차'와 '산출물'로 축소되고 약화된다. 개발 방법론에 대한 대표적인 오해 가운데 하나다. 절차와 문서 양식 자체에 함몰되면, 철학을 놓치게 된다. 기계적인 적용만 남는다. 아무도 되돌아보지 않는 문서 산출물만 수북이 남게 된다.

만능 개발 방법론은 없다. 대부분의 개발 방법론은 나름의 문제 영역과 해결 방안을 가지고 있다. 나름의 '철학'이 있다. 일종의 요리법(레시피)과도 같다. 얼핏 보면 참 맛있는 요리를 참 쉽게 만들 수 있을 것 같다. 하지만, 모든 요리법이 그렇듯이 아무나 그대로 따라 한다고 모두 멋지고 훌륭한 요리가 나오는 건 아니다. 연습/실습이 필요하고 숙련이 필요하다. 무엇보다도 요리 재료가 똑같지 않다. 현실과 상황과 조건에 잘 맞는 방법론이어야 한다. 특히, 현재 있는 사람/조직에 잘 맞아야 한다.

따라 하기만 하면 되는 간편 조리법 같은 건 없다. 어떤 개발 방법론이든 실제로 도입하고 적용하는 과정에서 여러 가지 고민이 생긴다. 조직적 부적응도 생긴다. 원칙은 관철하지 못하고, 흉내만 내는 경우도 생긴다. 괜히 문서 작업만 많아지는 경우도 생긴다. 불필요하게 협업의 범위와 규모가 커지는 경우도 생긴다. 이런 고민의 지점들에서 조직/팀 차원에서 스터디하고 논의하고 결정하고 실행해간다면 조직의 근육이 생겨난다. 조직의 뇌력이 증강된다.

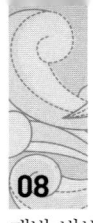

개발 방법론
복잡한 개발 방법론 따위가 왜 필요할까?

얼핏 그런 생각이 들었다. 예전엔 이런 복잡하고 골치 아픈 개발 방법론 따위 없었어도 소프트웨어 개발 잘만 했던 것 같은데, 왜 그럴까? 이유를 곰곰이 생각해봤다. 소프트웨어 공학과 개발 방법론이란 게 나오기 시작한 시점을 거슬러 올라가 보니, 대략 70년대, 80년대였고, 폭발적으로 각종 이론들이 쏟아져 나온 것은 90년대였다. 대체 그 사이에 무슨 일이 있었길래, 오늘날 이렇게 방법론의 춘추전국시대가 된 것일까? 그냥, 시대의 자연스런 발전의 한 현상일까? 내 생각엔 아닌 것 같다. 다른 이유가 있을 것 같다.

내가 보기엔, 사람이 달라졌다. 70년대에는 정말 천재들만 개발했다. C언어를 만든 데니스 리치Dennis Ritchie, 그와 함께 UNIX 운영체제를 만든 켄 톰슨Ken Thompson을 생각해보면 된다. 소프트웨어 산업 자체가 초창기였던 탓도 있다. 시장도 작았다. 전 세계적으로 컴퓨터가 몇 대 없었다. 컴퓨터로 할 수 있는 일도 별로 없었다. 프로그래밍 작업 자체도 천재급이 아니면 이해하기도 어려웠고 배우기도 힘들었다. 도구들도 원시적이었다. 그럼에도 그걸 사용하는 사람 자체가 천재들이었기 때문에 생산성은 높았다. 오류도 거의 없었다. 왜냐고? 그들은 천재들이었으니까.

70년대 후반 애플컴퓨터와 1981년 IBM호환PC가 열어젖힌 퍼스널 컴퓨터PC의 시대는 소프트웨어가 본격적인 산업의 모양새를 갖춰가는 데 획기적인 전환점이 되었다. 프로그래밍 언어도 베이직BASIC 등이 등장해서 좀더 쉬워졌다. 개인도 맘만 먹으면, 프로그래밍을 배우고 익힐 수 있었다. 비싼 중앙 컴퓨터 접속비용을 따로 낼 필요가 없어졌다. 이 시기 프로그래머는 어떤 사람들이었을까? 애플II의 정수형 베이직을 만든 스티브 워즈니악Steve Wozniak[1]과 애플II를 본격적인 사무용기기로 만들어준 킬러앱이었던 비지캘크VisiCalc[2]를 개발한 밥 프랭크스턴Bob Frankston을 생각해 보면 된다. 이 사람들도 사실 천재급이다. 오류는 적고 기능 추가 속도는 빨랐다. 도구는 원시적이었지만, 사람들이 워낙 출중했기 때문에 생산성은 높았다. 이 말이 의심스러우면, 애플II를 구해서 똑같은 도구로 비지캘크를 만들어보길 권한다. 제대로 된 게 나오면, 천재로 인정해주겠다.

소프트웨어는 80년대를 지나며 본격적으로 돈이 되는 산업이 되었다. 마이크로소프트MS는 86-DOS라는 운영체제를 사들이고, 개발자인 팀 패터슨Tim Paterson을 스카우트해서 업그레이드한 후 PC-DOS라는 이름으로 IBM에 운영체제를 판매했다. PC가 한 대씩 팔릴 때마다 운영체제도 한 카피씩 팔리는 방식이었다. MS-DOS라는 독자 브랜드로 IBM 호환기종 생산업체인 컴팩 등에도 판매했다. MS 성공신화가 시작되었다. 이 때에도, 개발 도구나 언어는 원시적이었다. 에디터(편집기)도 불편했고, 컴파일러 또한 좋지 않았다. 디버깅 도구 역시 불편했다. 그럼에도 생산성이

---

1 http://en.wikipedia.org/wiki/Steve_Wozniak
2 http://en.wikipedia.org/wiki/VisiCalc

높았고 오류도 적었다. 이유는? 뛰어난 사람들이 개발했기 때문이다.

86년 출시된 매킨토시는 혁신적인 GUI를 채택했고 가히 혁명적인 제품이었다. 매킨토시 그림판 프로그램인 맥페인트MacPaint[3]는 인기가 그야말로 폭발적이었다. 혹시 어떤 프로그래밍 언어로 짜서 개발한지 아는가? 맞다. 빌 애킨슨Bill Atkinson이 매킨토시 CPU였던 MC68000 어셈블리어와 파스칼Pascal로 짰다. 개발작업 자체의 난이도가 몹시 높았다. 개발도구도 원시적이었다. 그럼에도 역설적으로 생산성은 나쁘지 않았다. 오류도 적었다. 왜냐고? 개발자가 뛰어났기 때문이다. 그 당시에는 어셈블리어를 고급 언어 수준으로 잘 사용할 수 있는 정도의 막강 두뇌를 지닌 사람만이 개발할 수 있었기 때문이었다.

80년대, 90년대가 되면서 개발도구들이 진화했다. Pascal과 C++도 나오고, Java도 나왔다. 본격 PC 시대가 되면서, 세계적으로 소프트웨어 산업 자체도 성장했다. 인력 수요도 급증했다. 도구가 좋아지면서, 이젠 천재가 아니어도 대략 영재급이면 프로그램을 만들 수 있게 됐다. 생산성도 나쁘지 않았다. 다만, 오류가 꽤 나왔다. 소프트웨어가 목표하는 기능 자체도 점점 더 복잡해졌다. 화려한 GUI 프로그램들이 나오면서, 오류는 참 민망하게도 많이 생겼다. 초창기엔 OS(운영체제) 자체부터 버그로 들끓었다. MS-DOS 시절을 떠올려보면 느낌이 올 것이다. 도구가 점점 더 좋아졌다. Visual Studio 같은 그래픽 통합개발환경IDE도 나왔다. Visual Basic은 초보자도 그림만 그리면 될 것처럼 쉽게 보였다. 점점 더 프로그래밍하는 사람들이 많아졌다. 오류도 많아졌다. 생산성은 줄어갔다. 개발 범위 또한 천재 개발자 몇 명이 감당할 수 있는 수준을 점차 넘어서면서, 팀 단위 개발이 보편화되었다. 이때부터 소프트웨어 개발의 고유한 특성

---

3 http://en.wikipedia.org/wiki/MacPaint

과 문제를 고찰하기 위한 공학적 탐색이 시작되었다. 이른바 '개발 방법론'에 대한 고민이 시작된 것이다.

90년대 말을 거쳐 2000년대가 되면서, 웹 프로그래밍이라는 분야가 새로 열렸다. 이젠, 책 한 권 달랑 읽고도 뭔가 돌아가는 프로그램을 짤 수 있게 됐다. 학원에서 3개월 6개월 단기속성 과정을 졸업하면 누구나 프로그래머가 됐다. 데이터 구조론, 알고리즘, 이산수학, 운영체제론, 컴파일러 이론 등등 머리 아픈 전산학의 기초 과목 하나 몰라도, 뛰어난 프로그래머로 대접을 받았다. 개발도구 역시 눈부시게 진화했다. 프로그래머의 문턱 또한 사상 최대로 낮아졌다. 그러다 보니, 오류는 폭발적으로 증가했다. 평균적 생산성은 최악으로 곤두박질쳤다. 왜 그런 것일까? 도구가 좋아졌는데, 생산성과 품질이 떨어지다니? 맞다. 도구가 진화한 만큼 문턱이 낮아져서, 프로그래밍하는 사람의 지적 수준과 능력이 그만큼 낮아졌기 때문이다.

결국 오류는 사람이 만든다. 도구가 그걸 막아줄 수는 없다. 품질 낮은 사람이 품질 낮은 소프트웨어를 만든다. 품질 낮은 조직이 품질 낮은 소프트웨어를 만든다. 동어반복처럼 보이겠지만, 명백한 사실이다. 생생한 진실이기도 하다.

그럼, '품질에 대한 해법은, 천재나 영재를 채용한다'인가?

맞다. 그런데, 애석하게도, 그런 사람은 흔하지 않다. 있긴 있을 것이다. 그런데, 쉽게 구할 수가 없다. 설령 운 좋게 만난다고 해도, 우리와 함께 일해줄지는 미지수다. 우리가 그런 천재나 영재에게 천재급/영재급의 연봉과 대우를 해줄 수 있을지도 미지수다. 어쨌든, 운에 맡기고 인재를 기다려야만 하나?

다시, 고민이 시작된다. 천재급/영재급이 아니어도 평범한 인재가 작업해도 오류가 번성하지 않는 좋은 품질의 소프트웨어를 생산성 높게 잘 만들 방법은 없을까?

사실, 거의 모든 소프트웨어 개발 방법론의 기저에는 이런 고민이 깔려 있다. 천재들은 그냥 잘 짠다. 영재들은 대략 잘 짠다. 우리 같은 보통 사람들은, 원래 잘 짜기 어렵다. 뭔가, 틀이 필요하다. 규칙이 필요하다. 뭔가, 도구가 필요하다. 도움이 필요하다. 공부하는 거랑 비슷하다. 천재들은 특별한 공부비법 같은 거 없어도 그냥 잘한다. 영재들도 잘한다. 그냥 잘한다. 무슨 특별한 비법이나 기법 같은 게 있을 것 같지만, 없다. 우리 같은 범재는 그냥 잘하기가 어렵다. 노력을 많이 해야 한다. 방법도 꽤 중요하다. 오답노트도 만들어야 한다. 요약노트도 만들어서 틈날 때마다 들여다 보며 외워야 한다. 심리적 관리도 중요하다. 자신감을 잃지 않아야 공부도 잘된다. 미안하지만, 우리들은 그렇다. 이 책을 읽는 여러분도 그렇다고, 난 생각한다.

지금처럼 사용자 요구가 폭증하고 그에 따라 소프트웨어의 복잡도가 폭발적으로 증가하면, 상황은 더 나빠진다. 1인이 북치고 장구치고, 도랑치고 가재잡고 할 수 있는 범위를 넘어선다. 이런 상황이 되면, 천재들은 겨우 잘 짠다. 영재들은 헤매기 시작한다. 보통 사람들은, 늪에서 허우적거린다. 개발을 팀 단위로 모아 놓으면, 아주 가관이 된다. 천재고 영재고 간에 모두 다 함께 늪에서 허우적거린다. 이때에는, 모두에게 잘 정리된 개발 방법론이 필요해진다. 개발 과정을 조율하고 지원해줄 도구가 필요해진다. 체계적인 절차도 필요해진다. 팀 내에서 역할과 책임을 나누고, 프로세스를 정립하고 체계화해가는 일이 필요해진다. 코딩 스타일 표준화와 정적 코드 검사 도구, 소스 코드 관리 도구, Unit Test와 TDD, CI(Continuous Integration), 이슈 트래커, 공통 라이브러리/프레임워크, 설계 및 코드 리뷰, SCRUM 등이 필요해진다.

현대 소프트웨어 개발은 팀이 한다. 팀을 잘 짜야 한다. 최상의 조합으로 천재/영재급으로만 팀을 구성했다고 하자. 개발의 문제/생산성의 문제가 달라질까? 아니다. 천재/영재들은 개인적 능력에서만 천재/영재일 뿐이다. 집단적 능력은 또 다른 영역이다. 팀이 집단적 차원에서 천재/영재급이 되려면, 절차/도구를 표준화하고 의사소통 프로토콜을 서로 맞춰야만 한다. 독선적인 천재/영재가 팀을 망치는 경우가 많다. 혼자 너무 잘났기 때문에(사실 객관적으로 잘난 거 맞다. 그러니까 천재/영재다.) 다른 팀원들과 협업을 제대로 할 수 없게 되기 때문이다. 협업이 불가능한 천재/영재는 팀에게는 마이너스다. 따로 빼서 혼자 일할 수 있게 해주는 게 더 낫다. 본인에게도, 다른 팀원에게도.

지금까지 소프트웨어 개발의 시대별 흐름을 살펴봤다. 처음엔 소프트웨어 개발 방법론은 큰 이슈가 되지 않았다. 그냥 뛰어난 사람들이 작업했기 때문에, 도구나 방법은 그다지 큰 문제가 되지 않았다. 매우 역설적이지만, 개발 도구가 발전하면서 오류가 많아졌다. 사람들이 달라졌기 때문이다. 문턱이 낮아져서 낮은 역량을 가진 사람들도 프로그래밍을 하기 시작했기 때문이다. 1인 개발의 범위를 넘어서면서, 팀 단위 개발이 불가피해졌기 때문이다. 그걸 보완하기 위해 각종 규칙과 방법들이 등장한 것이다.

만약 여러분이 천재이고, 하고자 하는 일이 혼자 해도 충분한 분량이라면, 개발 방법론 따위는 무시해도 된다. 하지만, 그게 아니라면, 협업이 불가피하다면, 개발 방법론에도 관심을 갖고 더 나은 방법을 찾고 실천해보자. 특히, TDD Test Driven Development를 강력 추천한다. 우리 같은 보통 사람이 고품질의 소프트웨어를 개발해낼 수 있는 거의 유일한 공학적 실천방법이 아닐까 생각한다.

존 폰 노이만 John von Neumann [4] 박사에 관한 일화

혹시 아직도, 자신은 천재가 아닐까 하는 분이 있을까 하는 노파심에서 진짜 천재 이야기를 하나 소개한다.

존 폰 노이만 박사는 세계적인 수학자이자 초기 컴퓨터 이론 발전에 지대한 공헌을 한 사람이다. 특히 악마적 기억력으로 유명했다. 브리태니커 사전 전집 내용을 오탈자까지 하나 틀리지 않고 문자와 그림 모두 그대로 기억하고 있었다고 한다. 종종 파티에서 박사를 둘러싸고 브리태니커 사전을 펼쳐서 몇 페이지부터 몇 페이지까지 외워달라고 조르는 일이 많았다고 전해진다. 초기 컴퓨터는 이진수로 된 기계어 코드로 작동했는데, 어느 날 박사의 조수가 도저히 1과 0으로 된 기계어 코드를 기억할 수가 없어서, 몰래 어셈블리 테이블을 만들었다고 한다. 기계어 코드와 1:1로 대응하는 일종의 니모닉 mnemonic으로 심볼 테이블을 작성한 것이었다. 아마 최초의 어셈블리어일 것이다. 조수는 그걸 이용해서 프로그램을 짰다. 그런데 어느 날 그만 작업 중에 노이만 박사에게 들키고 말았다. 박사는 조수를 아주 호되게 야단쳤다. "도대체, 그게 몇 개나 된다고 그걸 기억 못해서, 바보 같이 이런 테이블을 만들어 놓고, 그걸 하나씩 변환하는 불필요한 작업을 하는 거야?" 브리태니커 사전을 통째로 외우는 사람에겐 그게 바보 같고 불필요한 일이었겠지만, 우리 같은 보통 사람에겐 그런 도구가 없으면 작업 자체가 고통스럽다는 걸, 박사 같은 천재들은 정말 이해를 못했던 것 같다.

---

4 http://en.wikipedia.org/wiki/Von_Neumann

존 폰 노이만 박사의 일화 중에서 가장 압권은, 6살 때의 일이다. 겨우 6살짜리가 8자리 숫자의 나눗셈을 암산할 수 있었단다. 그런데, 어느 날 엄마가 허공을 멍하니 바라보는 걸 보고는 폰 노이만이 엄마에게 물었다. "엄마, 지금 뭘 계산하시는 거에요?" 남들도 다 자기처럼 암산하는 줄 안거다. 엄마는, 그냥, 멍 때린 것뿐인데…

혹시, 더 재미있는 일화들이 궁금하면, 아래 책을 보라. 재미있다. 노이만에 더해서 아인슈타인까지 만나볼 수 있다.

〈신이 축복한 두뇌 폰 노이만 VS 인간의 위대한 열정 아인슈타인〉 (숨비소리, 2008)

개발 방법론
폭포수 개발 방법론을 위한 변호

폭포수라는 이름은 누가 지은 걸까?

소프트웨어 개발 방법론 관련 책을 읽다 보면, 폭포수Waterfall 개발 방법론이라는 용어가 자주 나온다. 처음엔 '뭐지?' 했다. 분명히 어떤 개발 방법론 이름일 텐데, 왜 폭포수라는 이상한 이름을 붙였을까? 의아했다. 학교에서 소프트웨어공학을 공부할 때도 이런 용어는 없었는데, 그랬다. 내용을 조금 더 읽어보다가, 폭포수 방법론이라는 게 다름아닌 분석/설계/구현/테스트 순서로 개발을 진행하는 방법을 가리키는 용어란 걸 알게 되었다. 분석한 다음에 설계하고, 그 다음에 구현하고, 그 다음에 테스트하는 순서로 개발한다는 의미다. 폭포수 방법론이라고 해서 뭔가 폭포수처럼 우렁차고 거창한 게 나올 줄 알았는데, 이건 이미 다 아는 내용이네, 그랬었다. 게다가 당시 한참 관심을 가지고 읽었던 거의 모든 개발 방법론 책들에서 폭포수 방법론은 나쁜 거라고 비판하고 있었다. 폭포수 개발 방법론은 '변경'을 허용하지 않거나 나중에 반영하기 때문에, '나쁜' 방법론이라는 얘기였다. 맞는 얘기 같았다. 그래서, 그냥 넘어갔었다.

한편으론 폭포수라는 이름이 주는 뉘앙스가 묘하게도 개운하지 않았다. 뭔가 부정적으로 비꼬는 듯한 느낌이 짙었다. 소프트웨어 개발은 '분석/설계/구현/테스트'의 단계로 진행하면 된다고 정리한 사람이 자신의 방법론에 대해 '폭포수'라는 다소 엉뚱하게 들릴 수도 있고 이상한 오해를 불러올 수도 있는 이름을 정말 사용했을까? 하는 의구심이 들었다. '폭포수'라는 이름 자체에 대해 꽤 오랫동안 뭔가 찜찜한 느낌은 있었지만, 그냥 넘어갔다. 이름이야 어떻든 폭포수는 버려야 할 '나쁜' 방법론이었으니까. 오래 기억할 이유가 별로 없었다.

최근에 폭포수와 애자일Agile을 다시 생각해볼 기회가 있었다. 불현듯, '이름'에 얽힌 묘하게 기분 나쁜 뉘앙스가 다시 궁금해졌다. 과연, 정말로 폭포수 방법론을 옹호하는 사람들은 '폭포수'라는 이름을 좋아할까 궁금해졌다. 혹시 '폭포수'라는 용어 자체도 반대파들이 약점을 잡고 물어뜯기 위해 만든 '공격용'이 아닐까 의심스러워졌다. 내가 만약 폭포수 방법론의 옹호자라면, '폭포수' 같은 이상한 단어는 절대로 사용하지 않았을 것이기 때문이다.

위키피디아Wikipedia의 Waterfall model[5] 항목의 설명에 따르면, 이 개발 방법론을 정리한 사람은 미국의 컴퓨터 과학자인 Winston W. Royce로, 1970년 논문에서 이 방법론을 정식화했다고 한다. 그런데 재미있는 것은, 그는 자신의 방법론/모델을 한 번도 '폭포수'라는 이름으로 부른 적이 없다는 점이다. 개발 방법론에서 '폭포수'라는 용어를 긍정적인 의미로 사용한 논문이나 책을 거의 발견할 수 없었다는 한 인터넷 사이트 운영자의 글[6]도 내 의심의 신빙성을 높여준다. 나 역시 '폭포수'라는 용어를 긍정적

---

5 http://en.wikipedia.org/wiki/Waterfall_model
6 http://www.idinews.com/waterfall.html 이 사람은 폭포수라는 용어가 궤변론의 일종인 Straw-man term이라고 주장한다. Straw-man에 대해서는 http://en.wikipedia.org/wiki/Fallacy#Straw_man 참조.

의미로 사용한 경우를 거의 본 적이 없다. 거의 모든 개발 방법론 책들이 언제나 빠짐없이 설명하고 있는 아주 중요한(!) 방법론임에도 '폭포수'라는 이름은 언제나 비판의 대상일 뿐이었다. 마치, 근대 회화의 새로운 지평을 열었던 '인상주의Impressionism[7]'라는 용어가 그 당시 미술계의 고루한 평론가들이 새로 등장한 화풍을 비아냥거리며 헐뜯기 위해 붙여준 경멸적인 이름이었던 것처럼, '폭포수'라는 딱지도 비판적/경멸적/모욕적 맥락에서 만들어낸 용어로 보인다.

폭포수 비판자들의 일부는 논리적 착시 현상을 이용하기도 한다. '폭포수' 같이 바보 같은 방법론에 비해 자신의 방법론이 얼마나 선진적이고 차별적인지를 과시하기 위한 방편으로, 폭포수라는 은유를 사용해서 비판하고자 하는 대상을 아주 단순화시켜놓고, 이번에는 그 단순함에서 치명적 결점/약점을 찾아내는 방식이다. 자신이 꽁꽁 묶어놓은 것이면서도, 묶인 대상을 바라보며 그렇게 묶여있으니까 잘못된 거라고 주장하는 식이다. 뭔가 논리적인 것처럼 보이지만, 사실은 자기 논리의 효과에 취한 것일 뿐이다. 폭포수 방법론은 사실 폭포수적이지 않다. 현실 프로젝트에서는 설계변경이 불가피함에도 구현 단계로 이미 넘어갔다는 이유 때문에 설계변경을 하지 않는 경우는 없다. 폭포수처럼 되돌이킬 수 없는 게 아니다. 현실에서는 펌프가 있다.

그러면, 실제로 '폭포수'와 비슷한 방법론을 옹호하는 사람들은 자신의 방법론을 무엇이라고 부를까? 분명히 그들은 자신의 방식을 폭포수라고는 부르지 않는다. 그냥, 공학적 방법론[8] engineering methodologies 정도로 부른다. 그런데, '폭포수'라는 용어가 주는 시각적/청각적 효과가 너무나 강

---

[7] http://ko.wikipedia.org/wiki/인상주의
[8] http://www.martinfowler.com/articles/newMethodology.html 〈리팩토링〉의 저자 마틴 파울러가 쓴 방법론 관련 글

폭포수 방법론은 사실 폭포수적이지 않다. 현실 프로젝트에서는 설계변경이 불가피함에도 구현 단계로 이미 넘어갔다는 이유 때문에 설계변경을 하지 않는 경우는 없다. 폭포수처럼 되돌이킬 수 없는 게 아니다. 현실에서는 펌프가 있다.

렬한 나머지, 구식의 전통적이고 통상적인 방법론의 대표적인 이름이 되고 말았다. 이제는 옹호자들마저 그 용어를 사용하지 않을 수가 없게 되었다.

폭포수라~. 이름은 정말 누가 만들었는지는 모르겠지만, 참 절묘하게 잘 만들었다. 물은 한 번 흘러내리면 결코 거꾸로 되돌아가지 않는다. 다시 퍼 담기 위해서는 엄청나게 많은 에너지와 시간을 소모해야 한다. 폭포수 비판자들이 집중적으로 파고드는 대목이다. "거봐, 폭포수 방식으로 개발하니까, 그렇게 힘들고 괴로운 거라구. 중간에 설계 변경은 항상 생길 수밖에 없는데, 그걸 감안하지 않고 하니까, 처음부터 전부 새로 작업해야 하잖아. 그러지 말고, 내 방법을 써봐~."

폭포수 방법이 아니기만 하면, 문제는 해결되는 것일까?

김익환씨의 〈글로벌 소프트웨어를 꿈꾸다〉(한빛미디어, 2010)를 보면, 애자일Agile 계열에서 폭포수 방식을 공격하는 것에 대해 불편한 심기를 드러내는 대목이 있다.

> 애자일을 사용해 보기 전에 가장 기본적이고 모든 방법론의 원조라고 할 수 있는 폭포수 방법론을 진정으로 해봤거나 좋아하려고 하는 사람이 있었는지 의문이다. 폭포수 모델 자체가 이상적인 모델이기 때문에 따라 하기가 거의 불가능한 것인데 누가 한 번이라도 폭포수 방법론을 따라 할 수 있었는지 의문이 든다. 시작할 때는 폭포수 방법론을 해보겠다는 의지로 시작하지만 대부분 실패한다. 아무리 잘 한다고 해도 Iteration을 하지 않을 수가 없는 것이다. 그런데 억지로 경계를 그어놓고 이렇게 하면 폭포수, 저렇게 하면 Iteration. 이렇게 나누는 것도 현실과 맞지 않는다. 마찬가지로 애자일을 책대로 그대로 따라 하는 것도 같은 실수를 저지르는 것이다. 폭포수나 애자일이나 둘 다 양극에 있는 모델을 적절히 사용하는 것이 핵심이다.
>
> p. 233 김익환, 〈글로벌 소프트웨어를 꿈꾸다〉

애자일 계열에서 말하듯이, 정말 폭포수 방식이 소프트웨어 개발 문제의 근원일까? 폭포수 방식이 아닌 애자일 방식(반복점진 개발)을 채택하기만 하면, 문제가 해결될 수 있을까? 막힌 곳이 시원하게 뚫리고, 협업이 일사불란해지고, 프로젝트는 모두 성공적으로 완료될 수 있을까? 단지, 방법론 하나 살짝 바꾼다고 기적이 일어날 수 있을까?

아니다. 문제는 그게 아니기 때문이다. 공부와 비슷하다. 우등생이 공부를 잘하는 것은 공부 방법이 특별히 좋기 때문은 아니다. 머리가 좋기 때문이고 의지와 습관도 좋기 때문이다. 남들은 모르는 특별한 비법 같은 걸 혼자 몰래 실천하고 있기 때문이 아니다. 열등생은 공부 방법을 개선하는 방식으로 성적을 올릴 수 있다. 하지만, 그게 그 방법이 좋았기 때문일 수도 있지만, 호손 효과 Hawthorn Effect[9] 때문일 가능성이 더 높다. 그 공부 방식을 적용해보느라고, 일단 그만큼 더 집중해서 공부를 더 하기 때문에 성적이 오른다.

방법론은 그냥 방법론이다. 너무 과신하면 낭패를 본다. 아무리 멋있고 좋아 보여도, 애자일의 원칙/방법들을 너무 신봉하지는 말자. 아무리 좋은 처방이라고 해도, 모든 사람 모든 조직에 다 좋은 건 아니다. 이렇게 좋은 비법을 썼는데도 왜 우리 개발조직의 문제는 해결되지 않을까? 그건 그 비법이 잘못되었다기보다는, 체질에 안 맞는 처방이었을 수도 있다. 만병통치약도 없지만, 세계 만방에 두루 적용 가능한 개발 방법론 같은 것도 없다. 개발의 일반성을 부정하지는 않지만, 개발의 문제는 언제나 구체적 상황과 맥락에서 발생하고, 그 상황/맥락을 빼놓고는 어떤 처방/치료도 효험이 없기 때문이다. 효험을 기대한다면, 먼저 환자의 상태부터 보는 게 먼저다. 약 설명서는 그 다음에 읽어도 된다.

---

9 http://ko.wikipedia.org/wiki/호손효과

그렇다고, 개발 방법론들이 모두 헛소리고 책 판매와 컨설팅 사업을 위한 거짓 주문이라는 건 아니다. 뭔가가 잘 안 될 때, 까닭 없이 막힐 때는 메타적meta 사고를 해야 한다. 그냥 무식하게 계속 머리를 들이박고 있으면 정말 답이 안 나온다. 나무에서 숲으로, 숲에서 나무로 시야를 줌인/줌아웃하면서, 우리의 방식과 절차를 반추적으로 되돌아 볼 수 있어야 한다. 다른 각도에서도 살펴보고, 다른 경험들도 섭취해야 한다. 이런 성찰과 자기 점검이 있어야 도약이 가능하다. 이것이 방법론에 대한 공부와 생각이 필요한 이유이다. 현실에 대한 고민 없이 책만 읽으면, 그냥 책만 남는다. 문제는 풀리지 않는다. 책과 문제가 완전히 따로 놀기 때문이다. 현실적 문제를 잘 해결해가기 위해 방법론/이론이 필요한 것이다. 그 반대는 아니다. 적어도, 학계가 아닌 실무 현장에서는 그렇다.

더 중요한 건 사람/조직이다

애자일 선언Agile Manifesto[10]은 사실, 미국적 상황의 산물이다. 한국과는 상황/맥락/과정/역사가 좀 다르다. 개발 자체보다는 개발 과정이 마구 복잡해지고 육중해지는 상황에 대한 반발이었다. 종래의 전통적인 공학적 방법론이 너무 과도해지는 경향에 대한 반격이었다. 개발 본연의 핵심으로 되돌아가자는 일종의 정신/가치 운동이기도 하다.

> 프로세스와 도구보다는 개인과 상호영향에 더 주목하고,
>
> 문서화에 집착하기보다는 실행 가능한 코드에 더 집중하고,
>
> 계약조항 협상보다는 고객과의 협업에 더 신경 쓰고,
>
> 계획을 기계적으로 따르기보다는 변화/변경 대응에 더 민감해지자.
>
> http://agilemanifesto.org/

---

10 http://agilemanifesto.org/

그런데, 이게 한국으로 수입되는 과정에서 오해가 생겼다. 미국적 상황과 맥락은 쏙 빠진 채, 그냥 최신 이론으로만 들어온 게 문제였다. 그러다 보니, 애자일 계열 방법론에서 단순화시켜놓고 공격하는 폭포수 방식이 마치 모든 문제의 원흉인 것처럼 오해하는 일도 생겼다. 김익환씨의 적절한 지적처럼, 우린(한국 개발자) 사실 폭포수 방식을 써서 제대로 해보지도 못했다. 폭포수의 단점에 흥분할 만큼 극심한 피해를 본 사례도 별로 없다. 폭포수가 잘못된 게 아니라, 사실은 우리가 부족한 것인지도 모른다.

소프트웨어 개발에서 폭포수 방식이 효과적/효율적으로 작동하려면, 그에 걸맞은 우수한 사람이 있어야 한다. 분석 단계에서 충분히 검토하고 고려해서 SRS^{11} Software Requirements Specification에 준하는 결과물이 나올 수 있다면, 그 이후의 과정은 한결 쉬워진다. 설계 역시 마찬가지다. 우아한 설계는 구현을 쉽게 만든다. 이것 역시 사람의 일이다.

우리는 어떤 사람들인가를 아는 게 시작점일 것 같다. 폭포수 방식으로 진행할 수 있을 정도로 역량이 갖춰졌다면, 시도를 해볼 수 있겠다. 하지만, 매 단계마다 너무 시간이 걸리고 벅벅거린다면, 나오지도 않을 완벽한 결과를 위해 끙끙거리는 건 미련하다. 그냥, 그 다음 단계로 넘어가자. 설계와 구현을 하다가 다시 분석으로 되돌아와야 하는 낭비와 소모가 있겠지만, 게임의 조건으로 받아 들이자. 그 대신 경험을 잘 다져서 역량을 쌓자. 그래야 조지 산타야나가 말하는 저주를 피할 수 있다.

> 과거를 기억하지 못하면 그것의 반복을 피할 수 없다.
>
> Those who cannot remember the past are condemned to repeat it.
>
> http://en.wikiquote.org/wiki/George_Santayana

---

11 http://en.wikipedia.org/wiki/Software_Requirements_Specification →

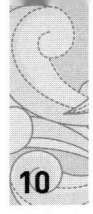

개발 방법론

소프트웨어 솔루션
단기 속성 개발 전략의 위험성

소프트웨어 솔루션은 시점이 중요하다. 시장에 적시에 출시되지 않으면 효과가 많이 떨어진다. 너무 빨리 출시되어도 곤란하지만, 너무 늦게 출시되면 이미 선발주자들이 선점의 효과를 누리면서 진입장벽을 높게 쌓아 올린다. 그래서 개발 속도가 중요하다. 빨리 개발해서 출시해야만 소비자의 눈도장이라도 받을 수 있다. 아주 좋게 잘 만들어도 너무 늦으면 끼어들 자리가 없다.

이제까지 꽤 많은 솔루션 제품을 만들어 출시를 해왔다. 성공적으로 시장에 안착한 제품도 있다. 실패한 제품은 더 많다. 잘 만든 것도 있고, 그냥 바쁘게 막 만든 것도 있다. 시점이 좋았던 것도 있고, 너무 늦은 것도 있었다. 이들간의 인과관계는 그리 크지 않다. 상관관계는 조금 있다.

실패한 제품의 공통점을 뽑아보면, 너무 졸속으로 엉망으로 터무니없는 걸 개발한 경우가 많았다. 시장이 원하는 줄 알았는데, 아닌 경우도 많았다. 시장이 좀 있을 줄 알았는데 너무 작았던 경우도 있었다. 소비자/사용자가 원하는 기능인 줄 알았는데, 아닌 경우도 많았다. 졸속으로 기획했던 탓이겠다. 비합리적이고 불확실한 시장의 속성 때문에 그런 경우도 있었다. 운이 따라주지 않은 탓이겠다.

개발적인 문제로 초점을 좁혀보면, 졸속 개발, 낮은 품질, 개발의 연속성 단절, 유지보수 비용 증가, 전면 재개발의 악순환 등의 문제를 꼽을 수 있다.

너무 빨리 개발하겠다는 욕심이 앞선 나머지 단기 속성 개발 방식으로 동원 가능한 최소 인력만을 배치하고 급하게 개발했다. 졸속 개발이다. 전사적 개발 표준 같은 것은 없었다. 부분적으로 있었지만, 너무나도 긴급한 프로젝트였기 때문에, 개발자가 익숙한 방식/기법을 사용하도록 방치했다. 핵심기능과 부가기능의 구별도 없었다. 개발자 1~2인만 투입했으면서도 개발 범위와 분량은 3~4인 급이었다. 당연히 야근/연장[12] 개발이었다. 심지어 함께 투입된 개발자 간에도 코드 스타일과 사용 라이브러리가 달랐다. 바빴기 때문이었다. 새로 배울 시간이 없었다. 서로 협의하고 조정할 시간도 없었다. 기능별로 페이지별로 정신없이[13] 개발했다. 당연히 테스트는 수동입력-육안검사라는 전통적인 기법만을 사용했다. 테스트가 부실할 수밖에 없었다. 품질[14]은 낮을 수밖에 없었다. 기능성은 겨우 맞췄다. 사용성은 살짝 접어두었다. 신뢰성은 들쭉날쭉했다. 유지보수성은 포기했다. 우여곡절 끝에 예정일을 당연히 넘겨서 출시했다.

다행히도 시장의 반응이 있었다. 고객이 생기고 조금씩 늘었다. 사용성이

---

12 야근/연장/휴일 개발은 해롭다. 개발자에게도 해롭고, 개발 결과물에도 해롭다. 그리고, 이 둘은 절대 분리되지 않는다.

13 정신 없이 개발한 결과물이 제정신이 있기를 기대하는 건 좀 심하다는 생각이 든다.

14 http://en.wikipedia.org/wiki/ISO_9126 소프트웨어 품질 국제 표준. 기능성 신뢰성 사용성 효율성 유지보수성 이식성

낮았기 때문에, 고객지원팀의 업무가 늘어났다. 신뢰성이 낮았기 때문에 고객지원팀의 업무가 때때로 폭주했다. 버그 리포팅이 시작되고, 유지보수 업무가 시작되었다. 개발팀이 출시 전보다 더 바빠졌다. 기능성 또한 낮았기 때문에 새로운 요구사항들이 금방 생겨났다. 추가 기능 개발 업무와 기존 기능 유지보수 업무가 섞이면서 개발 효율이 더 떨어졌다. 개발 인력을 더 투입했다. 신참자는 초기 업무 적응부터 힘겨워했다. 전혀 다른 스타일의 코드와 아주 급하게 졸속으로 겨우 기능만 돌아가게 만든 코드들을 분석하면서 괴로워했다. 개발 초기부터 유지보수성 자체는 거의 포기했기 때문에 유지보수작업은 힘겨운 전투로 변했다. 너무 급하게 만드느라, 고객 관리용 기능은 따로 만들지를 못했다. 고객지원팀이 수작업하는 일이 많아졌다. 개발팀이 개발 업무가 아닌 고객지원 업무를 직접 해야 하는 일도 많아졌다. 고객도 불만, 고객지원팀도 불만, 개발팀도 불만이 쌓여가는 제품[15]이 되어버렸다. 제품이 많이 팔리지 않으니, 회사도 불만인 제품이 되었다.

고객은 더 이상 늘지 않았다. 환불을 요구하는 고객이 늘어갔다. 신규유입 고객과 해지탈퇴 고객이 비슷해졌다. 기능성/신뢰성/사용성이 나쁜 소프트웨어 제품을 계속 유료로 사용해줄 고객은 그리 많지 않은 법이다. 큰 돈일 줄 알고 시작했던 프로젝트project였는데, 고만고만한 프로덕트product가 되어 버렸다. 개발팀을 대규모(?)로 유지하는 게 어려워졌다. 최소 유지보수 인력만 남기고, 고급 인력은 다른 프로젝트로 재배치했다. 이번에도 대박일 것 같은 프로덕트를 만드는 또 다른 프로젝트였다. 그나마 있던 개발의 연속성/지속성마저 깨졌다. 남은 유지보수 인력들은 문제가 터져도 해결할 지식/경험/기술이 부족했다. 더듬더듬 땜질식으로 문제를 해결해갔다. 소프트웨어 제품은 점점 더 상태가 나빠졌다. 이젠 아

---

15 이해 관계자가 모두 불만을 가진 제품이 제대로 팔리는 걸 기대할 수 있을까?

무도 전모를 다 알 수 없는 그런 제품이 되었다. 장기 미해결 과제가 쌓여 갔다. 오류가 나도 왜 나는지 원인을 파악할 수가 없는 일이 많아졌다. 고객 불만은 인내의 한계를 넘나들었다. 고객지원팀과 개발팀 역시 불만의 수위가 점점 더 높아졌다. 회사도 불만이 높아졌다. 돈도 안 되는데 계속 유지해야 하는 애물단지 제품이 되었다. 결단을 내려서, 제품 신규 판매를 중지했다. 남은 고객들을 대상으로 제한적인 유지업무만 존속시켰다. 제품이 코마 상태로 빠져들었다.

그나마 시장에서의 가능성이 더 남아있거나, 고객의 수가 포기하기엔 아까운 수준인 경우에는, 재활을 위한 모색을 계속했다. 다시 개발자를 모으고, 유지보수 업무를 우선은 인력의 수로 버텨갔다. 구조 개선을 위한 노력도 전개했다. 고객 관리 업무를 위한 기능도 개선했다. 그럼에도 초기에 졸속으로 만들었고, 출시 이후 과정에서 개발 연속성/지속성을 보장하지 못했기 때문에 괴물처럼 자라난 소프트웨어 제품을 통제하는 건 여전히 어려웠다. 완전히 깨끗한 상태에서 제품을 새로 만들자는 요구가 개발팀을 중심으로 터져 나왔다. 전면적 재개발을 요구하는 목소리가 높아졌다. 하지만, 개발팀의 그 목소리 속에는, 다시 만들면, 이번엔 정말 잘 할 수 있을 것 같다는 희망이 강해서라기보다는, 이대로는 너무 괴롭고 힘들기 때문에 어떻게든 벗어나고 싶다는 열망이 더 강한 것이란 걸 의외로 모르는 사람들이 많았다. 주로 의사결정을 하는 상층부에 많았다. 제품 폐기 & 전면 재개발의 악순환이 시작되었다.

소프트웨어 단기 속성 개발이 언제나 나쁜 것은 아니다. 위험성은 있지만, 불가피하게 이 방식을 선택해야 하는 경우도 있다. 많은 사람들이 오래 잡고 꾸물거린다고 좋은 제품이 나오는 건 아니다. 시장이 원하는 때에 적시에 출시하려면 개발 속도도 빨라야 한다. 의사결정도 빨라야 한다. 그러려면, 팀이 가벼워야 한다[16]. 역설적이게도 인원규모는 작을수록 좋다. 초기엔 핵심 정예 인력만으로 충분하다. 그래야 서로 마음을 모으고 에너지를 집중해가는 게 더 쉽다. 팀은 초기의 상황 변화와 상황 인식 변화에 따른 변경을 변덕이나 혼란으로 받아들이지 않는다. 팀의 생각이 상황에 맞게 변하고 변화하는 것이니까. 최종 의사결정권자의 생각이 자주 바뀌는 건 해롭다. 하지만, 팀의 생각은 계속 변화/발전/성장해야 한다. 그래야 초기 제품에서 시장/소비자의 변덕/비합리/비논리/비이성/타이밍/트렌드/운을 제대로 포착하고 반영할 수 있다. 기획자 혼자 만든 초기 기획안대로 만들면 거의 100% 시장에서 실패한다. 팀이 필요한 이유다. 팀 단위에서 변화를 수용할 수 있게 되면, 상황 변화와 상황 인식 변화에 따른 비용은 팀이 감당할 수 있게 된다.

단기 속성 개발에서 정말로 조심해야 할 것은, 불완전한 제품을 출시하지 말아야 한다는 원칙을 지키는 일이다. 아무리 화려하고 풍부한 기능을 모두 갖췄다고 해도 그 기능들이 불완전하게 구현된 상태로 출시된다고 해보자. 미완성품을 돈 주고 사서 쓸 고객이 있을까? 사서 써봤는데 미완성품이란 걸 알았다면, 환불을 요구하지 않을 고객은 또 얼마나 될까? 불완전한 제품으로 고객들의 인상과 제품 이미지만 구겨서 얻을 이득은 별로 없다. 오히려 손해가 더 크다. 기능이 100개인 불완전한 미완성품을 출시할 바에는 기능 10개짜리 완성품을 출시하는 게 더 낫다. 부가기능 수십 개를 빼더라도 핵심기능 하나가 충실한 게 더 낫다. 제한된 인력과 일정으로 작업할 때에는 '더하기'보다 '빼기'를 더 잘해야 한다. "반쪽짜리 제품을 만드느니 제품을 반만 만들어라"[17]는 충고를 새겨두자.

---

16 http://www.ciobiz.co.kr/news/articleView.html?idxno=5088 1000 만 가입자의 신화 '카카오톡'의 3대 개발 원칙, "첫 번째는 소수 인력으로 최대한 빠른 시간 내 개발한다는 점이다. 카카오톡 역시 2명의 개발자, 1명의 기획담당자, 1명의 디자이너로 구성해 총 4명이서 2달 만에 개발한 것"
17 〈똑바로 일하라〉(제이슨 프라이드, 데이비드 하이네마이어 핸슨 공저/정성묵 역, 21세기북스) (원서 : Rework p. 77)

아무리 화려하고 풍부한 기능을 모두 갖췄다고 해도 그 기능들이 불완전하게 구현된 상태로 출시된다고 해보자.
미완성품을 돈 주고 사서 쓸 고객이 있을까? 사서 써봤는데 미완성품이란 걸 알았다면,
환불을 요구하지 않을 고객은 또 얼마나 될까?
불완전한 제품으로 고객들의 인상과 제품 이미지만 구겨서 얻을 이득은 별로 없다.
오히려 손해가 더 크다.

개발 결과는 단지 직접적인 산출물에 국한되지 않는다. 더 중요한 것은 눈에 보이지 않는 것들이다. 솔루션 단기 속성 개발 방식이 위험한 이유 가운데 하나는 비가시적인 개발 축적물의 존재 자체를 부정하거나 깨뜨리기 때문이다.

개발의 직접적인 산출물은 대략 아래와 같다.

  1) 솔루션
  2) 개발 문서
  3) 운영관리 문서

문서화만 잘되어 있으면, 모든 게 다 잘될까? 확실히 문서화가 도움은 된다. 하지만, 개발과 그 이후의 과정에 위의 직접적 산출물이 실제 효과를 발휘하는 대목은 그다지 많지 않다. 오히려 더 중요한 것은 눈에 보이지 않는 것들이다. 개발의 간접적인 축적물이 그것이다.

  1) 사람 : 경험, 기술
  2) 조직/팀 : 프로세스 경험, 상호소통 경험
  3) 재사용 가능성 높은 솔루션/컴포넌트

이 가운데에서도 사람이 가장 중요하다. 개발 과정에서 체득한 지식/경험/기술은 사람에게 축적된다. 개발의 연속성/지속성을 가급적 보장/확보해야 하는 이유다. 문서화를 통해 일정 부분 해결할 수 있지만, 한계가 너무 뚜렷하다. 더 좋은 방법은, 팀이다. 팀이 개발하게 하고, 팀이 소통하게 하고, 팀이 개발 축적물을 공유하게 한다. 그렇다고 팀에게만 의존해선 안 된다. 팀에게 지켜야 할 원칙과 절차와 방법과 표준을 줘야 한다. 없다면, 스스로 만들어내게 해야 한다. 조직도에는 뭉쳐져 있으나 팀원끼리 그냥 각자 따로 놀고 있으면, 그건 조직/팀이 아니라 그냥 프리랜서의 모임이다. '자유로운 영혼들의 자유로운 연합'이다.

단기 속성 개발의 위험성을 벗어나려면, 장기 지속 개발을 하면 된다. 시간을 오래 잡아먹자는 얘기는 아니다. 확실하게 검증된 핵심기능만을 먼저 출시하는 것도 방법이다. 시장과 고객의 반응을 살펴보면서, 추가기능은 그때 기획하고 개발해도 된다. 처음부터 너무 완벽하고 완전하게 기획해야 한다는 망상을 버릴 필요가 있다. 조급증도 버려야 한다. 대박이라는 환상도 잠시 내려놓자. 개발자에게도 지속성/연속성을 보장해주고, 처음 개발할 때부터 고객 관리용 기능도 기획하고 개발해야 한다. 아니, 최소한 고객들이 밀려올 때에는 관련 기능을 개발해야만, 고객지원팀의 업무가 줄어든다. 고객지원을 위해 개발팀이 부산을 떠느라 개발을 못하는 희비극적 상황이 생기지 않는다. 제품의 복잡도가 일정 수준을 넘어서면, 그때는 반드시 복잡도 감소를 위한 리팩토링 활동을 집중적으로 전개할 필요가 있다. 제품의 성장기에 맞춰서 적절한 구조 개선을 해주는 일이다. 고급 인력이 여전히 이 제품에 필요한 이유이기도 하다. 아까운 고급 인력이 이미 다 끝난 프로젝트/프로덕트에 남아있다고 너무 안타까워하지 않는 게 좋겠다. 소프트웨어 제품의 성장 단계에 맞게, 고객과 함께 성장하고 발전해가는 제품이 모두의 목표이고 꿈이다. 단기 속성 개발이 아닌 장기 지속 개발이어야 하는 이유다.

전문성의 기준으로 본 전문가 등급 피라미드

전문성에 대해 생각 중이다. 잠시, 머리도 식힐 겸, 등급 피라미드를 그려봤다.

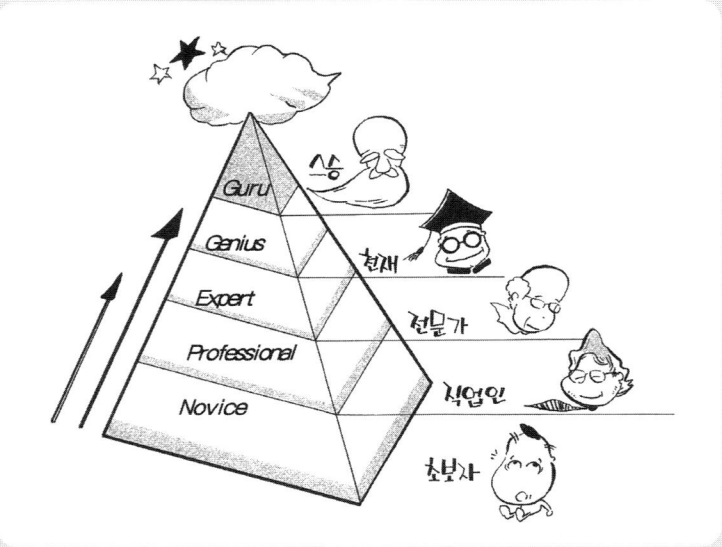

❺ **Novice 초보자**: 노란색[1] 햇병아리. 계속 이 단계에만 머물면, 정말 앞날이 노래진다. 초보자에서 직업인으로, 그리고 전문가로 성장해가기 위해서는 왼쪽 화살표 막대처럼 노란색 햇병아리의 초심을 잃지 않고 정진해야 한다.

❹ **Professional 직업인**: 초록빛 신록처럼 싱싱하고 쑥쑥 자란다. 너무 햇볕 안 드는 외진 응달에 자리잡으면 못 자란다. 땅이 척박하면 말라 죽는다. 땅을 잘 골라야 한다.

❸ **Expert 전문가:** 오행(五行)에서 말하는 재물운인 황토(黃土)의 기운이 넘친다. 해당 분야에서 터를 잡았다. 직업인 가운데 성실과 끈기로 노력한 사람이 오르는 단계. 재능은 단지 속도의 문제다. 재능이 넘치는 사람은 조금 빨리 이 단계에 들어서고, 재능이 조금 부족하더라도 끈기 있게 노력하면 단지 도달하는 시간이 좀 길어질 뿐이다. 이젠 생존의 압박으로부터는 자유롭다.

❷ **Genius 천재:** 붉게 타오른다. 하늘에서 별처럼 내려온다. 이건 타고 나야 한다. 하지만, 탄착점이 좁다는 거, 내려오다 잘못하면 그냥 미끄러지는 수가 있다. 선천적인 재능에 후천적인 약간의 노력이 더해지면, 이들은 비교적 쉽게 Guru의 단계에 안착한다.

❶ **Guru 스승:** 보랏빛 고귀한 존재. 전문가 가운데 극히 소수만이 도달할 수 있는 최고의 단계. 전문가에서 구루가 되려면 연속적이고 지속적인 노력보다는 도약이 필요하다.

나는 과연, 어느 등급일까? 일단, 확실히, ②는 아니다. ① 역시 험하고 머나먼 목표다. 다행히 ⑤는 일찍감치 벗어났다. 조심스레 자평해보면 대략 ④의 마지막 끝 부분쯤에서 ③으로의 성장을 꿈꾸고 있는 중이거나 아직도 ④의 중간에서 분투하고 있는 중일 듯하다.

여러분은 어떤가? 이 글 링크를 페이스북에도 걸었더니 후배가 짧게 답글을 달았다.

아웃사이더… 등급입니다.

"푸풋, 역쉬, 반짝거린다." 저 살벌하고 첨예한 생존 삼각형의 외부를 사유할 수 있다니…. 존경합니다. 꾸벅~~. 창조성의 비밀은, 바로 '외부를 사유하는 힘[2]'에 있다.

---

1 삽화의 컬러본은 www.roadbook.co.kr/35에서 확인할 수 있습니다.
2 《철학의 외부(개정증보판)》(클리나멘총서, 이진경 저, 그린비, 2006년 09월)

개발 조직론
개발 방법론은 누구에게 필요한 걸까?

소프트웨어 개발 방법론을 다시 들여다 보고 있다. 그런데, 살짝 의문이 생겼다. 이건, 누구에게 필요한 걸까? 소프트웨어 개발 방법론이니까, 당연히 소프트웨어 개발자들이 필요로 하겠다. 그런데, 정말 그럴까? 좀 싱겁지만, 사실이다. 소프트웨어 개발자들, 프로그래머들이 주로 공부한다. 개발을 더 잘할 수 있는 비법을 기대하면서, 꽤 열심히 들여다 본다. 정보공학적 방법론, SI[1] 계통에서 사용하는 개발 방법론, 애자일Agile 방법론, 등등 공부해야 할 분량도 꽤 된다. 적어도 10권 이상은 읽어야 한다.

그런데, 정말로 개발자들만 개발 방법론에 대해 들여다 보면 되는 걸까, 하는 의문이 든다. 개발 방법론의 상당 부분이 순수 기술적 주제와 항목이 아니기 때문이다. 오히려, 개발 과정을 결정적으로 규정하는 권력(?)을 가진 사람들, 팀장님, 특히 사장님이 봐야 하는 게 아닐까 하는 생각이

---

1 System Integration 하드웨어/네트워크/소프트웨어 시스템을 개발/구현/통합/구축해주는 업무. 한국 소프트웨어 계통에서는 대기업 계열사인 삼성 SDS, LG CNS, SK C&C가 SI 업체로 유명하다.

다. 개발 방법론은 대부분 순수 기술적 주제와 항목을 포함하고 있긴 하지만, 제대로 된 개발 방법론이 개발 조직 내에 안착하기 위해서는 개발 방법론 자체에 대한 높은 이해도를 가진 관리자가 필수적이기 때문이다.

개발자들은 권력이 별로 없다. 권한도 별로 없다. 자신이 하고 싶은 일이나 프로젝트를 선택할 수 있는 개발자가 있을까? 외부적으로 주어지는 일이 대부분이다. 고객이 요구하는 일이거나 사장님이 원하는 일이 대부분이다. '사업'과 '수익'을 생각해보면 어쩔 수 없는 부분이기도 하다. 개발자 자신이 원하는 일을 할 수는 없다. 수익을 주는 고객이 원하는 일을 해야 한다. 시장이 원하는 일을 해야 한다. 그러면, 일하는 방식(개발 방법론)을 주도적으로 선택할 수 있는 개발자가 있을까? 별로 없다. 이미 조건과 여건과 환경으로 주어지거나 정해져 있다. 새로운 프로젝트이든 이미 있는 시스템 유지보수/추가개발 업무이든 비슷하다. 개발 내부적인 문제보다는 개발 외부적인 문제가 더 결정적일 때가 많다. 기술적인 문제보다는 기술 외부적인 문제가 더 치명적일 때가 더 많다.

자신이 해야 할 일과 방식에 대해 쥐꼬리만큼의 결정 권한을 가진 개발자들이 할 수 있는 거라고는, 좋은 코드를 정해진 기한 내에 짜내기 위해 분투하는 것밖에 없다. 다행히 소프트웨어 개발에 대한 이해도가 높고 개발 과정에 대해 리딩과 코칭까지 가능한 관리자를 만나면, 개발자는 개발 내부적인 기술적 문제들에만 전념하면 된다. 하지만, 그냥 일정 압박과 닦달 기술만 가진 관리자를 만나면, 몸이 부서지게 일해도 성과는 미미하고 정말 개고생만 한다. 개발자가 개발적인 문제에 집중하지 못하고 개발 외부적인 문제와 조직 내부의 정치적인 문제들에 휩쓸리게 되면, 개발이 제대로 잘 진행되지 않는 것은 너무나 당연하다.

요구사항은 확정되지 않고, 변덕스럽게 오락가락한다. 이렇게로 시작했다가, 저렇게로 바뀌었다가, 요렇게가 살짝 끼어들었다가, 다시 이렇게로 되돌아간다. 그때마다 했던 작업을 모두 버리고 새로 작업을 해야 한다. 짜증은 둘째 치더라도 시간과 에너지 손실은 상당하다. 툭하면 긴급 회의 소집이다. 이런 조직은 뭐든지 긴급/돌발/즉흥적이다. 가보면 왜 불렀는지 알 수 없는 회의가 태반이다. 이런 회의 몇 차례 끌려 다니면 하루가 금방 간다. 차분하게 앉아서 일할 시간이 부족해진다. 야근이 불가피해진다. 일정은 언제나 밀린다. 일정이 늦어지니까 실력은 늘 의심받는다. 개발 과정에 대한 불만/제안은 내비치기 어렵다. 개발 과정을 관리하는 관리자에 대한 도전으로 받아들이는 경우가 많다.

이제껏 근 10여 년 동안, 여러 가지 소프트웨어 개발 프로젝트가 진행되는 걸 지켜봤다. 직접 한 프로젝트도 많다. 되돌아 보면, 꽤 많은 프로젝트가 실패했다. 그 이유는 다채롭다. 프로젝트 실패의 손실도 막대하다. 실패의 책임은 대부분 개발자 탓이었다. 프로젝트 실패가 관리자 문제로 평가되는 경우는 드물었다. 그런데, 이게 정말 사실일까? 개발자 능력이 부족해서, 무능해서, 게을러서, 반항해서, 프로젝트는 대부분 실패했던 것일까? 글쎄다. 아주 상당 부분에서는 프로젝트에 대한 평가를 진행하고 사후적으로 반영하는 자들이 대부분 관리자여서 생겨난 편향적 평가는 아니었을까?

한 가지 분명하게 확인할 수 있는 사실은, 실패했던 거의 모든 프로젝트에서 관리를 담당했던 자들이 개발 방법론에 대한 이해가 천박하고 조야했다는 점이다. 거의 모든 실패한 프로젝트의 공통점이다. 부실하고 해악적인 개발 관리의 문제가 적지 않았다. 관리자 자신이 관리하는 팀원들은 나름의 전문성을 갖춘 사람들이었던 반면, 그걸 총괄 관리하는 자는 관리적 전문성이 현저히 떨어지는 경우가 많았다. 비전문적인 자가 전문적인 사람들을 데리고 융복합 전문적인 일을 하려니까 뭔가 꼬이고 뒤틀렸던 것이다. 혹시, 오해는 없기를. 관리자가 개발도 알아야 하고, 기술도 알아야 하고, 디자인도 알아야 하고, 기획과 마케팅까지 거의 전 부문에 걸쳐 전문가적 수준의 역량을 갖춰야 한다고 주장하는 건 아니다. 그건 각 분야 전문가에게 맡기면 된다. 수퍼맨은 없다. 개발 관리자 역시 수퍼맨이 아니다. 문제는, 관리 업무 자체는 전혀 전문성이 요구되지 않는 그런 잡스럽고 단순한 일인가 하는 점이다. 만약 정말로 관리 업무가 '전문성'이랄 것도 없고, 초보자도 별로 어렵지 않게 다 할 수 있는 그런 단순한 일이라면, 대체 왜 그런 업무를 하는 자들에게 고액의 연봉을 줘야 한단 말인가? 거기에다가 엄청난 권한과 권력까지 준다. 이런!!!

프로젝트 하나가 망가질 때마다 손실은 정말 크다. 회사는 재정적 손실을 입는다. 시장에서의 기회 손실도 뼈아프다. 반면, 그 프로젝트에 참가했던 개발 인력들은 얼핏 그다지 큰 손해를 입지 않는 것처럼 보인다. 월급은 받았을 테니까. 하지만, 그 사람들은 개인적으로 엄청난 스트레스와 무력감에 빠져 든다. 대략, 외상후 스트레스 증후군[2] Post-traumatic stress syndrome에 버금가기도 한다. 사실 숨겨진 더 큰 손실은 그들의 시간이다. 시간은 회복할 수가 없다. 젊은 그 시간을 어떻게 되돌릴 수 있단 말인가? 그래서, 프로젝트가 실패하면 회사는 재정적 손실을 입지만, 팀원들은 복구 불가능한 시간적 타격을 입는다. 그래서 더더욱 프로젝트는 실패하지 말아야 하고 실패할 프로젝트는 하지 않는 게 좋다.

거의 모든 프로젝트는 장밋빛 희망으로 충만하게 시작된다. 부푼 돛이 배를 나아가게 한다. 돛이 부풀지 않으면 바다를 항해할 수 없다. 프로젝트

---

2 http://ko.wikipedia.org/wiki/외상후_스트레스_장애 비행기/선박 사고 등에서 살아난 사람들이 이후에 겪는 정신적인 후유증.

는 성공이라는 희망에 부풀어 시작된다. 실패한다는 생각은 별로 없다. 그렇게 프로젝트를 시작하는 자들 대부분 관리자들이다. 팀을 조직하는 일 역시 그들이 한다. 프로젝트의 일상을 관리하는 몫도 그들이다. 심한 경우 개발자를 갈구고 괴롭히고 학대하는 일까지 서슴지 않는다. 그래 놓고, 프로젝트가 실패하면 모든 책임을 개발자들에게 뒤집어씌우는 것도 그들이다. 무능하고 게으르고 말 안 듣는 개발자들 때문에 실패했다고, 오히려 역정을 낸다. 심지어, 자신은 아무 것도 한 게 없노라고 비겁하게 발뺌하기도 한다. 아주, 대놓고 무능을 자랑한다. 아무 것도 한 게 없는 자가 프로젝트 성패를 좌지우지하는 막중한 자리를 왜 꿰차고 있는 걸까? 프로젝트가 실패할 위험요소를 대부분 자기가 미리 확정해놓았으면서도, 자신은 아무 것도 한 게 없기 때문에 그 실패에 대해 책임이 없다고 우긴다. 한심한 일이다.

물론, 개발 관리자도 할 말 많다. 프로젝트 팀 조직할 때 선택해서 뽑을 수 있을 만큼 개발 자원이 여유롭지 않았다. 미덥지 않지만 조직에 있는 애들 놀릴 수가 없어서 참여시킨 것뿐이다. 초기 기획안부터 흔들거렸다. 도대체 너무나 많은 기능 항목들이 쏟아졌고, 사장님 변덕은 수백 번 죽을 끓였다가 태웠다. 마케팅 부서에선 이거 안 되면 영업 자체가 안 된다고 윽박질렀다. 개발자는 툭하면 기술적으로 어렵다고 안 된다고 불가능하다고 반항했다. 기획자는 처음부터 개념도 못 잡고 헤맸다. 부실하고 엉성한 기획으로 개발 작업을 번복하고 반복하게 했다. 개발팀 전체적으로 말귀를 너무 못 알아들어서 매번 전체를 모아놓고 강연과 강의 수준으로 얘기해야 했다. 개발자가 다 됐다고 해서 살펴보니, 엉망진창이었다. 안 되는 기능투성이였고 에러 천지였다. 진행률 90%라고, 거의 다 되어간다던 기능은 도대체 언제 끝날지 가늠조차 어려웠다. 사장님은 일정을 쪼는데, 매번 늘어지는 일정을 변명하는 일도 지겨웠다. 개발자가 회사 그만둔다고 했다. 설득하느라고 같이 술 마시느라 건강마저 나빠졌다.

소프트웨어 개발 방법론, 조금 더 크게 소프트웨어공학론은, 정확히 이런 주제들을 모두 포괄한다. 소프트웨어 개발 과정 자체를 들여다 본다. 소프트웨어 개발에 관련된 사람들, 프로그래머뿐만 아니라 특히 관리자들이 알아야 할 내용이 즐비하다. 어쩌다 보니 개발을 관리하는 자리에 앉게 된 사람들은 반드시 공부해야 할 전문 영역이다. 개발자, 프로그래머는 개발과 프로그래밍에 대해서만 전문가다. 개발 '과정'에 대해서는 개발 관리자가 더 '전문'적이어야 한다. 개발 관리에 대해 공부할 생각도 없고 자신도 없는 사람은 소프트웨어 개발에 관여하지 마시라. 당신이 관리를 하면, 다 실패하게 되어 있다. 마이너스의 손이다. 딴 일을 알아보길 진심으로 권한다.

개발자인데, 개발 방법론에 대한 이해가 거의 없고 무식과 목청과 핏대만 가진 관리자 밑에서 개발을 하고 있다면, 빨리 짐 싸서 딴 데로 이사 가는 게 좋겠다. 복구 불가능한 여러분의 청춘이 망가진다. 목구멍이 포도청이라고 더 버티면, 건강도 망가진다. 아마 성질까지 망가질지도 모른다. 개발력을 키울 수 있고, 일도 즐겁게 할 수 있는 곳도 많다. 개발 관리를 제대로 하는 곳, 좋은 개발 전문 관리자들이 있는 곳을 찾아서 떠나라.

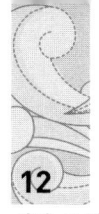

개발 조직론

좋은 소프트웨어 개발 관리자가 되려면 _전문성

소프트웨어 개발에 직간접적으로 관여하는 관리자들에게 '전문성'을 갖춰야 하지 않느냐는 화두를 제시한 적이 있었다. 반응이 아주 놀라웠다. 무슨 홍두깨로 봉창 두들기는 소리냐는 반발이 조용히 물결쳤다. 물론, 예상했던 대로였다. 관리자는 전문직인가? 아닌가?

이미 관리자가 된 사람들은 자기가 어떻게 그 자리에 있게 되었는지 잘 모르는 경우가 많다. 미심쩍다면 한 번 물어보기 바란다. "어떻게 하면 개발 관리자가 될 수 있나요?" 아마도 "그냥, 국영수를 위주로 열심히 공부했어요."라는 식의 대답만 듣게 될 거다. 그냥 어쩌다 보니, 개발 조직을 데리고 뭔가를 열심히 개발하고 있게 된 경우가 대부분이다. 시작은 기획자였거나, 개발자였거나, 마케터였거나, 디자이너였다. 따로 관리자가 되는 법을 배운 적이 없다. 어디서 가르쳐주는 곳도 없다. 관리자 자격증 같은 것도 따로 없다. 전문 학과가 있는 것도 아니다. 관리자가 된 것은, 그냥 사장님이 하라고 해서, 팀장님이 나가버려서, 팀에서 나이가 제일 많아서, 뭐 대충 그런 식이다. 처음엔 자기가 원래 하던 일도 하면서, 관리 업무도 함께 한다. 그러다가 점점 관리 업무가 많아지고 조직이 커지면서 전담 관리자가 되었다. 그 후엔 다들 알음알음으로 눈치껏 배우고 겪는다. 개별적으로 특수화된 경험만 남는다. 일반화는 어렵다. 그래서, 관리자는 관리에 대해 해줄 수 있는 얘기가 별로 없다.

관리자에게 전문성이란 화두를 던졌을 때, 멍한 반응이 나오는 일차적 이유는 바로 관리자들 스스로 자기가 하는 일이 전문적이라는 생각을 해본 적이 없기 때문이다. 관리자 스스로 비전문적이란 생각을 한다. "관리업무라는 게 그냥 하면 되지. 무슨 전문성이 필요해." 그런데, 정말일까?

말장난을 하나 해본다. 관리 업무에 비전문적인 관리자가 각 부문 전문가들을 데리고 고도로 융합/복합 전문적인 일을 해야 한다. 과연 잘할 수 있을까? 글쎄다. 만약 그 업무가 정말 비전문적인 것이라면, 왜 회사에서는 개발자보다도 더 센 연봉을 관리자에게 주는 것일까? 관리업무라는 게 누구나 쉽게 할 수 있는, 그런 비전문적인 업무라면 왜 그렇게 많은 보상과 권한을 주는 걸까?

두 번째 이유는, 업무 자체가 '일반화' 원리에 따르기 때문이다. 직능별 전문가들을 협업하게 하고, 그 과정을 조율해서 최종 결과를 산출하는 게 고유 업무이다 보니, 스페셜리스트라기보다는 제너럴리스트가 되어야 한다. 제너럴general하다 보니, 전문성에 대한 자각이나 각성도 약해진다. 각 부문에 대한 이해도가 높으면 유리하지만 방향성을 잃지 않아야 한다. 직능적 전문성의 우물에 갇히지 않아야 한다. 큰 그림을 그리고 전체를 조망할 수 있어야 한다. 각 부문 전문가의 작업 결과에 대해 종합적 평가를 내릴 수 있어야 한다. 재작업을 지시할지, 그냥 수락하고 다음으로 넘어갈지를 결정해야 한다. 각 부문별 전문가의 결과를 판정할 수 있을 정도로 전문적 식견이 높으면 좋겠지만, 한 사람이 모든 분야에 걸쳐 두루 전문성을 확보한다는 건 어렵다. 대략 평균적 수준 정도의 식견과 안목이라도 다행이다. 그러다 보니, 관리자는 두루 넓게 알지만 얕은 지식 정도에 머무른다. 그리고, 대부분 그게 맞고 당연하다. 전문 영역은 전문가에게 맡기면 된다. 그런데, 관리 업무 자체에 대해서는 어떨까? 이것도 그냥 전문가에게 맡겨야 하지 않을까?

관리 업무가 전문성이 없어도 된다는 착각은 관리 업무가 작동하는 방식에도 그 이유가 있다. 가장 좋은 관리는 관리 자체가 없는 것처럼 느껴지게 하는 것이다. 관리 업무는 공기와 같다. 마치 공기처럼 평소엔 존재감이 없는 상태가 최상이다. 나쁜 관리는 매번 울퉁불퉁 좌충우돌한다. 권력을 남용한다. 문제를 해결하는 데 집중하지 않고 사람을 공격하고 피해를 입힌다. 매번 교각살우[3]한다. 좋은 관리는 드러나지 않아서 잘 알 수 없다. 유해한 관리는 유해한 공기처럼 누구나 알 수 있다. 그 폐해는 심각하다. 프로젝트를 망치고, 사람을 망치고, 조직을 망가뜨린다. 나쁜 관리는 나쁜 공기처럼 서서히 사람과 조직을 병들게 한다. 시름시름 앓게 한다. 결국엔 조직에 환자만 남는다. 유독하고 나쁜 공기를 전파/확산하는 관리자가 있다면 그 조직의 미래는 안 봐도 알 수 있다.

개발은 각 부문 전문가들을 모아서 협업하게 하고 성장시키고 목표를 달성해가는 과정이다. 비전문가가 개발을 지휘하는 건 어불성설이다. 개발 관리자도 전문성이 있어야 한다. 오케스트라를 생각해보면 쉽다. 관현악단인 오케스트라에는 지휘자가 있다. 보통 사람들의 눈에는 지휘자가 하는 일이라고는 연주 무대 앞에 나와서 지휘봉으로 마치 춤을 추듯 지휘하는 게 전부로 보인다. 그냥 대충 박자만 잘 맞추면 되는 쉬운 일처럼 보인다.

---

3 矯角殺牛 뿔을 바로잡으려다 소를 죽인다는 속담.

하지만, 아니다. 지휘자는 앞에서 춤추는 사람이 아니다. '지휘'하는 사람이다. 어떤 악기가 너무 튀지 않게 하고 너무 죽지 않게 한다. 전체를 조율한다. 오케스트라를 오케스트레이트orchestrate[4]한다. 연주곡 자체의 해석은 지휘자의 몫이다. 고유 권한이다. 전체적인 곡의 느낌과 템포도 지휘자가 정한다. 연습할 때 지휘자의 역할이 가장 잘 드러난다. 각 악기의 전문가들인 연주자를 훈련시키고 지적하고 코칭한다. 그럴 수 있어야 좋은 지휘자로 인정받는다. 개별 악기에 대해서는 악기 연주자가 최고의 전문가다. 하지만, 전체로 모았을 때는 지휘자가 지휘자로서의 전문성을 발휘해야만 한다. 개발 관리자 역시 개발을 지휘하는 지휘자[5]다. 지휘자로서의 전문성은 다른 부문 전문가들이 대신해줄 수가 없다.

좋은 관리자가 되려면 어떻게 해야 할까? 관리 업무의 전문성을 갖추려면 어떻게 해야 할까? 답은, 공부해야 한다, 이다. 머리만이 아니라 온몸으로 공부해야 한다[6]. 자신의 경험의 한계에 갇히지 않아야 한다. 계속 성장/발전해야 한다. 지성의 핵심은 성찰에 있다. 매 순간 자신을 되돌아볼 수 있어야 한다. 더 나은 방법을 찾기 위해, 체득하기 위해 노력해야 한다. 누가 가르쳐 주기는 어렵다. 교육은 어렵다. 하지만 학습은 가능하다. 스스로 배우고 깨우치는 것은 가능하다. 단순 지식의 영역이 아니기 때문이다. 기술과 시장뿐만 아니라 인간과 조직에 대해서도 배우고 익혀가야 한다. 감성과 소통과 공감에 대해서도 무심하지 않아야 한다. 체험과 체득과 단련과 성찰을 통해서만 좋은 관리자가 될 수 있다.

---

4 동사형 orchestrate의 뜻은, 조직하다, 조율하다. to arrange, organize, or build up for special or maximum effect
5 2008년 MBC 인기 드라마 〈베토벤 바이러스〉에 오케스트라와 지휘자 얘기가 나온다. 지휘자만 바뀌었을 뿐인데, 음악이 완전히 달라진다. 지휘자의 역할이 얼마나 중요한지, 음악을 아는 사람들은 안다. 마찬가지로, 개발 관리자의 역할이 얼마나 중요한지는 개발을 아는 사람들은 다 안다. [사족] 드라마에 나오는 강마에 스타일은 음악에서는 작동할지 몰라도 개발에서는 전혀 작동하지 않는다. 괜히 따라 하지 말자. http://ko.wikipedia.org/wiki/베토벤 바이러스
6 〈공부의 달인, 호모 쿵푸스〉(고미숙, 그린비, 2007)

연주곡 자체의 해석은 지휘자의 몫이다. 고유 권한이다. 전체적인 곡의 느낌과 템포도 지휘자가 정한다.
연습할 때 지휘자의 역할이 가장 잘 드러난다. 각 악기의 전문가들인 연주자를 훈련시키고 지적하고 코칭한다.
그럴 수 있어야 좋은 지휘자로 인정받는다. 개별 악기에 대해서는 악기 연주자가 최고의 전문가다.
하지만, 전체로 모았을 때는 지휘자가 지휘자로서의 전문성을 발휘해야만 한다.
개발 관리자 역시 개발을 지휘하는 지휘자다.
지휘자로서의 전문성은 다른 부문 전문가들이 대신해줄 수가 없다.

좋은 소프트웨어 개발 관리자가 되려면? 역시 공부해야 한다. 그리고 단지 아는 것으로는 부족하다. 실행과 체험과 반추를 통해 팀과 자신을 성장시켜 가야만 한다. 특히, 소프트웨어 개발 방법론에 대해서는 집중적인 공부가 필요하다. 설계와 구현 관련 기술들은 기술 전문가에게 맡겨야 한다. 하지만, 협업 방식과 관리 방식, 개발 프로세스와 품질 관리 방법에 대해서도 개발자에게 맡겨야 할까? 아니다. 바로, 관리자가 맡아야 할 전문 영역이다.

소프트웨어 개발 관리자가 되려면, 적어도 개발 방법론에 대해서는, 중급 개발자 수준 정도의 전문성은 갖춰야 한다. 그래야 큰 그림에서 무엇을 조심해야 하고, 위험요소에는 어떻게 대응해가야 하는지 올바르게 결정할 수 있다. 천재적인 개발자[7]들을 팀원으로 거느리고 있는 복 터진 개발 관리자는 관리 분야의 전문성 같은 거 하나 없어도 괜찮을지도 모른다. 하지만, 평균적 수준의 개발자들, 아니 다소 떨어지는 개발 전문성을 가진 인력으로 적진을 돌파해야 하는 개발 조직 관리자에겐 아마도 많이 필요할 것이다. 개발 과정이 실제 어떻게 되는지, 매일 보면서 체험적으로 간파하며 전문성을 갖춰갈 수도 있다. 그리고 아마도 여러분 가운데 상당수는 "뭐, 나도 개발에 대해서라면, 알 만큼 알고, 겪을 만큼 겪었어. 이거 왜 이래?" 이러실지도 모르겠다. 그것도 좋다. 하지만, 프로그램 짜본 시간이 일생을 통틀어 채 한 달도 안 되는 분들과 성공적인 개발 관리 경험이 전무하신 분은, 죄송하지만 공부를 더 집중적으로 하는 게 좋겠다.

괜히 소프트웨어 개발 방법론이라고 하니까, 뭔가 잔뜩 기술적인 내용들만 가득할 것 같은 선입견이 있다. 아니다. 기술적인 내용이 아니라 기술

---

7 천재적인 개발자. 개발에는 천재적일지 몰라도 협업적 개발 방식/방법에도 천재적이고 융화적일 수 있을지는 미지수다. 혼자서는 개발을 잘할지 몰라도 여럿이 함께 개발을 잘할지는 알 수 없다.

개발 조직에 대한 얘기이고 사람과 작업 방식에 대한 주제다. 이과적인 영역이 아니다. 문과적인 영역이다. 좀더 정확하게는 중첩되는 영역이다. 기술 전문가들이 잘할 수 있을 것 같지만, 전혀 아니다. 개발자들의 상당수는 개발 방법론이란 주제 자체를 소 닭 보듯 하는 경우가 더 많다. 그래서, 개발자들에게 개발 방법론 관련된 고견을 물어봐야 그다지 신통방통한 비법은 쉽게 들을 수 없다. 잘해봐야 지극히 기계친화적인 화법으로 개발자 자신의 기술적 스펙트럼을 자랑하는 지루한 설교만 듣게 될 공산이 크다. 사람과 조직과 관계와 역학과 시장과 권력과 정치와 책략에 대해 밝은 사람만이 제대로 길을 찾아낼 수 있는 영역이다. 바로, 개발 관리자가 되려고 하는, 이미 그렇게 되어버린(?) 여러분의 전문 영역이다. 이과적 주제에 골몰해있는 개발자들에게 개발 방법론을 물어봐야 답은 나오지 않는다. 대신, 개발자들은 개발 방법론의 실제 실행 담지자/담당자이기 때문에 그들의 이해와 요구와 정서와 기질과 분위기에 잘 부합하는 방법론이어야 실천적 효과를 얻을 수 있다. 개발자에게 개발 방법론 공부를 조금 시켜줄 필요가 있다. 하지만, 개발 방법론은 개발자들만 알고 있으면 되는 주제가 아니다. 오히려, 개발 조직을 관리하는 사람들이 더 잘 알고 이해하고 고민해야 할 주제들이다. 바로 개발 관리자의 전문영역이다. 적어도 개발 방법론이란 주제에 대해서는, 개발자들과 격론까지도 벌일 수 있을 만큼의 전문성을 갖춰야 한다.

방법은, 간단하다.

- 우선, 책을 읽는다.
- 개념과 용어들에 익숙해진다.
- 어떤 주의/주장/견해들이 있는지 계통과 계보를 그려본다.
- 충돌하는 견해들 간의 장단점을 비교 분석하고 요약해 본다.
- 개발 조직의 실제적 문제점들에 대입해본다.

전문성은, 특히 개발 조직 관리 분야의 전문성은, 교육은 힘들지만 학습은 가능하다. 먼저 책 좀 읽으면 된다. 다음은, 소프트웨어 개발 관리자 추천 도서 목록이다. 더 좋은 책들과 자료도 많지만, 읽어보고 느낌이 많았던 것들로만 한정했다.

- 〈SI Project 전문가로 가는 길〉(영진닷컴, 2010)
  바로, SI PM의 실천적 지침과 경험담이 잘 어우러진 책이다. 아주 종합적이어서, SI PM 등 거의 모든 주제들, 여러분이 반드시 알아야 할 내용들로 가득하다. Agile과 XP뿐만 아니라, SI 특유의 중량급 개발 방법론도 꽤 상세한 수준으로 나와 있다. (필독 추천)

- 〈익스트림 프로그래밍 2판〉(인사이트, 2006)
  XP eXtreme Programming 개발 방법론을 다룬다. 급진적/극한적/극단적으로 보이지만, 소프트웨어 개발 과정 전체에 대해, 특히 사람/조직에 대해 주목하는 방법론이다. (필독 추천)

- 〈글로벌 소프트웨어를 꿈꾸다〉(한빛미디어, 2010)
  Agile(애자일) 계열 개발 방법론을 읽은 후에 비교하면서 읽으면 더 좋다. 상당한 시각/견해 차이를 느낄 수 있다. 그럼에도 그 심층에서는 서로 같은 문제 의식을 공유하고 있다는 걸 알 수 있다. 비판적 시선을 유지하며 읽어보길 권한다. (필독 추천)

- 〈조엘 온 소프트웨어 : 유쾌한 오프라인 블로그〉(에이콘, 2005)
- 〈More Joel on Software 조엘 온 소프트웨어를 넘어서〉(지앤선, 2009)
  저자인 조엘 스폴스키는 걸출한 입담가이자 성공한 프로그래머 관리자 출신으로, 아주 잘 나가는 프로그램 개발 회사 사장이다. 독특한 견해와 재미있는 주장들이 많다. 다채로운 주제들에 대해 훑어보면 생각을 발전시키는 데 도움이 될 것이다. (참고 추천)

- 〈겸손한 개발자가 만든 거만한 소프트웨어〉(인사이트, 2009)

    개발자 나름의 애환과 고민이 잔잔히 녹아있는 에세이 풍의 책이다. (참고 추천)

- 〈소프트웨어 개발의 모든 것〉(페가수스, 2010)

    김익환. 이 저자의 이름은 외워두는 게 좋겠다. 바로, 위에서 소개한 〈글로벌 소프트웨어를 꿈꾸다〉의 저자이기도 하다. 조금 더 개발에 직접적인 주제들을 잘 설명하고 있다. (필독 추천)

개발 조직론

좋은 소프트웨어 개발 관리자가 되려면
_시간 관리

시간 관리가 정말 중요하다. 회사와 조직에서 가장 희귀한 자원은 '시간'이다. 시간은 공급이 제한된 한정재다. 갑자기 늘릴 수가 없다. 야근/특근은 비상수단이다. 평소에 조직의 시간을 아껴 써야 한다. 관리자는 자신의 시간을 관리하는 것 못지 않게 팀원/부서원의 시간도 잘 관리해야 한다. 시간을 늘리기는 어렵다. 대신, 비효율적이고 비능률적인 요소를 찾아내서 줄여가야 한다. 시간을 버는 방법이다.

먼저, 회의를 확 줄여야 한다.[8]

관리자는 회의를 해야만 일을 하고 있다고 착각한다. 하루에 서너 번의 회의에 참석하면 일과마감이다. 관리자의 주요 업무방식이 '회의'인 것은 맞다. 하지만, 관리자 밑에 있는 실무자들은 '회의'가 주요 업무가 아니

---

[8] 《똑바로 일하라 Rework》(제이슨 프라이드, 데이비드 하이네마이어 핸슨 공저/정성묵 역, 21세기북스). 회사에서 생산성을 갉아먹는 2가지 주범으로 M&M을 꼽는다. Manager & Meeting이다. 저자들은 37Signals라는 소프트웨어 개발 회사를 운영한다. 일반적인 업무 방식뿐만 아니라 소프트웨어 개발 방식에 대해서도 많은 시사점을 얻을 수 있다. 일독을 권한다.

다. '실무'를 하기 위해 '회의'가 필요할 뿐이다. 회의에 중독된[9] 관리자의 자기 만족을 위해 다른 사람의 생산성을 갉아먹고 있지는 않은지 되돌아 볼 필요가 있다.

즉흥적으로 회의를 소집하는 일, 이건 관리자가 무능하다는 결정적 증거다. 즉흥적 회의 소집이 얼마나 생산성에 해악적인지를 깨닫는다면 아마 깜짝 놀랄지도 모른다. 느닷없이 회의 호출을 받으면, 사람들은 하던 일을 멈춰야 한다. 무슨 영문일까 궁금해 하며 아무 준비도 없이 회의실로 몰려든다. 일방적인 일장 연설을 듣는다. 반대 의견을 내려 하다가도 회의가 길어져서 다른 사람들에게 민폐가 될까 그냥 다들 참는다. 다시 흩어진다. 아까 하던 일을 계속하기 위해서는 처음부터 새로 시작해야 한다. 개발은 몰입해야만 하는 일이다. 몰입 단계에 들어서려면, 최소 30분에서 1시간 넘게 예열해야 한다. 회의를 1시간 했다면, 그 전 몰입 예열시간 1시간을 날려버린 셈이다. 다시 몰입에 들어가려면 예열에만 1시간이 더 필요하다. 하루에 즉흥적 회의가 대략 2개만 있어도 그 날은 그냥 아무 것도 완료한 게 없는 날이 된다.

시간 비용을 생각해보자. 1시간짜리 회의는 없다. 회의를 1시간 했다고 1시간 짜리라고 생각하면 심각한 착각이다. 1명만 참석하는 회의는 없다. 회의 시간 비용은 회의 시간 x 참석 인원이다. 10명이 참석해서 1시간 회의를 했다면, 그건 10시간짜리 회의다. 이메일과 게시판, 문서나 메신저로 충분히 전달할 수 있는 내용을 회의 소집해서 전달하는 건 낭비다. 회사에서 가장 귀중한 자원은 사람들의 시간이다. 이건 사람수를 늘이지 않으면 확보할 수 없는 자원이다. 별로 감동스럽지도 않고 설득력도 없고

---

[9] 회의 중독증인지 아닌지 판단하는 간단한 방법. 회의 없는 날을 정해서 실행해본다. 불안/초조/강박/울적/무기력이 온다면, 회의 중독증 맞다.

참신하지도 않은 푸념과 짜증과 분노를 다른 사람에게 전파하기 위해 귀중한 회사 자원을 함부로 낭비해선 안 된다.

회의에 꼭 필요하지 않은 사람까지 호출하는 건 격하게 비난 받아 마땅하다. 그 사람의 시간을 무의미하게 빼앗았을 뿐만 아니라, 의욕까지 빼앗았기 때문이다. 관리자가 소집한 회의에서 자기가 무엇 때문에 끌려왔는지 영문도 모른 채 앉아있는 사람이 있다면, 그 사람을 비난하기 전에 관리자 자신부터 되돌아보길 권한다. 평소에 팀원/부서원의 업무에 대해 상세하게 잘 파악하고 있었다면, 회의에 꼭 필요한 사람인지 아닌지 판단하기 쉬웠을 것이다. 회의는 최소화해야 한다. 회의 횟수도 최소화, 참석 인원도 최소화, 회의 안건도 최소화, 회의 시간도 최소화. 그래야 회의 효과가 극대화된다.

회의 참석자들이 자기가 어떤 준비를 하고 참석해야 하는지 알 수 없는 회의는, 벌써 절반은 실패한 회의다. 준비를 못한 상태에서 참석하는 회의도 성공률이 낮아진다. 아무도 준비할 수 없는 즉흥적 회의는 그래서 100% 실패한다. 회의 안건의 무게에 따라 사전 준비 시간을 다르게 해서 미리 안건을 알려주고 미리 준비할 수 있게 해줘야 한다. 그래야 의견을 모으고 집중적으로 토의하고 결정하는 회의가 될 수 있다. 그냥 '통보'하고 '공지'하고 '지시'하는 건 회의 말고 다른 통신/교신/소통 수단을 사용하는 게 더 낫다.

돌발적인 비상 사태가 생겨서 어쩔 수 없이 회의를 즉흥적으로 소집해야 한다고? 일단은, 믿어 주겠다. 관리자가 주장하는 돌발적 비상 사태가 예측 불가능했다는 점을 일단 믿기로 한다. 슬쩍, 민망해지지 않는가? 그러고 보니, 돌발적 비상 사태가 어쩐지 데자뷰Deja Vu 같지 않은가? 언젠가 어디선가 많이 본 듯하고 익숙한 느낌이 들지 않는가? 기억력이 부실한 조직/관리자는 모든 게 돌발/비상 사태일 수밖에 없다. 자주 발생하는 돌발/비상 사태는 이미 돌발/비상 사태가 아니다. 그것에 제대로 대응태세를 갖추지 못한 조직/관리자의 뇌에 돌발/비상 사태가 생겼다는 뜻이다.

회의는 계획하고 준비하고 최소화해야만 한다. 회의라는 업무방식은 독성이 강하다. 조직의 시간을 순식간에 먹어 치운다. 수시로 장기 복용하면 조직이 망가진다. 회의하느라 일을 못하는, 일할 시간이 없는 이상한 조직이 된다. 특히, 돌발적/즉흥적 회의 소집, 이젠 유혹을 떨치기를 권한다. 사람들을 회의실로 소집할 수 있는 권력을 즐기다 보면 그 맛에 중독된다. 일단 한 번 중독되면 증세가 심각해진다. 마약하고 비슷하다. 당신만 황홀할 뿐, 당신 조직은 피폐해진다. "내가 중요하고, 내 시간이 중요하니까, 나머지는 다 나를 중심으로 나를 따라서 움직여야 한다"는 자기중심주의에 빠져들게 된다. 관리자는 우주의 중심이 아니다. 회사의 중심도 아니다. 관리자를 중심으로 조직이 돌아가야 하는 것도 아니다.

일하는 데 어슬렁거리며 인터럽트Interrupt 좀 걸지 마라

개발은 몰입이다. 몰입 없이는 한 줄의 코드도 짤 수 없다. 몰입은 예열이 필수적이다. 하루 8시간 일한다고 하지만, 정말 몰입해서 집중해서 일할 수 있는 시간은 길지 않다. 아주 많은 방해요인이 있다. 유혹거리도 정말로 많다. 그런데, 특히 해로운 게 있다. 바로, 관리자 당신이다. 사람들 일하는 곳에 괜히 어슬렁거리면서, 시선과 주목을 빼앗고 별 시덥지도 않은 일로 몰입을 깨뜨린다. 혹시 이렇게 반론할지도 모르겠다. "뭐, 보니까 그냥 멀뚱거리며 놀고 있길래, 그냥 얘기나 해보려고 했지. 마침 얘기해야 할 게 생각나는 것도 있고." 미안하지만, 착각이다. 진짜 놀고 있다면, 엄히 야단을 쳐야 한다. 그게 당신의 임무다.

MBWAManaging By Wandering Around라는 관리 기법[10]이 있다. '현장 배회 경영'이다. 생산현장을 경영자가 직접 방문해서 미션/전략/방침을 전파하는 방식이다. 거대 기업에서는 경영자가 현장 최일선의 상황을 직접 체감하고 현장 실무자들과의 교감/공감을 넓혀가는 게 필요하다. 하지만, 수십 명 정도의 개발 조직을 관리하는 데에는 이런 경영기법은 필요 없다.

관리자 당신의 인터럽트(방해)는 실시간 메신저랑 똑같다. 한참 몰입해서 일하고 있는데, 뿅~ 하고 메신저 알람창이 뜨면서, 일단 주의를 빼앗는다. 실시간으로 반응해야만 하기 때문에 뭔가 하고 창을 열어서 본다. 이런, "안녕하세요?"만 달랑 떠있다. "안녕하세요"에 답글을 달고 한참을 멍하니 기다려 본다. 한참 후에야 용건을 서로 주고 받는다. 아, 별로 중요하지도 긴급하지도 않은 일이었다. 다시 아까 하던 일로 되돌아간다. 예열부터 다시 시작한다. 이런 메신저는 개발자에게 해롭다. 불시에 걸려오는 전화도 해롭다. 개발자의 실시간을 빼앗아 먹는다. 몰입을 깨뜨린다. 관리자의 실시간 인터럽트도 개발자에게 해롭다. 긴급하지도 중요하지도 않은 일로 몰입을 깨뜨리고 주의력을 빼앗고 실시간을 깨먹으면 곤란하다. 그래 놓고 왜 개발 일정이 늦어지냐고 타박하면 개발자는 억울하다.

개발자의 딴 짓, 이를테면 인터넷 뉴스 보기 등등도 인터럽트다. 종류가 좀 다르다. 외부 방해가 아니라 내부 방해다. 자기가 주도적으로 결정해서 하는 딴 짓이다. 외부에서 느닷없이 침범해오는 메신저 같은 인터럽트가 아니다. 자기가 선택하고 결정한 딴 짓이므로 의식의 흐름이 자연스럽게 이어진다. 업무 시간에 딴 짓에 몰입해있는 경우도 있겠다. 외부 방해

---

10 톰 피터스(Tom Peters)라는 미국의 경영학자가 주창한 경영관리 기법. '현장중심경영'이다. Managing by Walking Around라고도 한다.

를 줄여도 개발자의 생산성이 잘 올라가지 않는 경우가 있다. 그 때에는 개발자 내부의 방해가 많기 때문이다. 주의력이 산만하고 동시에 여러 가지 일을 벌여놓기만 하고 쉴새 없이 딴 짓에 빠져드는 개발자도 꽤 있다. 나쁜 업무 습관에 빠져있는 경우다. 교정/치료/재활이 필요하다.

대체로 관리자들은 왜 인터럽트가 해로운지 잘 모르는 경우가 많다. 그 이유는 뭘까? 그건, 바로 관리자 자신은 인터럽트에 너무 익숙해져 있는 존재라서 그렇다. 사장님이 시도 때도 없이 호출한다. 즉각 반응해야 한다. 부서원들이 시도 때도 없이 메신저/전화/면담요청으로 인터럽트를 걸어온다. 계획적으로 대응할 수가 없다. 즉흥적이더라도 신속하게 판단하고 결정해야 할 일들이 정말 끝도 없이 시도 때도 없이 밀려온다. 그게 관리자 업무의 한 속성이다. 자신이 관리하는 조직 내부에서 오는 것이든, 조직 외부와 상층에서 오는 것이든 그 모든 인터럽트에 대해 자신을 활짝 열어둬야 한다. 그게 관리자의 업무 수행 방식이다. 그래서, 관리자들은 인터럽트에 관대하고 편안해한다. 문제는, 그게 자기에게만 한정되어야 한다는 걸 미처 깨닫지 못한다는 점이다. 자기가 관리하는 개발 조직도 자신과 같다고 착각하는 게 가장 큰 문제다. 개발조직을 외부 인터럽트에 즉각적으로 반응하도록 만들어놓고 개발 생산성을 따지는 건 이상하다.

대략 두 가지 정도의 반론이 있을 수 있겠다.

하나는, 지금 서비스 장애가 막 보고되고 있는데, 개발자에게 인터럽트를 걸지 않아야 하면, 어떻게 해야 하나요?

또 다른 하나는, 그럼 개발자에게는 미리 준비하고 계획한 회의에서만 얘기해야 하나요? 그냥, 좀 친하게 지내면 안 되나요?

서비스 장애 긴급 대응인 경우에는 인터럽트가 불가피하다. 이건 실시간으로 즉각적으로 대응하고 처리해가도록 개발자에게 지시해야 한다. 몰입을 깨뜨리더라도 어쩔 수 없다. 고객이 불편을 겪고 있는데, 그 프로그램을 개발한 개발자가 손 놓고 있는 건 직무유기다. 다만, 이 상황도 너무 자주 빈발하거나 일상화되면 아주 곤란해진다. 코드에 집중할 몰입의 시간을 확보하기가 어려워진다. 상황의 긴급도와 중요도에 대한 판단을 개별 개발자가 감당해야 하는 게 좀 힘들 수도 있다. 개발자의 흐름과 몰입을 충분히 확보하면서도, 긴급 오류 대처와 같은 활동을 병행해갈 수 있는 방법이 필요하다. 이슈 트래커Issue Tracker[11]를 적극 사용하는 것도 방법이다. 이슈 트래커에 오류 보고를 올리게 하고, 그것의 긴급도와 중요도에 대한 판단은 경험이 많은 사람이 전담하게 하고, 개별 개발자는 매일 정기적으로 이슈 트래커의 내용을 살펴보면서, 자신이 해야 할 일을 확인하고 처리해가는 방식이다. 이렇게 하면, 외부로부터 느닷없이 침입하는 느낌의 인터럽트는 생기지 않는다. 마치 인터넷 뉴스 보기와 같이 개발자 자신이 주도하는 느낌이라서 편하고 차분하게 작업을 처리할 수 있다.

어슬렁거리지 말라고 해서, 개발자 근처에는 얼씬도 하지 말아야 하는 건 아니다. 사무실에서 사무를 본다고, 모든 걸 사무적으로만 해야 하는 건 아니다. 인간적 관계가 더 중요해질 수도 있다. 관리자라고 해서, 개발자 자리로 놀러 가면 안 되는 건 아니다. 다만, 자제와 조심을 하라는 것이다. 특히, 관리자 본인은 친해서 놀러 가는 느낌이라고 생각하겠지만, 관리를 받고 있는 개발자는 '감시를 받는다'로 해석할 수도 있다는 걸, 설마 모르진 않을 거라고 믿는다. 글의 서두에 즉흥적 회의 소집에 격하게 반

---

11 소프트웨어 개발 도구. 이슈/버그를 기록하고 추적하는 일종의 공용 게시판. http://en.wikipedia.org/wiki/Issue_tracking_system

대했으므로, 회의는 정규적으로만 진행해야 한다. 그럼 정식 회의하기엔 좀 소소하고 단편적이고 자잘한 것들에 대해서는 개발자들과 어떻게 의견교환을 해가면 좋을까?

하나의 해법은, 그런 공간을 만들어 놓는 것이다. 회의실 말고 키친이나 휴게실 같은 느낌이면 좋겠다. 개방적인 공간에서 과자나 커피 한 잔 하면서 그런 잡담하는 공간, 적어도 그 공간에선 혼자 몰입해야 하는 일은 아마 전혀 없을 것이므로, 방해를 걱정하지 않아도 된다. 그냥 그 공간에서 개발자와 마주치면 친한 척하면서 잡담 비슷하게 일 얘기를 섞어가면 된다. 흡연자들의 경우에는 흡연실이 그런 일종의 해방적인 소통 공간이 된다. 게다가 줄담배를 피우지 않는 이상, 너무 오래 있을 수도 없다는 게 그 공간의 장점이다. 하지만, 금연은 세계적 추세이고 건강은 몹시 중요하다. 담배 싫어하는 사람들이 훨씬 더 많다. 관리자/개발자 소통을 위해 흡연을 권장할 순 없다.

미국 회사들은, 거의 대부분 개인별 독립 사무실과 키친 공간이 따로 있다. 제법 널찍한 식탁이 있는 키친은 그런 소통과 교류의 장으로 활용된다. 반면, 한국 회사들은 키친 공간이라 부르기엔 너무 좁고 작은 공간을 가지고 있다. 개수대와 생수기, 냉장고만 달랑 있는 그야말로 탕비실 느낌이다. 그 공간에서 마주치더라도 그냥 짧고 의례적인 인사만 나누고 각자 먹을 걸 챙겨서 떠난다. 잠시 머무르면서 잡담을 나눠도 좋을 만큼 공간이 안 나온다. 어쩌면, 이건 좀 비약이지만, 한국 회사들에서 관리자들이 즉흥적 회의를 너무 빈번하게 소집하는 것이나 개발자들 자리를 어슬렁거리면서 흐름과 몰입을 깨뜨리는 방식을 취할 수밖에 없는 또 다른 이유가 바로 이런 공간적 설계 때문은 아닐까, 그런 생각도 든다. 공간을 바꾸면 사람도 바뀌고 사람들간의 관계도 바뀔 수 있을 것 같다. 공간 여유가 있어야 가능한 방법이다.

관리는 참 어렵다. 못 하는 건 정말 쉽지만, 잘 하는 건 정말 어렵다. 관리자는 뭔가 강력한 힘을 가진 것 같으면서도 정작 할 수 있는 일은 많지 않다. 자기 혼자서는 아무런 성과도 낼 수 없다. 오직 사람을 통해서만 성과를 낼 수 있다. 사람들을 조직하고 동기 부여하고 격려하고 배려하고 질책하고 비판하고 평가하고 재조직하는 게 일이다. 일종의 리더십이 필요하다. 그런데, 소프트웨어 개발에서 관리자는 어떤 종류의 리더십을 가져야 할까? 카리스마형, 정복자형, 서번트형, 독불장군형, 코치형, 마에스트로형…. 참 많은 유형이 있다. 어느 게 좋은지 모범 답안은 없다. 각자의 특성과 조건/여건/환경/처지에 따라 달라진다. 하나 분명한 것은 좋은 관리자가 되려면 더 많은 공부와 경험과 성찰이 필요하다는 점이다.

개발 조직론

좋은 소프트웨어 개발 관리자가 되려면
_몰입형 업무 환경 조성

관리자는 높은 생산성을 위해서 개발자에게 좋은 업무 환경을 조성해줘야 할 의무(?)가 있다. 개발자가 방해 받지 않고 맘껏 업무에 몰두하고 집중할 수 있으면 생산성은 저절로 올라간다. 값비싼 가구나 장비가 필요한 것도 아니다. 관리자의 주요 임무 가운데 하나가 '생산성' 증강이다. 이를 위해서는 생산성을 갉아먹는 내외부적 모든 요소들과 비타협적으로 싸워가야 한다.

개발은 몰입[12]을 먹고 자란다. 개발 업무는 집중과 몰입에 전적으로 의존한다. 특히 개발은 전뇌를 완전히 풀 가동해야 하는 고도로 지적인 작업이다. 알고리즘을 따라 데이터 구조를 생각하면서 제어 흐름을 만들어 내는 작업은 뇌에 기초 데이터를 적재하고, 이리저리 가공하고, 코드로 구체화하고 그 실행을 면밀하게 주시하는 작업이다. 만약, 중간에 전화가 오거나 메신저 창이 뿡 하고 뜨거나, 저기서 팀장님이 부르시면 순간적으

---

12 〈몰입 flow: 미치도록 행복한 나를 만난다〉(미하이 칙센트미하이 저, 최인수 역, 한울림)

로 모든 게 리셋되어 버린다. 새로 자리에 돌아와서 작업을 개시하려면 해당 작업에 대해 리부팅부터 다시 시작해야 한다.

관리자가 가장 신경 써서 관리해야 하는 것이 바로 개발자의 몰입이다. 집중과 몰입을 방해하는 요인은 그것이 무엇이든 즉각적으로 대응하고 조치해가야 한다. 때로는 모든 조직적 환경적 인터럽트(방해)들로부터 개발자들을 보호하기 위해 관리자가 총대를 메고 최전선에서 방어해야 할 수도 있다. 우선, 관리자 자신부터 개발자들에게 외부 인터럽트를 마구 걸어대고 있는 것은 아닌지 되돌아볼 필요가 있다. 몰입을 방해하는 요소들에는 어떤 것이 있을까? 어떻게 하면 방해를 극복해갈 수 있을까?

여러 가지 업무를 동시에 맡기지 말아야 한다. 일정 시간/기간 동안에는 한 가지 일/업무/작업에 집중할 수 있도록 배분하는 게 좋겠다. 멀티 프로세싱은 컴퓨터만 할 수 있다. 인간은 일정 시간 동안 한 가지 일밖에 못한다. 효율이 많이 떨어진다. 업무와 업무, 작업과 작업을 넘나들 때 개발자의 뇌 속에서 발생하는 컨텍스트 스위칭context switching 비용은 무시하지 못할 만큼 크다. 가급적 멀티 프로세싱을 해야 하는 상황을 만들지 않아야 한다. 한 순간에는 한 가지 일만 할 수 있도록 해야 한다. 개발 업무를 배정할 때, 주의해야 할 항목이다.

일상에서 몰입을 방해하는 가장 큰 적은 외부로부터의 호출/요청이다. 전화/메신저가 특히 해롭다. 돌발적으로 걸려온다. 침입적이다. 실시간을 강탈해간다. 시간/주의력/에너지 도둑이다. 업무적으로 걸려온 전화나 메신저를 무시할 수가 없다. 반응하고 응답해야 한다. 그 사이에 하고 있던 업무/작업은 사라진다. 다시 리로딩하려면 시간/에너지가 또 들어간다.

개발은 몰입을 먹고 자란다. 개발 업무는 집중과 몰입에 전적으로 의존한다.
특히 개발은 전뇌를 완전히 풀 가동해야 하는 고도로 지적인 작업이다.
알고리즘을 따라 데이터 구조를 생각하면서 제어 흐름을 만들어 내는 작업은 뇌에 기초 데이터를 적재하고,
이리저리 가공하고, 코드로 구체화하고 그 실행을 면밀하게 주시하는 작업이다.

업무상 의사소통 채널은 이슈 트래커로 한정하는 게 방법이다. 업무 관련 의사소통 방식을 개발자 중심으로 완전히 재편하는 게 좋겠다. 개발자에게는 전화 걸기나 메신저 말걸기를 금지한다. 정말로 긴급한 경우에 한해서, 일부 기술지원 전담 인력에게만 전화와 메신저 수신을 제한적으로 허용한다. 그 대신 업무적인 의사소통은 이슈 트래커를 적극 활용한다. 고객 지원팀에서 고객의 수정/개선요청을 받으면, 그걸 이슈 트래커에 올린다. 개발자 역시 하루 업무 시간 중에 1시간 혹은 2시간 단위로 주기적으로 이슈 트래커에 접속해서 새로운 이슈를 확인하도록 한다. 고객 지원팀에서 해당 이슈의 처리 상황/상태를 알 수 있도록 작업 단계마다 상태 정보를 업데이트해주는 것도 필요하다. 그래야 "아까 그 이슈/버그 확인/처리 작업 어디까지 진행되었나요?"라는 질문이 연속적으로 계속 인터럽트성으로 들어오는 일을 피할 수 있다. 이슈 트래커는 고객지원팀과의 통신/교신 비용을 획기적으로 절감해준다. 또한, 개발자에게는 또 다른 편익이 생긴다. 자신이 개발하거나 처리해야 할 작업을 계획하고 예측할 수 있게 해준다. 매일 아침 출근해서 이슈 트래커를 열어서, 오늘 처리해야 할 일/작업을 선택한다. 작업이 완료하면 상태를 완료로 바꾸고 다음 이슈로 넘어간다. 관리자 역시 편익이 생긴다. 어떤 개발자가 어떤 이슈를 얼마 동안 어떻게 처리하고 있는지를 매번 물어보지 않아도 한 눈에 알 수 있다. 일정 점검하기 위해 따로 회의를 소집하지 않아도 된다.

개발자의 몰입을 방해하고 깨뜨리는 또 다른 주범은 즉흥적/돌발적 회의다. 한참 열심히 알고리즘 고민하고 있는데, 팀장님/사장님이 회의하자고 부르면 곤란해진다. 즉흥적/돌발적 회의는 반드시 없애야 한다. 없앨 수 있다. 관리자만 잘하면 된다. 회의는 안할 수만 있다면 안하는 게 최고다. 꼭 필요한 회의만 한다. 꼭 필요한 사람들만 참석하게 하고, 미리 준비하게 하고, 재빨리 끝낸다. 즉흥적 회의 소집은 긴급 사태 외에는 피하는 게 좋다. 개발자는 미리 정해진 일정을 좋아한다. 그래야 일을 계획하고 배분할 수 있기 때문이다. 미리 시간과 주제가 정해진 회의일 경우에는 큰 문제가 없다. 문제는 즉흥적이고 돌발적으로 발생하는 회의다. 돌발적으로 생기는 회의는 몰입을 깨뜨릴 뿐 아니라, 마음의 흐름까지 깨뜨린다. 하루에 돌발 회의 1~2개면 그날은 그냥 다 깨먹는다. 툭하면 아무때나 개발자를 호출하는 관리자는 심각하게 자신의 업무 방식을 되돌아봐야 한다.

개발자의 몰입과 관련해서 공간 문제가 있다. 최대한 조용하고 차분한 공간이 필요하다. 예산이 허용하는 한, 업무 공간의 독립성을 최대한 확보해주면 좋겠다. 완전 차단형 독실을 하나씩 주면 최상이겠다. 형편상 그게 어렵다면 최소한 칸막이 파티션이라도 높게 쳐주면 좋겠다. 칸막이를 너무 높게 치면 시야가 막혀서 답답하지 않겠냐는 의견도 있었다. 누가 답답하다는 걸까? 그 자리에서 업무를 하는 사람들이 답답해 할까? 아니면, 지나다니면서 사람들 뭐하나를 들여다 보는(?) 사람들이 답답하다는 걸까? 만약 후자라면, 그 사람들은 좀 답답해도 괜찮다. 생산성에 아무 지장이 없다. 개발 조직은 가급적 업무상 전화 통화가 많은 부서와는 공간적으로 분리될 수 있도록 배치하는 것도 필요하다. 전화벨 소리와 통화 소리가 웅성거리는 환경에서 제대로 집중하고 몰입해서 일하는 건 어렵다. 마치 고요한 독서실 같은 분위기, 사각거리는 키보드[13] 소리만 어렴풋이 들리는 그런 느낌이 좋겠다. 공간적 고요를 확보하기 어렵다면, 소음 제거 헤드폰[14]으로라도 집중을 위한 고요를 만들어주는 것도 방법이겠다. 가격은 좀 세지만, 효과는 좋다. 컴퓨터에서 나오는 중저역 소음을 확실히 줄여준다.

---

13 개발자 가운데에는 기계식 키보드를 선호하는 사람들이 의외로 많다. 키보드 키를 칠 때의 촉감이 좋다. 또각거리는 소리까지 좋아하는 사람들도 있다. 문제는 좀 시끄럽다는 점이다. 옆 사람 주변 사람에게 방해가 될 수도 있다.
14 소음 제거 헤드폰 Acoustic Noise Cancelling headphones. 20만원 ~ 60만원선.

개발자의 몰입을 확보해주기 위해 관리자가 할 수 있는 항목들은 이외에도 찾아보면 많다. 개발자들이 느끼는 불편은 없는지, 개선해야 할 사항은 없는지를 항상 살피고 개선안을 생각해보면 꽤 많은 걸 발견할 수 있다. 더 중요한 것은 마음이다. 개발 관리라고 해서 개발자들을 매의 눈으로 째려보며 정말로 '관리'를 하려고 해선 곤란하겠다. 사람을 관리한다라기보다는 일을 더 잘해낼 수 있도록 개발자를 배려하고 지원한다는 마음이 더 좋겠다. 조직의 신참들에게는 코칭이나 멘토링이 필요할 수도 있겠다. 어떤 조직이나 마찬가지겠지만, 개발조직에서도 서로 마음이 통하면 관리자도 편해진다. 사실 '관리'라고 하지만, 관리 대상은 '마음'이다. 관리자 자신의 '마음'과 부서원의 '마음'이다. 마음은 관리가 어렵다. 관리하려고 하면 더 안 되는 게 마음이다.

예외적으로 불행하게도 일반적 관리 방식에만 반응하는 개발자들도 있다. 맡은 일도 적당히, 꾸물꾸물, 하는 둥 마는 둥, 의욕도 없고 의지도 없고, 그냥 적당히, 틈만 나면 딴 짓에만 열중하고, 실력보다 불만이 더 많은 사람들이 있다. 동료의 의욕과 열정에 찬물을 끼얹고, 조직 분위기를 대충대충으로 몰고 간다. 회사/조직은 친목모임이 아니다. 성과/실적에 몰두하고 집중해가는 조직이다. 일을 더 잘하기 위해서 모인 조직이다. 프리랜서 모임이 아니다. 혼자서는 감당하기 어렵거나 더 잘해내기 힘든 일을 하기 위해서 협업을 하기 위해 모여있는 것이다. 자유로운 영혼들의 자유로운 모임이 아니다. 목표와 존재이유가 너무나 뚜렷한 조직이다. 관리자가 해야 할 가장 핵심적인 임무 가운데 하나가, 바로 이런 사람들을 찾아내고 재활을 돕는 일이다. 치유가 불가능할 경우에는 팀에서의 영향력이 최소화될 수 있도록 조치하거나 방출해야 한다. 관리자에게 주어진 권력은 정확히 이럴 때 사용해야 한다. 좋은 관리자라고 해서 마음 착한 관리자라는 뜻은 아니다. 악역도 기꺼이 감당해야 한다.

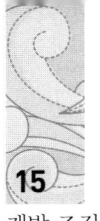

개발 조직론
SCRUM은 소프트웨어 개발 방법론일까?

스크럼Scrum[15]이라는 개발 방법론이 있다. 애자일Agile 계열에서 개발 조직과 개발 절차에 관해 정리한 방법론이다. 스크럼에 관한 상세한 내용은 아래 도서를 참고하면 좋겠다.

- 〈스크럼Scrum과 XP: 애자일 최전선에서 일군 성공 무용담〉(인사이트, 2009)
- 〈스크럼 Scrum : 팀의 생산성을 극대화시키는 애자일 방법론〉(인사이트, 2008)

처음 스크럼Scrum 관련 책을 보면서, Agile과 XP 계열의 또 다른 개발 방법론의 한 갈래 정도이겠군, 하고 생각했다. 아니었다. 엄밀하게 말하면 개발 방법론일 수 있지만, 기존의 개발 방법론이라는 개념의 틀에서 보면 당혹스런 내용들이 들어있다. 사실 내용도 너무 간단하다. 한 5분이면 전

---
15 http://en.wikipedia.org/wiki/Scrum_(development)

부 설명이 가능할 정도로 단순하다. 그래서, 처음엔 실망했다. 뭔가 멋지고 화려하고 환상적인 비법들이 가득할 것처럼 보였는데, 아니었다.

SCRUM은 전통적인 의미에서 개발 방법론이 아니다. 프로젝트 진행 프로세스에 대해 몇 가지 규칙을 정한 정도다. 역할과 책임을 정의하고 회의와 절차를 정의한다. 스크럼을 간단하게 수식으로 표현하면 아래와 같다.

$$\text{SCRUM} = \text{역할}_{\text{Roles}} + \text{프로세스}_{\text{Process}} + \text{시각화 도구}_{\text{Tools}}$$

조금 지나서 곰곰이 생각해보니, 스크럼에서 나눈 역할과 절차가 정말 절묘하고 우아하다는 걸 깨달았다. 간결함 속에 아주 많은 치밀한 고려와 계산이 숨어 있었다.

스크럼을 설명할 때, 제일 먼저 절대로 빼먹으면 안 되는 그림이 하나 나온다. 바로, "돼지와 닭Pigs and Chickens"[16] 이야기다.

©2006 implementingscrum.com

↑

16 http://www.implementingscrum.com/2006/09/11/the-classic-story-of-the-pig-and-chicken/
저작권자의 승인을 얻어 한국어 버전으로 수정함.

닭이 돼지에게 레스토랑을 함께 해보자고 제안한다. 레스토랑 이름은 어떻게 하지? 돼지가 묻는다. '햄과 계란'은 어떠냐고 닭이 말한다. 돼지는 단호하게 거절한다. 이름을 동등하게 내걸 수 있을 만큼 기여도가 동등하지 않기 때문이다. 햄을 만들기 위해서 돼지 자신은 희생하고 헌신해야 하는 반면, 계란을 위해서 닭은 약간 관여하고 수고하기만 하면 된다는 게 거절 이유다.

스크럼은 프로젝트 참여자들을 프로젝트에 걸려있는 이해관계와 책임의 경중에 따라 돼지와 닭으로 나눈다. 이 구분은 스크럼 프로세스 내내 온전하게 작동해야 한다. 좀 과격하게 정리하면 이렇다. 프로젝트에 헌신하지 않고 가끔씩 간섭하고 개입하는 자들은 '닭'이다. 프로젝트 관련 회의에 '닭'들도 참여할 수는 있다. 하지만, 발언권은 없다. 한 마디로, "닭들은 닥치고 그냥 들어라."가 핵심이다.

스크럼에서는 역할roles을 아래와 같이 세 가지로 나눈다.

- 스크럼 팀Scrum Team
- 제품 책임자Product Owner
- 스크럼 마스터Scrum Master

이 역할들만 '돼지'다. 그 외에는 모두 닭들이다. 사용자Users, 관리자Managers, 마케터Marketters 모두 닭이다. 닭들도 회의에 참석할 수는 있다. 하지만, 절대로! 발언할 수 없다. 심지어, 제품 책임자Product Owner조차 스크럼에서 정의하는 어떤 회의에서는 닭이 된다. 닥치고 그냥 듣기만 해야 한다.

그럼, 닭들은 왜 닥쳐야 하는가? 왜 스크럼에서는, 프로젝트에서의 역할을 제품 책임자/스크럼마스터/스크럼 팀과 같은 다소 낯설고 이상한 용어로 재정의해놓은 것일까? 돼지와 닭의 비유를 사용해서 닭들의 발언 자체를 금지하는 걸까? 이 대목에서 잠깐, 그 이유를 곰곰이 생각해보길 권한다. 왜 그럴까?

맞다. 요구사항의 죽 끓는 변덕을 최소화하기 위한 장치다. 오해는 없기 바란다. 스크럼은 요구사항 변경 자체를 완강히 거부하지 않는다. 그것이 불가피할 뿐만 아니라 오히려 자연스럽다고 생각한다. 다만, 시도 때도 없이 오락가락하거나 제멋대로 추가/삭제/변경되는 걸 허용하지 않겠다는 의지가 담겨있다. 일단, 결정된 사항은 아무리 막강 권력의 사장님이라고 해도, 스크럼에서 말하는 하나의 반복주기(스프린트sprint)가 끝날 때까지는 기다려야 한다. 그 누구도 함부로 스프린트의 목표 자체를 변경할 수 없다.

프로젝트를 진행해본 경험이 있으면 잘 알 것이다. 초기에는 다들 구름 속에서 허공을 맴돈다. 그 상태에서 정리한 요구사항이라는 건 사실 그냥 정확하지도 않고 엄밀할 수도 없다. 기존과 완전히 같은 제품 기능이 아니라면 처음부터 요구사항의 구체화 자체가 어렵다. 만일 기존과 같은 제품 기능이라면, 굳이 또다시 비용을 들여서 새로 개발할 것도 없다. 그냥, 옛날 거 쓰면 된다. '모든 소프트웨어는 다르다. 다르기 때문에 개발한다. 개발하면서도 계속 달라진다. 아니, 달라져야 새로 개발하는 의의가 있다. 개발이라는 것 자체가 다른 걸 만들어내기 위한 활동이기 때문이다.

프로젝트가 진행되면서, 요구사항의 구체화가 거의 끝나면, 본격적인 설계와 구현 작업을 개시한다. 그런데 겨우 구현까지 끝내가는데, 요구사항의 세부사항이 아주 살짝 조금(!) 바뀐다. 바꿔줄 것을 요구하는 사람은 그게 정말 간단하고 사소하고 작은 거라고 주장한다. 하지만 실제로는 아닌 경우가 더 많다. 그 사소한 변경을 반영하기 위해 이제까지 짜던 거 다 뒤집으면서 삽질을 해야 할 수도 있다. 한 번은 봐줄 수 있다. 그런데 해보면 알지만, 이런 사소한(?) 변경 요구는 계속 된다. 끝도 없고 멈추지도 않는다. 개발을 무한 반복 지옥으로 내몰아간다.

스크럼은 하나의 반복주기 안에서는 구현해야 할 항목을 동결freeze시킨다. 해당 스프린트 반복 주기의 목표와 범위를 확정하고 진행한다. 스프린트 주기 동안에는 변경하지 않는다. 만약 변경사항이 생긴다면, 그건 다음 번 스프린트 주기 때에 계획을 세워서 반영한다. 그래야 스프린트sprint의 원래 의미인 '전력 질주'를 실현할 수 있다.

스크럼에서 제품 책임자Product Owner는 제품 기능 목록Product Backlog을 관리한다. 우선 순위와 중요도를 매기는 게 제품 책임자의 주요 임무이다. 양도할 수 없는 고유 권한이다. 개발자가 기능 항목의 중요도와 우선 순위를 판단할 수는 없다. 제품 책임자가 최종 결정하고 그 책임을 진다. 가장 빈번하고 결정적인 번복을 반복하는 경향이 다분하신 사장님은 비공식적으로 제품 책임자에게 영향력을 행사할 수는 있다. 그건 사장님과 제품 책임자, 두 사람이 해결해야 할 문제다. 다른 팀원들과는 관계없다. 하지만 제품 책임자조차도 현재 진행중인 스프린트의 기능 항목에서의 우선순위를 뒤집는 것은 허용되지 않는다. 스프린트 기간 동안에는 팀이 결정한다. 팀이 우선 순위 변경에 찬성해야만 한다. 스프린트 동안은 개발의 목표와 범위가 고정된다. 시도 때도 없이 누군가의 변덕에 의해 개발이 표류하는 사고를 미리 차단하기 위한 것이다.

일정 추정은 스크럼 팀의 고유 권한이자 의무다. 개발 현장에서는 사장님이나 관리자가 일정을 추정(결정)[17]하는 역할을 맡는 경우가 많다. 스크럼은 일정 추정을 가장 잘할 수 있는 사람이 일정을 추정하는 권한을 가져야 한다고 주장한다. 제품 책임자도 아니다. 사장님도 아니다. 바로 개발자다. 그 일을 실제로 담당할 사람이 그 일을 완료하는 데 얼마쯤 걸릴 것인지를 가장 잘 추정할 수 있기 때문이다. 심지어 개발자마다 개발 속도가 다 다르다. 어떤 사람은 1주일 작업을 해야 하지만, 어떤 사람은 3일만에 완료할 수도 있다. 스크럼은 일정 추정 권한을 팀에게 준다. 제품 기능 목록의 우선 순위와 중요도 결정은 제품 책임자가 하지만, 일정 추정은 스크럼 팀이 한다. 서로 가장 잘 할 수 있는 업무와 권한을 준다. 책임도 나눠지게 한다. 개발자의 주도성을 확보해준다. 스프린트 기간 동안 외부 인터럽트/간섭/개입/변경 금지를 통해 몰입을 보장해준다. 그 대신 스크럼 팀이 약속한 구현 결과에 대해서는 팀이 책임져야 한다.

스크럼 팀은 제품 기능을 여러 개의 태스크tasks로 나누고, 일정을 추정해서 제품 책임자에게 알려준다. 제품 기능 목록Product Backlog에서 일정 추정치가 정해지면, 스프린트가 시작된다. 스프린트 반복주기를 2주로 잡을 수도 있고 4주로 잡을 수도 있다. 스크럼 팀은 제품 기능 목록에서 스프린트 기간만큼 가져와서, 그걸 스프린트 구현 목록Sprint Backlog으로 삼는다.

다음에 등장하는 그림은 스크럼의 프로세스이다. 제품 책임자가 관리하는 제품 기능 목록이 있다. 이 목록에서 스프린트 주기만큼의 작업 분량이 스프린트 구현 목록으로 넘어간다. 스크럼 팀은 하나의 스프린트 내

---

17 추정(Estimation)과 결정(Decision)은 다르다. 추정과 계획(Plan)도 다르다. 스크럼은 현실주의적이다. 미래의 일을 계획할 수는 있지만, 계획대로 실현하기는 어렵다고 본다. 스크럼은 계획하기(Planning)는 지지하지만, 계획(Plan) 그 자체에 함몰되는 건 반대한다.

에서 스프린트 구현 목록을 설계/구현/테스트해서 제대로 작동하는 제품 증가분Product Increment으로 전환하는 책임을 진다. 일종의 약속이다. 자신들이 추정한 그 일정에 맞추기 위해 전력 질주sprint한다. 스크럼 팀은 매일 일일 스크럼 회의Daily Scrum Meeting를 통해 진척 상황을 점검한다. 문제를 발견하고 해결하고 돌파한다.

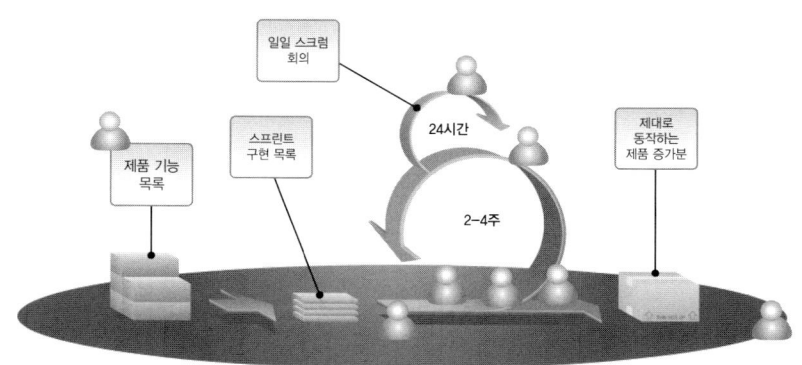

©2006, Mountain Goat Software[18]

다음은 스크럼 프로세스의 공식적인 회의의 종류이다. 모두 4가지이다.

- 스프린트 계획 회의Sprint Planning Meeting
- 일일 스크럼 회의Daily Scrum Meeting
- 스프린트 리뷰 회의Sprint Review Meeting
- 스프린트 회고 회의Sprint Retrospective Meeting

한창 개발하고 있는데, 사장님이 갑자기 호출해서 어디까지 진척되고 있

---

18 Mountain Goat Software의 저작권 사용 허락을 받아 한국어 버전으로 수정함.
원본: http://www.mountaingoatsoftware.com/scrum-figures

는지, 데모를 보여달라고 하면, 스크럼 팀은 돌발적/즉흥적 데모 요청을 거부하는 게 원칙이다. 실제로는 이렇게 하면 팀원 전체의 회사 생활이 고단해질 것이므로, 제품 책임자가 총대를 매고 사장님에게 다음 번 예정된 리뷰 미팅까지 기다려 달라고 건의하는 게 좋겠다.

이 대목에서 질문을 해보자. 스크럼, 왜 이렇게 시시콜콜하게 미팅의 종류와 성격까지 정의하는 걸까? 몹시도 사소한 사항들까지 미리 정하고 있다. 예를 들면, 일일 스크럼 미팅에서는 아래 세 가지 주제만 아주 짧게 말할 수 있다. 전체 미팅 시간이 15분을 절대로 초과해선 안 된다.

- 어제 한 일
- 오늘 할 일
- 장애요소

왜 이렇게 시시콜콜한 걸까? 맞다. 바로, 이런 시시콜콜함이 스크럼의 강점이자 매력이다.

스크럼은 진짜 팀을 만들기 위한 방법이다. 소프트웨어 개발 프로세스 전반에 걸쳐 가장 큰 위험요소가 무엇인지, 한편으론 사소하지만 결코 미미하지 않은 생산성 저해 요소가 무엇인지, 스크럼은 알고 있다. 그래서 제한하고 금지하고 한정한다.

미리 준비되고 계획되지 않은 즉흥적 회의는 낭비적이고 소모적이고, 때론 파괴적이다. 때문에, 스크럼은 전통적 관리자들이 아무 생각 없이 구사하는 전가의 보도들을 빼앗아 버린다. 즉흥적 회의 소집, 즉흥적 데모 요구, 권력을 사용한 요구사항 변경 관철 등등. 생산성에 해악적인 요소들을 차단한다. 전통적 관리자들이 개발에 함부로 개입하고 간섭하고 나중에는 무책임하게 빠지는 걸 원천적으로 차단한다.

그 대신, 스크럼 팀은 인터럽트 없는 시간과 기능 구현 항목 동결을 보장받는 대신, 추정 시간 내에 스프린트 목표를 달성하겠다는 약속을 하고 그 책임을 진다. 하나의 스프린트는 결과 완료 여부와는 관계없이 무조건 정해진 일정이 지나면 끝난다. 스프린트 리뷰 회의Sprint Review Meeting는 미리 정한 날짜/시간에 열려야 한다. 그 자리에서 스크럼 팀은 제품 책임자에게 결과를 데모한다. 제품 책임자는 그 자리에서 결과를 받을 것인지 거부할 것인지를 결정한다. 이 결정 역시 아무도 침해할 수 없고 양도할 수 없는 제품 책임자의 고유 권한이다.

스크럼은, 소프트웨어 개발 프로젝트를 둘러싸고 있는 이해 관계자들간의 조직 역학과 내부 정치까지 환하게 들여다 본다. 폐해 요소를 최소화하고 증강 요소를 보강한다. 현실을 함부로 이상화하지 않지만, 그대로 승인하지도 않는다. 개발자와 관리자의 역학을 명쾌한 역할과 책임 분할 그리고 미팅 정의를 통해 현명하게 절충했다. 스크럼의 위력은 상당하다. 실제 실행해보면 알 수 있겠지만, 도입과 적용 초기의 혼선과 혼돈을 거치고 나면, 팀의 개발 속도에 대한 억측과 과신이 사라진다. 그리고 팀을 둘러싼 정말로 다양한 온갖 문제들을 매일 확인할 수 있다. 스크럼 자체가 치유를 해주진 않는다. 다만, 개선해야 할 문제를 모두 드러내 준다. 그리고 그걸 해결하면서 전진해가다 보면, 정말로 진짜 팀이 만들어진다.

개발 조직론
SCRUM 세미나에서 나온 질문들

회사 개발팀 대상으로 SCRUM에 대한 간략한 소개 세미나를 했다. 그 자리에서 나온 질문과 답변들을 간단히 정리해본다.

질문 1: Task Board의 Unplanned Items 영역에서 미리 계획하지 못한 항목들이 생길 텐데, 그것들을 내부적인 것과 외부적인 것으로 다시 나눠야 할 필요는 없을까요?

없습니다. 왜냐하면, 하나의 스프린트가 개시되면, 그 스프린트에서 완료해야 할 기능 리스트Feature list는 동결freeze됩니다. 외부에서 새로 기능을 추가할 순 없습니다. 아무리 막강 권력을 가진 사장님이 요구해도, 스크럼 팀은 안 된다고 해야 합니다. 그게 스크럼의 원칙입니다. 따라서 Unplanned Items 영역에는 팀 내부적으로 미리 예측하지 못했던 항목들, 계획하지 못했던 항목들만 나옵니다.

그리고 스프린트가 2번째, 3번째로 반복 진행되면, 팀의 추정 능력도 나아지므로 Unplanned Items는 줄어들게 됩니다.

질문 2: 스크럼을 잘하려면, 역할별로 잘 준비된 사람들이 필요하고 팀웍도 어느 정도 잘 짜여져야 하지 않을까요?

아닙니다. 그대신 처음 구성되는 스크럼 팀의 첫 번째 스프린트의 과제는 팀의 개발 속도를 모두가 체감하는 것으로 한정하면 됩니다. 처음에는 추정Estimation과 실제 진행과의 편차가 커도 상관없습니다. 두 번째 스프린트가 개시되고 세 번째 네 번째로 진행되면, 추정치와 실제치의 편차는 확실하게 줄어들게 됩니다. 팀의 추정 능력이 향상되기 때문이고 자연스럽게 팀의 개발 속도를 모두가 잘 알게 되기 때문에 무리한 추정을 하지 않게 됩니다.

그리고 사실 스크럼의 목표는 팀 빌딩building입니다. 무늬만이 아니라 '진짜 팀'을 만들어가는 과정입니다. 혼자 각자 알아서 자기 일만 잘하는 건 팀이라고 부를 수 없습니다. 프리랜서의 자유롭고 느슨한 모임입니다. 팀이 해결해야 하는 과제와 문제를 팀 단위의 자기-조직화Self Organization를 통해 해결하고 극복해가는 과정이 있어야만 진짜로 팀이 생겨납니다.

질문 3: 스프린트를 진행해보니, Unplanned Items가 너무 많아져서 감당할 수 없게 됩니다. 이럴 땐 SCRUM에서 어떻게 해야 하나요?

처음 만들어진 팀의 첫 번째 스프린트에서는 오히려 자연스러운 현상입니다. 너무 크게 걱정하지 않아도 됩니다. 다만, 팀의 추정 능력을 키워가야 합니다. 기능 목록Product Backlog을 세부적인 작업 목록Sprint Backlog으로 구체화할 때, 태스크Task를 정의하는 것은 스크럼 팀이 해야 할 역할입니다. 기능 요구 목록에는 없지만, 시스템 구성상 필요한 요소들은 팀이 분석해서 태스크로 정의해서 작업 목록에 넣어야 합니다. 스프린트 계획 회의Sprint Planning Meeting에서 이런 태스크 정의와 일정 추정 작업을 합니다. 태스크 분석을 잘하게 되면 Unplanned Items 영역에 발생하는 항목들을 점차 확실하게 줄여갈 수 있습니다.

질문 4: 스크럼 팀은 어떤 사람들로 구성해야 하나요?

스크럼 팀은 매일 아침 Daily Meeting을 해야 하는 사람들로 구성합니다. 매일 얼굴을 봐도 좋은 사람들끼리 구성하면 됩니다. 개발자(프로그래머) 뿐만 아니라 기획자와 디자이너도 스크럼 팀원이 됩니다. 프로젝트 진행을 위해 일상적으로 의사소통을 활발히 해야만 하는 사람은 스크럼 팀원이 됩니다. 단, 전통적인 의미에서 관리 업무를 담당하는 사람은 스크럼 팀에 들어올 필요가 없습니다. 따로 할 일이 없기 때문입니다.

질문 5: 기획자가 제품 책임자Product Owner가 되는 건가요? 제품 책임자는 누가 맡아야 하나요?

기획자는 스크럼 팀의 일원입니다. 스크럼 팀의 일원이 제품 책임자를 맡으면 안 됩니다. 제품 책임자로서의 이해 관계와 스크럼 팀의 일원인 기획자로서의 이해 관계가 서로 충돌할 때, 곤란해질 수 있습니다. 기획자가 제품 책임자의 역할까지 맡게 되면, 중요도를 판단하고 결정하는 일과 스프린트 결과를 승인/거부하는 제품 책임자 고유의 역할을 제대로 할 수 없게 됩니다.

제품 책임자는 스크럼 팀의 구성원이 아닙니다. 일일 미팅에 참석하지 않아도 됩니다. 참석하더라도 발언권은 없습니다. 일일 미팅에 참석하고 발언권이 있는 사람들만 스크럼 팀의 팀원입니다.

제품 책임자는 해당 제품 출시와 운영 및 마케팅을 관장하는 부서의 중간 관리자급이 맡는 것이 가장 좋습니다. 역할은 기획이 아닙니다. 기능에 대해 기획하는 역할은 스크럼 팀 내의 기획자가 담당합니다. 제품 책임자는 기능에 대한 우선 순위 목록만 담당하고 책임집니다.

질문 6: 스크럼을 실행해보니, 너무 많은 문제점들이 쏟아지고 있습니다. 어떻게 해야 하나요?

우선, 엄격하게 구분해야 할 것이 있습니다. 스크럼 자체가 문제인 경우는 없습니다. 스크럼을 실행할 때 드러나는 문제점은 대부분 이미 해당 팀과 조직과 제품 내에 잠복해있던 문제들입니다. 이제껏 묻혀있고 숨겨져 있는 문제들이 스크럼을 실행하니까 모두가 알아볼 수 있게 드러난 것일 뿐입니다. 이 두 가지를 혼동한 나머지, 스크럼 때문에 문제가 생겼다고 생각하고, 다시 이전의 방식으로 되돌아가는 우를 범하지 말아야겠습니다.

또한, 스크럼 자체는 팀이 드러나는 문제점들에 대해서 해법을 줄 수 없습니다. 그 문제들은 스크럼 팀과 제품 책임자가 감당하며 해결해가야 합니다. 그 문제들을 해결해갈 때 정말로 필요한 것이 바로 팀웍입니다. 팀만이 문제를 해결할 수 있습니다. 그 문제를 해결해가는 과정에서 진짜 팀이 되어 갑니다. 스크럼의 목표인 팀 빌딩입니다.

질문 6: 스크럼에서는 팀 단위로 5~9명 정도 구성하라고 권고하는데, 우리 형편상 그럴 수 있을까요?

실제 진행되는 상황을 보면, 사실 그렇습니다. 처음부터 완전히 새롭게 시작되는 프로젝트보다는, 이미 진행중인 경우가 많습니다. 새삼 프로젝트라고 시작점과 끝점을 정하는 것조차 다소 혼란스러운 경우가 많습니다. 현재 있는 제품에 새로운 기능을 추가하는 것만을 스크럼 대상으로 삼을 것인지도 의문입니다. 경우에 따라서는, 한 사람이 하나의 스크럼에 전담 배치되기보다는 여러 개의 스크럼에 분담 배치되어야 하는 경우도 있을 것 같습니다.

그러면 완전히 이상적인 조건이 갖춰질 때까지는 스크럼 도입을 미루는 것이 좋을까요? 팀 인원수가 프로젝트 전담 인력 5명이 되는 프로젝트가 생길 때까지는 스크럼은 적용할 수 없는 것일까요?

그렇지는 않습니다. 스크럼은, 하나의 가이드 라인입니다. 팀원 수가 조금 적더라도, 스크럼 팀을 구성할 수 있습니다. 그대신 팀으로서의 시너지 효과는 다소 떨어질 겁니다. 그리고 전담 인력만으로 구성하는 게 가장 좋겠지만, 분담 인력으로도 스크럼 팀을 구성하고 진행할 수 있습니다. 이때 분담 인력은 자신의 참여도에 대해 집중도focus factor라는 백분율 항목을 곱해서 속도velocity를 정할 수 있습니다. [스크럼과 XP, p.31]

질문 8: 스프린트 반복주기를 2주라고 설정하더라도, 과연 그 기간 동안 외부적인 인터럽트들로부터 보호받을 수 있을지 의문이 듭니다. 계속 바쁘게 치고 들어오는 요청들을 어떻게 감당해가야 하나요?

여기서 말하는 외부적인 인터럽트가 만약 사장님/팀장님이 돌발적이고 즉흥적으로 어떤 기능 요소를 지금 바로 구현하라는 식으로 지시하는 것일 때에는, 스크럼 팀과 제품 책임자는 "그건 스크럼 원칙에 위배됩니다."라고 얘기할 수 있으면 좋겠습니다. 물론, 부드럽게 얘기해야 합니다. 스프린트 기간 동안, 팀은 스프린트 기능 목록에 없는 내용을 새로 추가하는 것으로부터 완전하게 보호받아야 합니다. 그래야, 스크럼입니다. 아니면, 가짜입니다.

반면, 외부적인 인터럽트라는 것이 바로 그 이전에 팀이 만들어서 출시했던 제품에서 발생한 어떤 오류나 하자인 경우에는 어떻게 해야 할까요? 우리 제품을 사용하는 고객/사용자가 불편과 괴로움을 느끼고 있는데도, 우린 지금 스프린트 중이라서, 뭐라 따로 드릴 말씀이 없네요, 하면서 회피해야만 하는 것일까요?

추가개발과 유지보수, 일단 출시된 제품에 대해서는 이 문제가 늘 화두가 됩니다. 유지보수 때문에 인력과 시간을 소모한 나머지 추가 개발을 신속하고 방해 없이 진행하기가 어려워집니다. 그렇다고 추가 개발에 집중하다 보면, 사용자/고객들이 겪는 불편과 괴로움을 그대로 방치해야 하는 난감한 상황에 처하게 됩니다.

조직을 개발 업무와 유지보수 업무로 나눠서 대응하기도 합니다. 하지만, 오류 발견과 대처는 그 기능을 만들었던 사람이 담당하는 게 가장 빠르고 정확합니다. 다른 사람이 짠 코드를 보면서, 문제를 찾고 해결해가는 건 아무리 공력 높은 수퍼 개발자라고 해도 어려움이 많습니다. 개발 문서화에도 신경을 더 쓰고, 설계/코드 리뷰 활동을 일상적으로 지속한 팀의 경우에는 코드 작성자가 아니더라도 큰 비용 추가 없이 대처가 가능할 수도 있습니다. 하지만, 이 경우에도 역시 오류 수정은 오류 생산자가 처리하는 게 빠릅니다. 생산자가 생산품에 대해 책임을 지는 느낌도 더 있습니다.

스크럼과 XP 책에도 비슷한 문제에 대한 해법 4가지를 제안하고 있습니다. [스크럼과 XP, pp. 51~52]

1. 제품 책임자가 버그 추적 시스템에서 우선 순위가 높은 항목을 출력해서 스프린트 계획 회의에 가지고 온다. 계획 회의에서 제품 기능 목록과 비교해서, 우선 순위에 따라 새로운 스프린트에 버그 수정 작업을 반영한다.
2. 제품 책임자가 버그 항목을 수정하기 위한 스토리를 만들어서 제품 기능 항목에 넣는다. 새로운 스프린트에서 해결한다.
3. 버그 수정을 스프린트 대상에서 제외한다. 그 대신 팀의 집중도를 낮게 설정해서 버그를 수정할 만한 여력을 확보한다. 스프린트마다 일정 시간을 버그 수정 작업에 사용한다고 가정한다.
4. 제품 백로그를 엑셀 파일 대신 이슈 추적 시스템에 넣어서 관리한다. 버그를 다른 기능 스토리와 마찬가지로 취급한다.

1번과 2번, 4번은, 기록 방법만 다를 뿐, 버그도 새로운 스프린트에서 처리하는 방식입니다. 3번의 경우에는 버그를 현재의 스프린트에서 처리하는 방식입니다. 버그의 양과 질에 따라 적절한 방법을 선택할 수 있습니다.

버그가 많이 발생하고 그 내용도 심각하다면, 좀더 즉각적 대처가 불가피합니다. 이럴 때에는 3번 방식으로 처리해가야 합니다. 다만, 이 경우에는 버그의 발생량 자체가 확률적으로 증감하기 때문에 스프린트 자체의 속도감이 제대로 체감되지 않을 수 있습니다. 팀의 속도에 대한 체감이라는 스크럼의 또 다른 목표가 다소 희석됩니다.

버그 발생량이 적고 그 내용도 심각하지 않은 수준이라면, 새로운 스프린트에서 해결하는 방식으로 서서히 전환해갈 수 있겠습니다.

좀더 원천적이고 근원적으로는, 깨끗하게 코딩하고 단위 테스트와 기능 테스트를 매번 반드시 거치도록 해서 버그 자체가 빈발하지 않도록 해야겠습니다.

질문 9: 기능features 정의가 제품 책임자의 고유 권한이라면, 팀이 너무 수동적인 상태가 되는 건 아닐까요? 마치 정해진 대로 움직여야 하는 공장식 느낌이 들 수 있을 것 같은데요?

기능에 대한 정의는 제품 책임자의 고유 권한이 맞습니다. 하지만, 자기 혼자 독단적으로 모든 걸 생각하고 결정하라는 뜻은 아닙니다. 기능에 대해 아주 구체적이고 세부적인 부분까지 가장 잘 알 수밖에 없는 사람들은 바로 팀입니다. 개발을 진행하다 보면 어떤 기능이 더 필요한지, 어떤 방식으로 추가하면 더 좋은지 등등에 대해서 아이디어와 느낌이 다양하게 솟아납니다. 그런데도 형식적인 역할 분담 때문에, 그건 제품 책임자의 권한이니까 팀은 그냥 모른 척 해야지, 그래야 하는 건 아닙니다. 좋은 기능에 대해서는 팀과 제품 책임자는 언제든지 논의를 할 수 있습니다. 다만, 그것을 기능으로 정의하고(사실, 제목을 다는 게 전부임), 인수 기준 Acceptance Criteria을 정하고, 우선 순위를 결정하는 것은 제품 책임자의 권한이고 책임입니다.

팀이 우선 순위에 대해 어떤 견해를 가지는 것을 스크럼이 금지하는 것은 아닙니다. 하지만, 역할에 따라 권한과 책임을 분산한 것은 그 나름의 이유가 있습니다. 일단, 그 역할 분담에 대해서는 받아 들이는 게 좋겠습니다. 우선 순위를 팀이 결정하지 못한다고 해서, 팀이 완전히 수동적이 되진 않을 것으로 봅니다. 다만, 제품 책임자의 식견과 능력이 너무 후지고 민망하다고 생각되면, 팀은 제품 책임자를 임명한 관리 라인에 개선을 요청해서 또 다른 해법을 찾으면 될 듯합니다.

질문 10: 스프린트 진행중에 우선 순위를 변경할 수 있나요?

우선, 두 가지 경우를 구별해야겠습니다. 제품 기능 목록Product Backlog에서 동결시켜서 가져온 스프린트 기능 목록Sprint Backlog에 대해, 이미 스프린트가 개시되었는데도 새롭게 외부에서 혹은 기존 제품 기능 목록으로부터 스프린트 기능 목록에 추가하는 것은 원칙적으로 금지입니다. 팀의 완전한 동의 없이는 어떤 추가도 없습니다.

하지만, 스프린트 기능 목록 내에서 우선 순위를 변경하는 문제는 조금 달라도 좋겠습니다. 처음 계획/예측/추정했던 것과는 달리 덜 중요하다고 판단했던 항목이 먼저 구현해야 할 항목이 될 수도 있습니다. 그럴 때에는 팀과 제품 책임자가 상호 논의를 통해서, 스프린트 기능 목록에서의 우선 순위 변경은 제한적으로 허용하는 것도 좋겠습니다.

개발 조직론

SCRUM이 제대로 도입되려면, 개발 최고 관리자인 사장님이 달라져야 한다

스크럼SCRUM[19]을 실제 개발 과정에 도입하기 위해 필요한 사전 작업을 진행했다. 개발자뿐만 아니라 기획자, 그래픽 디자이너, 관리자까지 포함해서 스크럼을 소개하는 순회 강연을 했다. 다채로운 질문들이 많았다. 그 중에서도 가장 기억에 남는 질문은 이거였다.

"우리가, 과연 스크럼을 잘 수행할 수 있을까요?"

처음엔 질문을 오해했다. "처음에는 시행착오가 있겠지만, 모두 팀이 되어가면 충분히 성공할 수 있어요."라고 답변했다.

아니었다. 우리의 지식/조직/능력/역량이 스크럼을 과연 잘 이해하고 소화할 수 있을까, 에 관한 질문이 아니었다. 개발을 관리(?)하는 상층 단위에서 과연 정말 스크럼의 역할 분할과 책임 분할과 역할별 고유 권한을

---

19 스크럼은 꽤 각광을 받고 있는 개발 방법론 맞다. 노키아, LG전자, NC소프트, 세일즈포스 등에서 성공적으로 도입/적용해서 효과를 누리고 있다.

온전하게 지지해줄 수 있는가, 라는 좀더 근원적인 질문 혹은 의구심이었다. 한 마디로 사장님/본부장님/팀장님들이 스크럼의 규칙을 제대로 지킬 수 있는가, 에 대한 질문이었다.

"스크럼? 그게 그렇게 좋은 최신 방법론이야? 그럼, 한 번 해봐 봐~"

이런 식의 인식과 태도라면, 언제든 편한 대로 스크럼의 규칙을 깨뜨리고 침해하는 건 사실 시간 문제라고 볼 수 있다.

늘 번뜩이는 아이디어가 시도 때도 없이 분출하는 사장님이 지휘하는 개발 조직은, 몹시 바쁘다. 그리고, 그런 조직/회사는 사장님만 유독 아이디어가 넘친다. 그래서 사장님은 자기 빼곤 모두 아이디어도 없고 눈썰미도 떨어진다고 생각한다. 다른 사람들은 정작 사장님 아이디어를 구현하느라 몹시 바쁘기 때문이란 아주 간단한 인과관계조차 깨닫지 못한다. 더 재미있는 건 개발팀의 그 바쁜 시간들 대부분이 번복을 반복하는 일이다. 사장님의 변덕과 번복을 계속 반복해서 감당하느라 개발은 항상 늦어진다. 일정은 항상 밀린다. 그래서 우리의 사장님은 당연하게도 개발팀을 전~혀 신뢰하지 않는다. 왜냐고? 매번, 출시 약속을 지키지 못하니까. 능력을 의심할 수밖에 없다. 과연 열의가 있는지도 의심스러워 한다. 가끔씩 미심쩍어서 데모를 하라고 하고, 들여다 보면, 이건 참, 엉뚱한 산으로 몰려가서 남의 다리를 긁고 있는 게 보인다. "바보들아, 이 산이 아니야."라고 매번 야단을 쳐야 한다. "아니, 왜 자꾸 엉뚱한 걸 만드는 거야. 왜 이렇게 말귀를 못 알아들어."

만들어 놓은 것도, 에러투성이에다가, 형편없는 UX투성이다. "이러니, 내가 간섭하지 않을래야 않을 수가 없다니까." 라고 생각하신다. 그 때마다 매 순간순간 개입하고 간섭하고 지시해야 한다는 강박이 생겨난다. 잠시도 방심할 수가 없다. 회사 전체의 모든 개발 프로젝트의 모든 중간 결과물들을 모두 모아서 수시로 검사를 해야겠다고 결심한다. 모든 기획서를 보고받고 검사한다. 한글 맞춤법과 띄어쓰기 교정 보느라 피곤해진다. 내용을 검토할 생각이었으나 그럴 시간과 에너지가 충분한 경우가 별로 없기 때문이다. 사장이라는 역할이 기획서 검수 업무만 해도 되는 게 아니기 때문이다.

이쯤 되면, 사장님도 몹시 바빠진다. 개발팀이 한두 개도 아니고, 전사적으로 동시다발로 마구 진행되는 모든 프로젝트에 대해 모두 감시와 지시를 하려니 거의 뻗을 지경이 되신다. 그 산하 조직도 같이 뻗을 지경으로 팽팽 돌아간다. 하지만, 결과는? 모두가 아시는 바 그대로다. 과로가 좋은 결과를 만드는 경우는 정말 별로 없다. 소프트웨어 개발에서는 특히 더 그렇다. 사실 더 나쁜 효과는, 산하 조직이 모두 수동적으로 변한다는 데 있다. 사장님 눈치 보느라 일을 소신껏(?) 제대로 하지 못한다. 매번 지적 당하고 퇴짜맞고 타박만 겪다 보니 산하 개발 조직은 자신감마저 잃어버린다. 변덕에 따른 번복을 반복하다 보면, 적당히 빠르게 야단맞지 않을 정도로만 일하는 요령을 익히게 된다. 정성스런 결과물이 나올 가능성? 없다고 봐도 된다.

사장님이 이런 성향을 가진 조직에서는 재미있게도, 시장님과 꼭 닮은 사람들이 주요 권력 라인에 포진해있다. 팀장님은 거의 사장님의 아바타다. 그런 사람들을 승진시키고 직책을 부여했기 때문이다. 그야말로 조직의 자기충족적인 복제 논리가 작동한 것이다. 적합한 자가 살아 남아 승진한다. 적자생존의 자연 법칙이다. 그런데, 여기서 적자란 사장님에게 적응한 자다. 사장님의 스타일이 그대로 팀장님의 스타일이다. 산하 개발 조직은 사장님과 팀장님을 겪으며 감당하며 견디면서 개발을 한다. 잘 될까? 열의를 가지고 즐겁게 해도 만만치 않은 게 개발이다. 개발에 대

늘 번뜩이는 아이디어가 시도 때도 없이 분출하는 사장님이 지휘하는 개발 조직은, 몹시 바쁘다.
그리고, 그런 조직/회사는 사장님만 유독 아이디어가 넘친다.
그래서 사장님은 자기 빼곤 모두 아이디어도 없고 눈썰미도 떨어진다고 생각한다.

한 이해도가 몹시 떨어지는 사나운 상사들을 견디면서 하는 개발이 잘 될까? 그런 일 없다고 본다.

이쯤에서 중요한 비밀을 하나 누설하려 한다. 사실 스크럼은 개발에 대한 이해도가 몹시 떨어지는 사장님/팀장님의 횡포와 권력 남용과 변덕과 건망증과 무책임에 대항하기 위한 방법론이다. 세계 유수의 개발 조직에서 성공적으로 채택해서 사용하고 있는 최신 '개발 방법론'이라는 후광을 빌려, 개발 과정에서 작동하는 권력 구조를 공정하고 건전하게 재편하는 게 주요 목표다. 개발 팀에게 그들이 마땅히 누려야 할 권리를 되찾아주는 게 목표다. 물론, 권리만 되돌아가는 게 아니다. 그에 상응하는 책임도 함께 따라간다. 하지만, 적어도 공정해지자는 얘기다. 아무런 권한도 없고, 감당할 수도 없고 어쩔 수도 없는 상황에 개발 팀을 몰아넣고, 최종 결과에 대한 실패의 모든 책임만 물어온 관행을 멈추자는 얘기다. 권한만큼 책임져야 공정하다. 권한도 없는데 책임만 지라는 건 불공정하다.

사장님/팀장님도 할 말은 많다. 진짜 무능하고 엉망이고 무책임한 개발 팀도 있다. 계속 질책하고 코칭해야만 성장해갈 수 있는 팀도 있다. 아무리 믿고 기다려줘도 제대로 결과를 못 내는 팀도 많다. 조직도 새로 짜보고, 젊은 피도 수혈해보고, 경력자도 투입해보고, 할 수 있는 모든 처방을 동원해도 답이 안 나오는 지옥의 프로젝트, 죽음의 행진도 많다.

개발자가 얘기하는 "거의 다 됐어요. 90% 완료입니다."의 진짜 의미를 낭패와 함께 체감해본 관리자는 믿음을 지키는 일이 정말 얼마나 어려운지 잘 안다. 개발자도 믿음에 기대지만, 관리자도 믿음에 기댄다. 개발자는, 자기가 짠 코드가 에러 없이 잘 돌아갈 것이라고 믿고 싶어한다. 테스트는 조금만 한다. 왜냐고? 믿으니까. 믿고 싶으니까. 이걸 FDD Faith Driven Development 개발 방법론이라고 부른다. 관리자 역시, 개발자의 말과 약속을 믿고 싶어한다. 일정에서 항상 곱하기 1.5를 혼자 마음속으로 해두긴 하지만, 계획한 일정 안에 끝날 것을 믿는다고 말해준다. 하지만, 우리 모두가 너무 잘 알고 있듯이, 개발은 신앙 생활이 아니다. 과학이고 현실이다. 엄밀 과학은 아니어도 최소한 공학이어야 한다. 그래야 현실을 돌파해갈 수 있다. 개발은 험난한 과정이다. 초행길이다. 경력과 경험이 도움은 되지만, 해법을 주진 않는다. 개발 관리 역시 공학이 필요하다.

관리자가 느끼는 답답함 가운데 가장 큰 것은, '비가시성'이다. 희뿌연 안개처럼 시야가 갇힌 상태에서 개발 팀을 몰고 달려가야 한다. 얼마쯤 왔는지, 얼마쯤 남았는지를 매번 가늠해보지만, 확실하지가 않다. 다 끝나간다는 얘기를 수십 번 들어도 믿을 수가 없다. 프로젝트의 진행 현황을 일목요연하게 계기판/상황판처럼 볼 수 있다면 좀더 신속한 대응과 결정을 할 수도 있다.

스크럼은 관리자에게 막연하고 불안한 믿음 대신 매일 매일 즉각적으로 진척 상황을 한눈에 확인할 수 있는 도구를 준다. 스크럼의 시각화 도구인 태스크 보드와 번다운 차트만 보면, 해당 스프린트 상태를 금방 알 수 있다. 스프린트가 제대로 가고 있는지 아닌지, 스크럼 팀이 어떤 문제를 겪고 있는지를 금방 알 수 있다. 스프린트가 끝나면, 팀의 실제 개발 속도를 알게 된다. 뻥쟁이 개발자가 누구였는지도 알 수 있다. 프로젝트가 잘 가고 있는지 아닌지 매일 감시하지 않아도 그냥 알게 된다. 하나의 스프린트가 끝날 때마다 제품에 의미 있는 추가 기능이 덧붙여진다는 것도 믿을 수 있게 된다. 시장 대응을 위해 중요한 추가 개선 사항이 지금 당장은 아닐지라도 언제쯤이면 구현 완료될 수 있을지도 신뢰성 높게 예측할 수 있게 된다. 스프린트 주기 동안은 개발 팀의 자율성을 최대한 보장해주는 대신, 프로젝트의 가시성과 매 스프린트마다 제대로 작동하면서 점층적으로 기능이 강력해지는 소프트웨어를 얻을 수 있다.

스크럼은, 전통적인 PM(프로젝트 매니저)의 역할을 3가지로 쪼갠다. 하나는 제품 책임자Product Owner이고, 다른 하나는 스크럼 마스터Scrum Master이다. 또 다른 숨은 역할이 있다. 스크럼에서 명시적으로 정의해놓지는 않았다. 바로 매니저Manager다. 팀을 구성하고, 팀을 평가하고, 재구성한다. 전통적인 PM이 위의 세 가지 역할로 쪼개지면서, 그 임무 수행 방식 역시 달라졌다. 종래의 PM이 수행해왔던 독재자적인 막강 권력으로 모든 걸 결정하고 조율하고 지시하고 통제하는 방식은 어떤 역할에도 맞지 않는다. 당연히 폐기다. 첫 번째, 제품 책임자는 제품 백로그만 관리한다. 우선 순위만 결정한다. 스프린트 계획 회의와 리뷰 회의에만 참석한다. 두 번째, 스크럼 마스터는 PM이 아니다. 스크럼 팀의 일정을 챙기며 팀원을 압박하는 역할이 아니다. 서포터이고 코치다. 스크럼 팀이 스크럼에 적응하고 자기 본래의 주도성과 속도를 찾아가면 스크럼 마스터는 거의 할 일이 없어진다. 세 번째, 숨은 역할인 매니저는, 스크럼 진행 과정에서 그냥 어딘가에 잘 숨어있으면 된다. 그게 바로 자기 역할이다.

그럼, 스크럼이 진행될 때, 사장님/팀장님은 뭘 하고 있으면 될까?

프로젝트마다 다를 수 있다. 정말 중요하고 전사적 이해가 달린 프로젝트라면, 사장님이 직접 제품 책임자가 될 수 있다. 단, 이때 주의할 것은, 해당 프로젝트에 사장님으로 참여하는 게 아니라 제품 책임자로 참여한다는 명백한 사실을 잊으면 안 된다. 제품 책임자는, 제품 백로그를 관리해야 한다. 우선 순위를 판단하고 결정하고 책임져야 한다. 이걸 비서에게 시키면, 그건 비서가 제품 책임자라는 뜻이다.

보통의 경우, 사장님은 제품 책임자가 아니므로, 주요 역할은 숨은 매니저다. 그냥, 잘 숨어있으면 된다. 팀장님 역시, 비슷하다. 자신이 제품 책임자를 맡은 프로젝트 외에는, 그냥 잘 숨어있으면 된다.

개발 조직론

소프트웨어 개발은
쌍두마차 야간여행과 같다

소프트웨어 개발 관리는 두 마리 말이 끄는 마차를 모는 일에 비유할 수 있다. 그것도 대부분 밤길이다. 목적지는 주로 마부가 정한다. 짐은 항상 그렇듯 최대한 싣는다. 그리고 데드라인이 있다. 언제까지는 목적지에 도착해야 한다.

한 마리는 기획마(馬)다. 길눈은 밝지만 체력은 약하다. 곧잘 비합리적이고 직관적인 견해를 주장하고 고집한다. 이 말의 역할은 목적지에 이르는 좋은 길을 찾는 것이다. 밤길이라서 어려움이 많다. 가끔 초보 기획마는 마차를 엉뚱한 길로 안내해서 모두를 진창에 헤매게 만든다. 밤길을 많이 다녀본 기획마는 모두를 편하게 만든다. 올빼미처럼 밤눈 밝은 기획마와 함께 하는 여행은 덜 고달프다. 가던 길 되돌아 가는 일이 줄어든다. 넓은 길 놔두고 좁고 험한 길로 가는 고생도 줄어든다.

다른 한 마리는 개발마(馬)다. 길눈은 어둡지만 체력이 좋다. 이 말이 없으면 무거운 짐 마차를 끌고 목적지까지 갈 수가 없다. 개발마는 가는 귀가 먹어서 말귀를 잘 못 알아듣는 경우가 많다. 최대한 논리적이고 합리적으로 얘기를 해줘야만 알아 듣는다. 길눈이 별로 좋지 않은데도 자기가 길잡이 역할까지 하겠다고 우기는 개발마도 가끔 있다. 자유로운 영혼, 고독한 야생마 기질이 남아있는 말들도 꽤 있다. 마부 입장에선 다루기가 꽤 만만치 않은 말들이다.

주된 문제는 이 두 말이 서로 태생적으로 안 친하다는 데 있다. 서로 말(馬)적으로는 친해져도 업무적으로는 절대 친해질 수가 없는 관계이기도 하다. 의사소통에 자주 문제가 생긴다. 하나는 이쪽으로 가려 하는데, 다른 하나는 저쪽으로 가려 한다. 잦은 다툼과 반목이 생긴다. 서로 역할분담과 권한을 두고 으르렁거린다. 원래 그렇다. 하지만, 잘되는 집은 서로를 존중하고 지원하고 협력한다. 안 되는 집은 서로 헐뜯고 비난하고 싸우기만 한다.

마부의 역할은, 이 두 마리 말을 잘 조율하는 것이다. 문과적인 기획마와 이과적인 개발마 사이를 중재하고 의사소통을 매개하는 역할이다. 고삐를 당기거나 늦춰가며 방향과 속도를 조절한다. 때론 채찍이 필요할 때도 있다. 마부가 길을 잘 알고 있는 경우도 있다. 그럴 때에는 기획마가 상대적으로 초보여도 괜찮을 수 있다. 하지만, 마부는 언제나 바쁘다. 계속 고삐를 쥐고 있어야 한다. 큰 방향은 알고 있지만 세세하게 길 찾는 일까지 감당하기엔 역부족일 때가 많다. 독선적인 마부는, 자기 주장대로 지시와 채찍질만 해댄다. 말들도 생각이 있고 감정이 있고 의지가 있다는 걸 까먹는다. 설명하고 설득하기보다는 권위와 권력으로 지배하려 한다. 그러다 보면, 말들이 삔다. 심하면 도망가기도 한다. 평소에 말들을 좀 잘 먹이고 튼튼하게 만들어 놓는 게 좋다. 삐쩍 마른 말들로는 험하고 먼 밤길을 달려갈 수 없다. 업무 환경을 일하기 좋게 잘 만들어야 한다. 평가와 보상 체계도 잘 갖춰야 한다.

한 마리는 기획마(馬)다. 길눈은 밝지만 체력은 약하다. 곧잘 비합리적이고 직관적인 견해를 주장하고 고집한다.
이 말의 역할은 목적지에 이르는 좋은 길을 찾는 것이다. 밤길이라서 어려움이 많다.
가끔 초보 기획마는 마차를 엉뚱한 길로 안내해서 모두를 진창에 헤매게 만든다.
밤길을 많이 다녀본 기획마는 모두를 편하게 만든다.

대부분 프로젝트가 그렇지만, 특히 소프트웨어 개발 프로젝트는 그 특유의 비가시성 때문에 규모와 범위와 무게를 예측하는 게 어렵다. 간단한 줄 알았던 프로젝트가 거대하다는 걸 뒤늦게 깨닫게 되는 경우가 많다. 밤길이다. 얼마나 걸릴지, 중간에 어떤 장애와 난관이 있을지 모른다. 마차의 성능과 말들의 상태, 싣고 가야 할 짐의 무게, 목적지까지의 거리, 지형의 복잡도, 도착해야 할 마감시한 등등 고려해야 할 사항이 아주 많다. 더구나 정작 목적지까지 정시에 도착했는데도, 이 산이 아니었어, 라는 허탈한 상황도 가끔 있다. 이럴 땐 말도 마부도 참 맥 빠지고 허무해진다. 좀더 크게 보면, 처음부터 좀 무리한 계획도 많이 있다. 무리한 계획은 반드시 무리를 낳는다. 무리한 프로젝트가 성공하는 경우는 별로 없다. 겨우 성공했더라도 그 후과는 남는다. 말들이 상처입고 병들어서 치료와 재활이 필요해지는 경우도 있다. 지치고 탈진한 나머지 탈주하는 경우도 있다.

마부 입장에서는 아쉬울 때가 많다. 옆 집 말들은 다들 크고 건장해 보인다. 사료는 적게 먹고도 멀리 빨리 달려가는 것처럼 보일 때도 있다. 나도 좋은 말들만 있다면 멋지게 살 수 있을 텐데, 마부의 고민이다. 말 값이 비싸서 많이 들여올 순 없다. 그나마 다 자란 말들은 시장에 별로 없다. 새로 온 말은 새로운 마구와 마차에 익숙해지는 시간도 필요하다. 이래저래 고민이 많아진다.

이쯤에서 살짝 스크럼과 스프린트를 섞어보면 이렇다. 스크럼Scrum과 비스크럼(공학적 개발 방법론)을 비교해보자. 날라야 할 짐이 100개쯤 있다. 공학적 개발 방법론에서는, 미리 지형을 조사해서 길을 잡는다. 마차를 크게 만들어서 짐 100개를 모두 싣는다. 그리고 말들도 가급적 많이 붙여서 길을 떠난다. 한 번에 모든 짐을 다 나른다는 계획이다. 천천히 느리지만, 한 번에 끝낸다. 스크럼은 한 번이 아니라 여러 번 나눠서 짐을 나른다. 지형 조사도 너무 치밀하게 하지 않는다. 마차도 가급적 작게 만든다. 말들도 너무 많이 붙이지 않는다. 한 번에 짐을 10개쯤 싣는다. 그리고 열 번 왔다 갔다 한다.

어떤 방식이 더 나은 걸까? 정답은 없다. 어떤 경우에는 공학적 개발 방법론이 더 적합하고 효과적이다. 이미 지형과 길을 잘 알고 있고, 그 길도 대부분 대형 마차가 쉽게 통과할 수 있을 만큼 평탄하고 넓을 때에는 좀 느리더라도 한 번에 짐을 모두 싣고 나르는 게 더 낫다. 하지만, 지형도 잘 모르겠고, 길은 매번 조금씩 다른 경로들을 찾아봐야 하고, 산길도 많고 기후 조건도 안 좋은 상황이라면, 큰 마차로 한 번에 나르기보다는 작은 마차로 여러 번에 걸쳐서 나르는 게 결국은 좀더 적응적일 수 있다.

스크럼은 제품 백로그에서 스프린트 기간만큼 구현할 기능 목록을 가져온다. 마부는 날라야 할 짐에서 중요도에 따라서 한 번에 실을 수 있는 분량만큼 마차에 싣는다. 추정을 잘못해서 너무 많이 실으면 마감시간 안에 목적지에 도착하지 못하게 된다. 가다가 짐을 중간에 내려놔야(버려야?) 하는 일이 생긴다. 너무 적게 실으면 빈 수레가 요란하게 그냥 달리는 느낌이다. 실속 없이 괜히 먼 길 왔다갔다하는 기분이 든다. 스프린트 기간 즉, 마차가 막 달리고 있는 중간에는 마차를 세워선 안 된다. 말들이 이미 한껏 예열을 마치고 신나게 달리고 있는데, 아차 아주 중요한 짐이 빠졌어, 라고 하면 곤란하다. 그건 다음 번 스프린트로 미뤄야 한다. 그래야 정말로 스프린트, 전력 질주가 가능하다.

노파심에서 첨언한다. 정말 기획자/기술개발자들을 '말(馬)'로 생각하면 절대로 안 된다. 비유는 비유일 뿐, 헷갈리지 말자. 사람 맥 빠지고 서글프게 만드는 가장 쉬운 방법이 바로 사람을 장기판의 말 부리듯 막 부리는 거다. 사람은 말이 아니다.

개발 조직론

소프트웨어 프로젝트와 제품에 대한 의식의 흐름

처음 프로그래밍을 배우던 시절을 생각해봤다. 참 재미있었다. 밤새 문제를 고민하고 가능한 해법을 시도해보고 마침내 돌파해냈을 때의 성취감은 이루 말할 수 없이 황홀했다. 참 재미있었다. 그 외의 것은 그다지 중요하지 않았다. 기술적 주제에 몰두했다. 재미있는 것만 골라서 했다. 본업이 아니었으므로 꽤 재미있었다.

예전 프로그래머였던 시절을 생각해봤다. 프로그래밍을 본업으로 하면서 좀 달라졌다. 내가 재미있어 하는 일이 아니어도 해야 했다. 일 자체는 재미있기도 했고, 아니기도 했다. 어떤 때는 들이 파면서 문제를 해결하고 돌파하는 재미에 빠지기도 했다. 어떤 때는 약간의 갈채와 환호에 으쓱하기도 했다. 어떤 때는 정말 하기 싫지만 안 할 수가 없어서 했다. 사용자가 반응해주면 기뻤다. 시장과 고객이 반응해주면 신이 났다. 열심히 해서 완성까지 했지만 결국 출시도 못하거나 시장에서 꽝이 된 경우에는 낙심하기도 했다. 기술적 주제 가운데에서도 과제 해결에 도움이 될 분야에 좀더 집중했다. 다른 분야는, 흥미는 생겨도 들여다 볼 짬이 나질 않았다.

바빴다. 계속 바빴다. 조금씩 피곤해졌다. 뭔가 열심히 했는데도 잘 안 되는 일이 많아졌다. 그것도 순수 기술적 문제 때문인 경우가 아닌 때가 더 많았다.

이제껏 참여했던 프로젝트와 만들었던 제품 개발 과정 그 모든 걸 통틀어서 재미있었던 것과 전혀 아니었던 것의 차이는? 잘 모르겠다. 그때그때 달랐다. 대략 느낌을 모아보면, 실패에 대한 두려움이 생겼다. 실패하는 프로젝트는 하기 싫었다. 실패할 것 같은 프로젝트도 하기 싫었다. 실패라는 최종 결과도 두렵지만 그 참담한 결과에 이르는 과정에 대한 기억이 너무 고통스럽기 때문이었다. 프로젝트 자체는 성공했어도 시장 반응이 싸늘한 경우에도 맥이 빠졌다. 반대로 결과가 좋으면 과정의 고생들이 다소 잊혀졌다. 과정과 결과 모두 만족스러웠던 적은 그리 많지는 않았지만, 성공은 언제나 꽤 뿌듯하고 기분 좋았다.

머리가 조금 굵어가면서, 상당수의 프로젝트가 뻘짓으로 끝난다는 사실을 알게 되었다. 그리고, 대부분의 성패는 시작 무렵에 이미 절반쯤은 예정되어 있는 경우가 많다는 사실 또한 눈치를 챌 수 있었다. 아무런 문제 없이 시작한 프로젝트조차도 성공하는 경우가 그리 많지 않다는 것도 알게 되었다. 프로젝트 매니지먼트 이론에서 말하는 '위험관리'는 실제 '위험' 피하는 방법이 아니라 그냥 '관리'해보는 것에 지나지 않는다는 것도 알게 되었다. 프로젝트의 승률은 참여하는 사람수와 소모하는 개월 수에 반비례한다는 '반비례의 법칙'도 깨우칠 수 있었다. 사람이 많아질수록 실패율은 올라간다. 시간이 길어질수록 성공률은 낮아진다. 프로젝트는 성공해도 그것이 시장과 고객에서 성공하는 것과는 꽤 거리가 멀다는 것도 알게 되었다. 애초부터 먹히지도 않을 기획과 비전으로 시작하는 어처구니 없는 프로젝트에는 화가 났다. 시작부터 미심쩍었던 프로젝트는 거의 전부 시장에서 실패했다. 그 간의 노력들이 무의미해지는 과정이 반복되면서 무기력해지기도 했다.

얼마쯤 더 시간이 흐른 후엔, 짜증이 좀 났다. 변덕의 반복에 짜증이 치밀었다. 일개 프로그래머 따위가 감히 프로젝트를 선택할 수도 없고, 안 한다고 할 수도 없고, 이미 짜인 틀 안에서 뭔가 할 수 있는 여지는 거의 없고, 죽어라 코드만 짜내야 하는 상황에 내몰리고, 게다가 외부적 일정마저 압박해오는 경우에는 피가 바짝바짝 말랐다. 한두 번은 영웅적으로(?) 간신히 목표치는 맞췄다. 영웅이 되는 건 가끔 우쭐한 일이지만, 피곤한 일이다. 계속 누군가 영웅이 되어야만 하는 상황은 피곤하다. 그런 조직은 계속 누군가가 영웅이 되어야만 문제/과제를 해결해갈 수 있다. 계속 누군가의 도구가 되어 이리저리 휘둘리며 코드만 쥐어 짜내는 기계가 되어가는 느낌은 묘하게 기분 나빴다. 누구는 손가락 아프게 코드를 쳐대고 있는데, 편하게 입으로 말만 나불거리는 사람들이 싫어졌다. 참 편리하게 기억을 상실하고 마구 손바닥 뒤집듯이 변덕을 부려대는 사람들이 싫어졌다. 이렇게로 시작했다가 저렇게로 갔다가 요렇게가 되었다가, 다시 이렇게가 되면, 속이 부글부글 끓어올랐다. "니네는 단지 뇌 속의 전기 신호 배열만 바꾸면 되지만, 우리는 저 많은 코드를 다 바꿔야 한단 말이다. 젠장~"

내가 하면 더 잘할 거란 생각에 기획을 공부했다. 마케팅을 공부했다. 시장과 기업을 공부했다. 프로그래밍과는 완전히 다른 세계였다. 프로그래밍에 필요한 이과적이고 논리적/수학적 두뇌만으로는 혼돈과 불확실성을 끌어안고 모순을 감당하며 이성과 비이성을 아우르는 시장과 마케팅의 세계를 헤쳐가기엔 부족했다. 소비자와 시장은 이성적이고 논리적이고 합리적이지 않다는 걸 알게 되는 데 그리 오래 걸리진 않았다. 직관과 상상력, 감성과 공감이 더 중요한 덕목이었다. 아울러, 이제껏 회사에서 전략기획/제품기획/서비스기획/마케팅을 담당했던 사람들의 고충을 이해

"시장에서 성공한다는 것이 이렇게 힘든 일이구나...협업을 잘 해도 될까 말까 하는데...."

기술의 불확실성은 시장의 불확실성에 비하면 차라리 예측가능하고 통제 가능한 범위에 들어있었다.
뭔가를 확실하게 꿰뚫어볼 수 있기 때문에 주장하는 것이 아니란 것도 알게 되었다.
시장에서의 성공은 달리면서 움직이는 과녁을 맞추는 것과 비슷하다는 것도 알게 되었다.
모든 뛰어난 사업가/기획자들이 단 한 번의 실패도 없이
모두 성공한 제품만을 출시하는 것이 아니란 것도 알게 되었다.

할 수 있게 되었다. 기술의 불확실성은 시장의 불확실성에 비하면 차라리 예측가능하고 통제 가능한 범위에 들어있었다. 뭔가를 확실하게 꿰뚫어 볼 수 있기 때문에 주장하는 것이 아니란 것도 알게 되었다. 시장에서의 성공은 달리면서 움직이는 과녁을 맞추는 것과 비슷하다는 것도 알게 되었다. 모든 뛰어난 사업가/기획자들이 단 한 번의 실패도 없이 모두 성공한 제품만을 출시하는 것이 아니란 것도 알게 되었다. 약간은 겸손(?)해질 수 있었다. 기획/마케팅은 아무나 할 수 있는 것이 아니라는 것도 알게 되었다. 압도적 실력이 있어야만 시장/고객을 압도할 수 있다. 변덕과 요행이 들끓는 시장과 고객에서 살아남기 위해서는 운과 타이밍 역시 필요하다는 걸 알게 되었다. 겸손해져야 한다는 걸 알게 되었다.

협업의 가치를 새삼 깨닫게 되었다. 좋은 프로그램은, 프로그래머만의 힘만으로는 만들 수 없다. 이미 사용자들의 수준과 눈높이는 1인 천재 프로그래머의 역량 범위를 넘어서 있다. 협업이 불가피한 이유다. 제품 기획부터, 프로젝트 진행, 개발과 디자인, 서비스에 이르기까지 많은 전문가들의 기여와 공헌이 절대적으로 필요하다. 협업이 가치를 만든다. 열정과 의지로 뭉쳐진 팀만이 멋진 제품을 만들 수 있다.

개발 조직론

협업은 가능한 걸까?
어떻게 해야 가능해질까?

협업collaboration이 이슈다. 참, 생각처럼 쉽지 않다. 왜 그럴까? 여러 이유가 있다. 정말 무덤 개수만큼 사연이 있듯이, 안 되는 이유가 수두룩하다.

협업의 심리적 기초

최근 발견한 것은, 협업을 위한 심리적 기초다. 협업은 사람과 사람이 지혜와 힘을 모아 과제를 함께 해결해가는 과정이다. 당연히, 사람이 핵심이다. 특히 자세, 마음이 문제다. 그리고 그 마음은 상호적이다. 미묘하고 역동적이다. 어떤 바탕이 있어야만 협업이 가능해질까?

존중

우선, 서로를 존중해야 한다. 서로의 전문성을 존중하고 멋대로 영역을 침범하지 않아야 한다. 존중하지 않으면서 함께 일하겠다는 건 그냥 주인과 하인의 관계로 가겠다는 의미다. "닥치고 내가 시키는 대로 하기나 해." 이런 상태에서는 충돌이 불가피하다. 충돌 후에 패배자는 "그래, 니

잘났다. 그냥 해달라는 대로 해주께." 모드로 넘어간다. 서로 존중하며 협력하는 것이 아니라, 명령하고 복종하는 주인과 하인의 관계가 되면, 일이 잘될까?

상대가 날 존중하지 않는다는 건, 금방 알 수 있다. 이미 그 때부터 마음은 살짝 꼬인다. 겉으로는 최대한 친절하겠고, 함께 진행하는 일에서도 최대한 내 잘못이나 책임이 드러나지 않게 하겠지만, 저 녀석을 도와줄 생각은 눈곱만큼도 안 생긴다.

거꾸로 내가 상대를 존중하지 않는다는 건, 자신조차 의식하지 못할 수 있다. 그래서 더 조심/주의/성찰해야 한다. 별 생각 없이 던진 썰렁한 농담, 쌀쌀맞고 오만한 언행, 상대의 실수나 착오에 대한 불필요하고 과도한 공격, 특히 유머를 가장한 인신공격은 조심해야 할 대목이다. 공격 당하는 사람은 전혀 즐겁지 않다.

신뢰

서로 신뢰해야 한다. 신뢰할 수 있어야 한다. 믿을 수가 없는데 어떻게 함께 일을 해나갈 수 있을까? 의심하고 경멸하는데 협업이 제대로 이뤄지길 기대하는 건 우습다. "쟤가 잘할 수 있을까? 아마도 제대로 못할 꺼야. 제까짓 게 해 봤자지." 이런 마음으로 온전히 협업하기는 어렵다. 그 마음은 알게 모르게 금방 상대방에게도 전해진다. "쟤 뭐야? 웃기서." 이런 상태라면 협업은 물 건너간다.

함께 일하는 사람의 능력을 의심하고 불안해 하는 경우도 있다. 문제는 의심하고 불안해 하면서도 아무 대책도 세우지 않는 데 있다. 믿을 수 없는 사람과는 협업을 하지 않는 것이 최선이다. "이 정도는 해줄 거라고 생각했는데, 영 꽝이었어." 후회는 아무리 빨라도 늦는다. 협업은 그 자체가 목적이 아니다. 더 중요한 것은 '일'이다. '목표'다. 의심을 경솔하게 노출해선 안 된다. 일이 실패하도록 방치해서도 안 된다.

도움

협업은 사람들이 한다. 사람들은 모두 장단점/강약점이 있다. 모든 걸 혼자 다 잘하는 사람, 별로 없다. 만약 있다면, 역설적이게도 그 사람 때문에 일은 대충 잘될지 모르지만, 협업은 잘 안 된다. 모여서 함께 일하는 이유는, 그게 더 큰 일을 더 잘할 수 있는 방법이기 때문이다. 서로 도움을 주고 받을 수 있기 때문이다.

어떤 팀이 협업적 분위기인지 아닌지는, 금방 알 수 있다. 분위기의 화기애애함은 조직적 가식일 수 있어서 참고는 되지만, 판별 기준은 못 된다. 서로 도움을 편하게 청하는지를 보면 된다. 상사가 부하에게 얘기하는 건 도움을 청하는 게 아니고 그냥 지시다. 그건 빼자. 동료간에, 부하가 상사에게 도움을 청하는 걸 껄끄러워하는지 아닌지를 보면, 그 팀의 협업 정도를 금방 가늠할 수 있다.

도움을 청하는 일, 이거 사실 쉽지 않다. 자신의 한계/부족/미달/무지/약점을 드러내는 느낌이 있다. 모르는 것이 있어도 혼자 끙끙 앓는다. 바로 옆 사람에게도 물어보지 않는다. 그것도 모른다는 게 들통날까 두렵다. 괜히 바보되는 것도 두렵다. 그래서 그냥 뭉갠다. 제대로 협력이 일어나긴 어렵다. 도움을 청하지도 않는데 도와줄 수는 없다. 설령, 그걸 안다고 해도 좋은 뜻에서 도와주려는 게 괜히 간섭/개입이 될 수도 있다.

도움을 청하는 걸 서로 부끄러워하지 않는 조직. 다소 이상적이다. 하지만, 도움을 청하는 걸 두려워해야 하는 조직에서 협업은 없다.

협업의 적 Enemy

목표를 위해 함께 지혜와 힘을 모아가는 게 협업이다. 함께하는 사람들 간에 인간적 화기애애와 온화한 공동체 의식이 있으면 최상이겠지만, 그건 어렵다. 가족간에도 잘 안 되는데, 회사에서 가능할 리 없다. 그럼에도 아주 최소한의 선은 있는 것 같다. 그 선을 제대로 지키지 않으면, 협업은 어렵다.

비평, 비판, 비난, 험담

처음에는 비평으로 시작된다. 비판으로 바뀐다. 비난으로 격화된다. 나중엔 험담으로 일상화된다. 사람들은 원래 그렇다. 주의하고 조심하지 않으면 협업은 깨진다.

함께 협업하는 사람에 대해, 나쁜 얘기를 하는 건 나쁘다. 그게 사실일지라도 나쁘다. 아무에게도 도움이 안 된다. 서로 깎아 내려서 얻을 이득? 전혀 없다. 아무리 충고/조언이라고 해도 듣는 사람이 받아들일 수 없다면 폭력이다. 특히 매니저에게 다른 사람에 대해 나쁜 얘기를 하는 것, 비평하고 비판하는 것, 조심하는 편이 좋다. 매니저는, 얘기한 대상뿐만 아니라 말한 사람 역시 주의해서 본다. 혹시 험담꾼은 아닐까? 무책임한 비평가는 아닐까? 손과 머리가 아니라 입만 빌려주는 사람은 협업에서 그다지 쓸모가 없다.

험담과 비평과 비난이 일상화된 조직이 협업을 잘할 수 있기를 바라느니, 차라리 낙타가 바늘 귀를 통과하길 바라는 게 더 낫다. 묵묵히 맡은 바 소임을 다하는 사람들이 협업에서는 더욱 소중하다. 험담으로 사기를 떨어뜨리고 심기불편을 조장하는 사람은 협업의 적이다.

책임회피, 책임전가, 책임추궁

"잘 모르겠어요. 하지만, 저 때문에 그런 건 아니에요." 책임회피는, 사실, 자연스러운 방어기제이다. 누구나 한다. 하지만, 명백한 상황에서도 발뺌하는 사람은, 그 시점은 어떻게 모면할 수 있을지 모르지만, 그런 발뺌이 반복되면 스스로 협업의 적으로 성장하게 된다는 걸 기억해두는 게 좋겠다.

협업을 방해하는 가장 악질적인 행위가 바로 '책임전가'이다. "난 잘했는데, 쟤가 안 해줘서 안 됐어요. 이건 제가 잘못한 게 아니에요. 해달라고 하는 건 다 해줬어요. 저쪽이 무능해서 그런 거에요." 그게 사실일지도 모른다. 그럼에도 상대방/타인의 잘잘못을 공공연하게 지적하는 건 위험하다. 위험하다. 정말로 위험하다. 그게 정당한 지적일지라도, 위험하다. 조직과 협업은 '책임전가'하는 사람을 아주 싫어한다. 책임전가로 해결될 수 있는 문제는 전혀 없다. 조직적 불신만 높인다. 콩가루 조직으로 가는 급행길이다. 누군가 책임전가성 발언을 습관처럼 달고 산다면, 매니저는 그 사람을 유의해서 살펴야 한다. 협업의 적일 가능성이 아주 높기 때문이다.

책임추궁은 매니저가 피해야 할 항목이다. 책임소재를 밝혀내고 엄중히 문책하겠다고 결심하는 순간 협업은 깨진다. 사람들을 책임회피/책임전가의 구도 속으로 몰아넣는다. 희생양 만들기와 양들의 침묵이 시작된다. 공포와 불안에 떠는 양들이 협업을 잘할 순 없다. 팀 분위기를 해치고 협업을 방해하는 고약한 양이 있을 수도 있다. 책임추궁을 하지 않아도 알 수 있다. 매니저는 협업의 적들을 식별하고 고립시키고 치유하고 재활을 돕는 게 고유한 임무다. 불가피한 경우엔 방출해야 한다.

기싸움, 권력싸움, 정치꾼

동종 직군 간에도 협업이 필요한 경우가 많다. 이때에는 서로의 전문 영역이 겹치기 때문에 미묘하고 치열한 경쟁과 견제가 작동한다. 전문적 주제를 놓고 간보기와 의견 대립이 발생한다. 초기 단계에서 서열 관계가 불분명할 경우, 싸움은 금새 격화된다. 역할 분담과 평가를 둘러싸고 권력 싸움의 양상도 나타난다. 센 사람이 이긴다. 더 많이 아는 사람이 승리한다. 문제는 그 다음이다. 승자는 약간 의기양양해지지만, 패자는 그냥 끌려가거나 수동적으로 따라가게 된다. 이게 제대로 된 협업일 수 있을까? 함께 힘과 지혜를 모아야 할 사람들을 승자와 패자로 구분해서 얻을 수 있는 이득이 과연 있을까?

권력싸움은 모든 조직/집단에서 불가피하다. 긍정적 효과도 있다. 경쟁이 있어야 강해진다. 부정적 효과는 더 크다. 협력이 더 큰 가치를 만든다. 경쟁은 불가피하지만, 협력보다 더 우선일 수는 없다. 제대로 된 경쟁은 외부와 해야 한다. 내부에서는 경쟁보다 협력이 더 중요하다. 일을 잘 하기보다 '정치'에 더 몰두하는 조직은 진짜 '정치판'에 가는 게 더 낫다. 아까운 시간과 에너지를 정치에 소모하는 조직/회사의 미래는 빤하다. 매니저가 하는 일은 '정치'와 닮았다. 하지만, 정치적 구도로만 매니징한다면 조직이 정치화된다. 조직 내에서 정치적 인간을 견제해야 하는 이유다. 협업의 적일 가능성이 높기 때문이다.

협업이 항상 좋은 건 아니다

직원 간, 부서 간 협업이 항상 좋은 건 아니라는 연구 결과도 있다. 미국 버클리 대학 모튼 한센Morten T. Hansen 교수가 쓴 글을 보면, 사내 협업이 때론 독(毒)이 된다고 한다.

> 문제는 사내 협업이 유효할 때가 언제이며, 그렇지 않은 때는 언제인지를 구분하는 것이다. 경영자들은 종종 '직원들이 더 협업하도록 만들려면 무슨 일을 해야 하나'라고 질문하곤 한다. 이는 잘못된 질문이다. 경영자는 '이 프로젝트를 부서 간의 협업 프로젝트로 추진한다면 가치가 창출될 것인가, 아니면 파괴될 것인가'라고 물어야 한다. 협업을 잘 하려면 언제 협업하지 않아야 하는지를 정확하게 알아야 한다.
>
> "사내 협업, 때론 毒이 된다."[20] 하버드 비즈니스 리뷰(HBR) 2009년 4월호 by Morten T. Hansen

모튼 한센 교수가 쓴 책 〈COLLABORATION 협업〉[21]에 따르면, 똑똑한 사람들이 '협업'에 대해 실수하는 이유는 협업의 함정에 빠지기 때문이라고 한다.

20 http://hbr.org/2009/04/when-internal-collaboration-is-bad-for-your-company/ar/1
21 〈COLLABORATION 협업〉(모튼 한센, 교보문고, 2011)

- 적대적 조직문화에서의 협업
- 과잉협업: 지나친 네트워크/회의
- 협업 잠재 가치의 과대 평가
- 협업 비용의 과소 평가
- 문제의 오진: 정보와 사람 검색의 어려움과 협업의사 부재는 다른 문제
- 잘못된 해결책의 적용: 정교한 지식경영시스템 도입?

한센 교수가 제시하는 해결책은 '체계적 협업 disciplined collaboration'이라고 부르는 방법론을 도입/적용하는 것이다. 체계적 협업이란 "협업을 해야 할 때(와 피해야 할 때)를 정확히 판단하고 사람들에게 협업 의사와 능력을 고취시키는 리더십의 실천"이다.

- 1단계: 협업 기회를 평가하라

    "협업은 목표에 도달하기 위한 수단이며, 목표는 뛰어난 성과"라는 점을 잊지 말라.

- 2단계: 협업장벽을 파악하라, 4가지 장벽

    NIH Not Invented Here 장벽: 외부의 것을 수용하지 못하는 현상
    독점 Hoarding 장벽: 도움 주기를 꺼리는 현상
    검색 Searching 장벽: 사람들이 찾고자 하는 것을 찾지 못하는 현상
    이전 Transfer 장벽: 잘 모르는 사람들과는 같이 일하기 어려운 현상

- 3단계: 맞춤형 해결책을 적용하라, 세 가지 수단

    통합 수단 unification lever: 강력한 공동의 목표/가치 제시, 동기 부여
    인재 수단 people lever: 적합한 인재를 적재적소에 배치. T자형 경영
    네트워크 수단 network lever: 기민하고 비공식적인 인적 네트워크 형성 6가지 규칙 활용

체계적 협업은 분권화와 협업의 이점을 동시에 누릴 수 있고, "연결된 자율성connected autonomy" 상태에서 최상의 효율/성과를 발휘할 수 있다고 한다.

먼저, 분명하게 깨달아야 하는 것은, 협업은 쉽지 않다는 것이다. 선의로 시작된 협업이 갈등을 초래하고 결과를 등한시하는 악몽이 되는 일이 너무 많다. 협업에 대처하는 가장 좋은 방법은, 역설적이게도 협업이 필요한 부분을 최소화하는 것인지도 모르겠다.

Continuous Integration(지속적 통합, CI)은 왜 필요할까?

모든 도구와 방법론이 그러하듯, CI 역시 적합성/적절성이 가장 핵심적인 요인이다. 필요성이 절실한 조직도 있고 오히려 불필요한 조직도 있다. 프로젝트와 조직의 상황과 여건에 맞는지가 관건이다.

간단한 프로젝트에선 필요 없다. 개발자 한 명이 한 일주일 뚝딱거리면 되는 프로젝트에선 오히려 거추장스럽다. 더구나 이미 상당한 정도로 개발 내공이 쌓인 개발자는 이런 고급(?) 개발 환경이 없어도 개발 생산성과 품질 모두 달성 가능하다. 물론, 조직적인 차원을 고민한다면 아무리 간단한 프로젝트일지라도 개발 조직의 프로세스를 준수하는 게 좋겠다. 고독한 늑대형 개발자를 양산(?)할 계획이 아니라면 말이다.

조금 더 큰 프로젝트를 생각해보자. 개발자가 너댓 명이고, 중급 개발자뿐만 아니라 초급도 참여하고 개발 조직 내부의 개발 방법론이 아예 없거나 있더라도 문서만 달랑 있는 수준이라고 가정해보자. 아마도 개발이 진행되는 와중에 별별 사건/사고가 다 일어날 것이다. 소스 코드 관리 시스템이 없다면, 소스 코드 변경 이력 추적도 안 되고 관리도 안 되고 핵심 공통 모듈이 제멋대로 변경되고 그에 따른 혼란도 불가피하다. 팀 단위 코딩 스타일 통일은 잘 지켜지지도 않고 그걸 누군가 일일이 감독할 여유도 없어서 그냥 마구 흘러간다. 초급 개발자가 엉성하게 짠 코드와 카피&페이스트Copy & Paste한 코드가 곳곳에서 문제를 일으킨다. 단위 테스트가 없다면 코드는 늘 불안한 상태로 빌드/릴리즈된다. 매번 사람이 마우스 클릭과 육안 검사로 동작 여부를 확인하는 작업을 반복해야 한다. 이런 상황이 매 프로젝트마다 반복되고 있다면 정말 심각하게 개발 프로세스의 조직적 정립을 고민해봐야 한다.

소프트웨어 공학 관련 주제들을 살펴보면, 정말 많은 개발 방법론과 프로세스가 나온다. 뭐, 다들 좋아 보인다. 꽤 논쟁적인 항목들이 잠복해 있지만 사실 더 중요한 것은 '실행'이다. 해봐야 깨달을 수 있다. 언제나 옳고 모든 경우에 타당한 그런 건 없다. 어떤 것이 더 적합한가의 문제다.

지속적 통합은, 뭔가 반복적인 개발 프로세스가 진행되는 동안 빌드를 깨뜨리지 않게 하고 코드 품질과 관련된 항목 검사를 최대한 자동화하기 위한 방법이다. 특히 정립 단계에 있는 조직적 개발 방법론을 내부화 시키는 구체적인 실행 방법의 하나로 채택하면 아주 딱이겠다.

CI를 도입한 이후의 개발 프로세스 변화를 조금 거칠게 묘사해보면 다음과 같다.

"매일 아침, 개발자는 메일을 받는다. 그 메일 안에는 어젯밤에 빌드/통합된 프로젝트에 대한 자동 검사 리포트가 들어있다. 코딩 표준안 준수 여부, 코드 복잡도 지수, 단위 테스트 통과 여부, 컴파일 성공 여부 등등이 들어 있다. 혹시 실수로 빌드를 깨뜨렸다면, 빨리 수정하면 된다. 어제 새로 짰던 모듈이 검사 항목들을 모두 무사히 통과했다면, 일단 패스해도 된다. 만약 아니라면, 빨리 검사 기준을 통과할 수 있도록 수정한다."

CI를 도입하면, 정말 제대로 지켜지지 않는 코딩 표준안 준수 문제가, 누가 도끼눈 뜨고 감독하지 않아도 저절로(?) 강제된다. 매일 아침마다 코딩 표준안 위반에 대한 메일을 받으면서도 꿋꿋하게 그걸 견디며 자기 스타일을 고집해갈 수 있는 용자는 그리 많지 않기 때문이다. 사실 이것 하나만 관철할 수 있어도 CI 도입은 성공적이다.

조금 더 욕심을 내본다면, 프로그램 소스 코드 복잡도 지수를 검사하거나, 카피&페이스트 코드 검출, 단위 테스트 자동 실행 등을 걸어놓을 수 있다. 처음 설정하는 단계와 과정이 약간 번거롭긴 하지만, 한 번 설정해두면 개발 과정 내내 아주 착실하게 가이드를 받을 수 있다. 뭔가 촘촘해지고 차분해지는 느낌이 개발 조직 전체로 퍼져가는 걸 오래 지나지 않아 실감할 수 있다. 개발이 좀더 모던해진다.

다음은 네이버 nForge 프로젝트를 대상으로 허드슨Hudson CI 서버를 구축/설정한 사례이다. Java뿐만 아니라 PHP 개발 환경에서도 CI를 활용할 수 있다.

- http://dev.naver.com/projects/nforge/wiki/ContiguousIntegrationUsingHudson

개발 표준
전사적 개발 표준을 정하는 문제와 관련된 어려움

개발조직에서 참 오랫동안, 계속해서 제기되는 과제가 '전사적 개발 표준'이다. 회사 전체에서 모든 개발자가 따르고 지키는 표준안을 만들어보자는 취지다. 누구나 필요성을 공감한다. 단 한 사람도 반대하지 않는다. 그런데도, 정말 잘 안 된다. 우선, 논의를 시작하고 모으는 일부터 어렵다. 결론을 도출하는 일은 조금 더 어렵다. 모아진 결론을 진짜로 실행하는 건 정말 너무 너무 어렵다. 그럼에도 반드시 돌파해야 하는 과제다.

개발팀이 여럿 있다. 다들 작업하는 방식과 도구와 내용이 다르다. 심지어 같은 팀 내에서도 다 다른 경우가 많다. 개인별 편차도 꽤 크다. 취향과 경험의 차이도 꽤 크다. 개발자들의 전출입이 상대적으로 잦은 경우에는, 대략 난감해진다. 회사에서 개발한 프로그램임에도 그때그때 참여한 개발자 나름의 서로 다른 세계들이 마구 섞여 든다. 개별적으로는 깔끔했는데, 모아보면 잡탕 느낌이 된다. 이런 기술, 저런 라이브러리, 요런 기법들이 현란하게 춤을 춘다. 이런 상황에서 유지보수? 대개는 악몽이 된다.

그래서, 가끔 잊을 만하면, 제기되는 과제가 바로 '전사적 개발 표준'이다. 취지는, 참 소박(?)하다. 개발자들이 사용하는 프로그래밍 언어를 맞추고, 코딩 스타일을 맞추고, 공통 라이브러리를 모아서 관리하고, 개발과 관련된 도구들을 맞추고, 개발 절차를 맞추고, 좀 그래 보자는 얘기다. 정말, 좋은 얘기다.

이 과제가 제기되면, 재미있는 현상을 관측할 수 있다. 일단, 모두가 '동의'하고 '공감'한다. 반대자가 정말 한 명도 없다. 다들, 왜 진작 이런 문제제기가 나오지 않았는지를 성토하는 분위기가 된다. 이젠, 뭔가 희망이 생길 것 같은 분위기도 생겨난다. 그러던 잠시, 저마다 의견을 피력한다. 약간의 논쟁도 생긴다. 통일안을 만드는 일은 조금 어렵다. 어쨌든, 끈기 있게 노력하면 표준안은 만들어진다. 문서로 배포된다. 강의/강연도 이어진다. 그리고 한참 지난 후 다시 확인해본다. 헉, 여전히 제대로 지키는 곳이 별로 없다. 모두가 동의했고 공감했고, 결론까지 냈는데도, 실행은 참 안 된다. 도대체 이유가 뭘까? 왜 실행을 하지 않는 걸까? 왜 하지 못하는 걸까?

우린 지금 너무 바빠요

아마 가장 큰 이유가 아닐까 싶다. 지금 우린 너무 바빠서, 표준안을 지키고 적용하는 일에 지금은 동참할 수 없어요. 그거 다 지키려고 하면, 프로젝트 일정이 확 늘어날 텐데, 그래도 괜찮을까요? 대략 이 정도 멘트 날리면, 표준안 운운하던 관리자도 재빨리 침묵 모드에 들어갈 수밖에 없다. "아휴, 일정이 늘어진다잖아. 어떡해. 그냥, 개발자가 편하고 빠른 방식으로 그냥 하던 대로 하라고 할 수밖에."

사실, 회사에서는 누구나 바쁘다. 난 안 바빠요, 감히 티낼 수 있는 사람은? 사장님밖에 없다. 사실, 사장님도 직원 눈치가 보여서 안 바쁜 티를 함부로 내진 못한다. 그래서 회사에선 모두가 바쁘다. 안 바쁜 티가 나면 안 된다. 그리고 바빠야 회사를 제대로 다니는 것이기도 하고 거꾸로 바빠야 제대로 된 회사를 다니는 것이기도 하다. 잘나가는 회사는 바쁘게 돌아간다. 망해가는 회사만 안 바쁘다. 거꾸로, 안 바쁘니까 망해가는 것이기도 하다.

정말 잘되는 회사는 바쁜 와중에도, 내일을 위해 중요한 일들을 빼먹지 않는다. 스티븐 코비 박사의 조언대로[1], "급한 것보다 소중한 것을 먼저" 한다. 개발 표준은 잘 정의하는 것도 중요하지만, 실행하지 않으면 아무 소용이 없다. 개발 표준 준수는 긴급하지는 않겠지만, 정말 중요하다. 바쁘다고 빼먹으면, 이미 경험해서 잘 알겠지만, 엉망진창인 상태를 계속 견뎌야 한다.

평소에 어지르지 않으면, 대청소할 일이 거의 없다. 이미 남들이 왕창 헝클어 놓고 갔다고? 그래서, 한 번에 치워야 하고, 그냥 산다고? 계속 바쁜데, 언제 그 대청소를 할 수 있을까? 해법은, 하나다. 조금씩 치우고 정돈해가는 거다. 그리고 무엇보다도 지금 하는 일에서부터 헝클어뜨리지 않는 게 핵심이다. 바쁘다고 못하면, 영원히 못할 지도 모른다. Now or Never!

표준을 지키는 게 너무 어렵고 힘들어요

먼저, 귀찮음과 불편함과 어려움을 구별하는 게 좋겠다.

---

1 《소중한 것을 먼저하라 First Things First》(스티븐 코비(Stephen R. Covey))

평소에 어지르지 않으면, 대청소할 일이 거의 없다. 이미 남들이 왕창 헝클어 놓고 갔다고?
그래서, 한 번에 치워야지 하고, 그냥 산다고? 계속 바쁜데, 언제 그 대청소를 할 수 있을까?
해법은, 하나다. 조금씩 치우고 정돈해가는 거다.

귀찮음은 그냥 괜히 싫은 거다. 뭘 바꾸라고 하는데, 싫은 거다. 사소한 것까지 간섭 받는 거 같아 마뜩잖다. 표준안 정할 때 주장했지만, 내 의견은 묵살되고 다른 안이 채택됐다. 그래서 표준 준수를 미루는 것으로 소심하게 반항한다. 정말로 그 표준이라는 게 거의 도움도 안 되고 오히려 생산성과 품질을 갉아먹는 관료적 발상에서 나온 것일 수도 있다. 그래서, 사보타지(태업)하는 것은 나름 의미가 있을 수도 있다. 하지만, 그런 경우에는 정식으로 그런 관료적 문제를 제기하고 개선을 요구해야 한다. 그냥, 귀찮아서 뭉개는 건 나쁘다. 회사에서 만드는 소프트웨어는 혼자 개발할 수 있는 범위를 넘어선다. 설령 혼자 개발하더라도 나중을 위해서 또는 후임을 위해서라도 표준을 지키는 게 좋은 프로그래머의 덕목이다. 그게 프로다.

불편함은 표준이 습관을 바꿀 것을 강제하기 때문에 생긴다. 개발자라면 누구나 이미 손과 눈과 머리에 익어버린 고유의 습관이 있다. 너무 편하게 익어서 그게 습관인지도 모르는 경지다. 그런데 난데없이 표준이라면서 익숙한 습관을 바꾸라고 한다. 당연히 불편하다. 계속 덜컥거린다. 약간씩 짜증도 난다. 이런 경우라면, 조금만 더 견뎌보라고 토닥거려 주고 싶다. 지금은 좀 불편하지만, 오래 지나지 않아서 다시 익숙해진다. 편해진다. 표준 자체가 변덕스럽게 자꾸 바뀐다면, 당연히 짜증을 내야 한다. 그럴 권리가 있다. 하지만 그게 아니라면, 조금만 더 지나면 된다.

어려움은 사실 조금 다른 차원이다. 회사에서는 개발 표준이라고 뭔가 거창하고 멋지고 눈부신 걸 채택한다. 그게 학습 부담도 상당하고 기술적 난이도가 제법 있는 경우에는 바로 당장 적응하고 적용하는 건 어렵다. 대개 표준안을 결정하는 사람은 구력이 오래된 선임급이다. 자기들은 이미 잘 알고 있어서 별로 어렵지 않았을 것이다. 이 정도는 이해하고 적응해야 진짜 실력 있는 프로그래머라고 생각할 수도 있다. 너무 자기들 생각만 하는 경우다. 자기한테 쉽다고 모두에게 쉽지는 않다. 사람들은 모두 경험치도 다르고 학습능력도 다르다. 표준을 정할 때 너무 눈높이를 높게 설정하면 안 되는 이유다. 일상적으로 지켜야 할 사람들의 평균적 수준에 걸맞게 표준을 정해야 한다. 그래야, 더 빨리 더 확실하게 표준을 정착시킬 수 있다. 어려움과 관련해서, 또 다른 측면에서는 학습/교육/훈련/코칭 활동을 조직적으로 지속해가는 게 해법이다. 점점 더 많은 사람들이 표준을 습득하고 확산하고 전파하고 서로를 이끌어주면 어려움은 극복할 수 있다. 표준 정하는 일이 문서를 배포하고 선언하는 것으로 끝나지 않아야 하는 이유다. 일회성 선언이 아니라 지속적인 활동이 되어야 한다.

이미 개발이 끝난 것들까지 표준을 적용하는 건 불가능해요

맞다. 이미 개발이 끝난 것에 대해서도 표준을 적용해야 한다는 주장은 헛소리다. 개발 표준을 적용하기 위해 잘 돌아가는 소스 코드를 바꾸는 일은 위험하다. 득보다 실이 너무 엄청날 수 있다.

그런데, 막상 현실 속에서는 다소 중첩되는 상황이 벌어진다. 더 이상 손 댈 필요가 없이 완벽한 소프트웨어는 없다. 두 가지 이유다. 하나는 버그다. 오류 제로인 소프트웨어가 개발 목표여야 하지만, 현실적으로 오류가 종종 생긴다. 다른 하나는 사용자 요구 변경이다. 기능 개선 요구다. 아무도 쓰지 않는 소프트웨어는 무의미하다. 사용자가 있는 한, 기능 개선 요구는 언제나 있다. 그래서 현실에서 우리는 언제나 이미 개발이 끝난 것에 대해서도 개발(?)을 계속한다. 오류 수정이든 기능 개선이든, 어쨌든 계속 손을 대야 한다. 자, 어떻게 해야 할까? 표준을 적용해야 할까? 말아야 할까? 만약 한다면 어디까지 적용할 것인가? 어떤 항목까지 할 것인가? 모든 경우의 수를 다 감안하고 관통해서 취할 수 있는 원칙은 딱 하나다. "그때그때 달라요~." 정말이다.

예를 들어, 코딩 스타일 규칙 표준을 이제 결정했다고 하자. 이미 개발된 기존의 코드들은 저마다의 스타일로 뒤섞여 있다. 어떻게 하면 좋을까?

다음은, 실제 프로젝트에 어떻게 코딩 스타일 표준안을 적용해갈 것인지를 판단하는 가이드 라인이다.

- 현재 잘 돌아가고 있는 코드는 손대지 않는다. 이것이 제 1원칙이다.
- 새로 시작하는 프로젝트는 무조건 코딩 표준안을 적용한다. 제 2원칙이다.
- 진행중인 프로젝트가 이미 나름의 코딩 스타일로 통일되어 있다면, '일관성'을 위해 그 코딩 스타일을 따르는 것을 권고한다.
- 진행중인 프로젝트가 여러 가지 코딩 스타일로 뒤섞인 상태라면, 부분적이고 점진적으로 코딩 표준안에 맞게 하나 둘씩 폴더 단위로 바꿔 간다.
- 외부(오픈 소스 또는 third party)에서 만든 모듈을 라이브러리처럼 사용하고 있다면, 그 모듈은 코딩 표준안 적용에서 제외한다.
- 새로 시작하는 프로젝트에서 외부 또는 기존 프로젝트 결과물의 모듈을 라이브러리처럼 사용한다면, 그 모듈들은 코딩 표준안 적용 대상에서 제외한다.

표준으로 채택된 라이브러리만 써야 하는 건 부당해요

오픈 소스 세계에는 정말로 다양하고 비슷한 라이브러리/프레임워크들이 많다. 자체 개발한 라이브러리/프레임워크가 있는 경우도 있다. 모든 표준은 유사 경쟁적 요소를 배제/금지/차단한다. 표준에 예외 조항이 없다면, 표준으로 채택한 것 이외에는 쓰지 않는 것이 불문율이다. 이 대목에서 많은 개발자들이 불만을 느낄 수 있다. 왜 다양성을 억압하는 거냐, 경쟁적 요소 도입으로 더 풍요롭게 될 수 있지 않냐, 한 가지에만 올인하는 건 위험하다, 등등. 맞다.

하지만 우리는 개인이 아니다. 개인으로 개발을 하는 게 아니다. 팀으로, 조직으로, 회사로 개발한다. 팀/조직/회사에서 채택한 표준이 있다면, 그 걸 준수해야 한다. 그 이유는 '복종'해야 하기 때문이 아니다. 표준은 모두가 지키기로 약속한 규약이기 때문이다. 합리적이고 타당한 이유 없이 표준 준수를 거부하면 표준의 의미 자체가 퇴색한다. 효과도 바로 뚝 떨어진다.

표준은, 유사 경쟁적 요소에 대해 원칙적으로 배제하고 금지한다. 만약, 팀이 자바스크립트 라이브러리 표준으로 jQuery를 채택했다면, 유사한 기능을 가진 라이브러리는 사용하지 말아야 한다. 이게 표준의 원칙이다. 만약 표준에서 jQuery와 함께 Dojo도 사용 가능으로 채택했다면, 사용해도 된다. 하지만 채택하지 않았다면, 쓰지 말아야 한다. 대신, 사용하자고 주장할 수는 있겠다. 그냥 무시하고 몰래 쓰는 건 배신이다.

현실에서는 너무나 많은 선택 가능성이 있다 보니, 개발자의 취향이나 경험에 따라 선호하는 라이브러리들이 다 달라진다. 그래서, 표준안으로 논의를 모아내는 것도 쉽지 않다. 모두를 만족시킬 수 있는 사안이 아닌 탓이다. 누군가는 좋아하겠지만, 누군가는 찌푸린다. 하지만, 그럼에도 표준안을 최대한 압축해내는 게 좋다. 꼭 하나로 모아야 하는 건 아니다. 하나로 모을 수 있다면 가장 좋지만, 최소한 이것 저것 비슷한 기능과 성능을 가진 라이브러리들을 제각각 마구마구 사용하는 건 자제하고 제어해야 한다. 그래야 팀이 될 수 있다. 그래야 개인적 수준의 한계에 갇히지 않고 팀웍의 강력한 파워를 풀가동할 수 있다.

표준이 실험까지 금지하는 건 아니다. 실험은, 그냥 실험으로만 하자. 정식으로 회사 개발에 도입해서 사용하고 싶다면, 팀/사업부/회사 의사결정 단위의 협의/논의/합의/결정 절차를 거쳐야 한다. 개발자 개인이 임의적이고 독단적으로 회사 개발 프로젝트에 실험적으로 이런 라이브러리, 저런 프레임워크, 요런 모듈을 마구 사용해선 안 된다. 라이브러리 하나 사용하는 것까지 사장님 결재를 받아야 하는 관료주의를 연상하면 곤란하다. 최소한 개인이 혼자 결정해선 안 된다는 것이다. 적어도 팀 단위에서는 협의/논의/합의/결정이 필요하다. 그게 조직이다.

표준이 바꾸려고 하는 대상은 바로 '사람'이다

이상으로 표준의 실행이 어려운 이유들에 대해 살펴봤다. 그 핵심에는 사실 '사람'이 들어있다.

개발 표준을 채택하고 실행을 독려하는 근본적인 이유는, 생산성과 품질이다. 더 좋은 품질의 소프트웨어를 생산성 있게 개발하려는 것이다. 지속적으로 성장/발전시켜 가야 하기에 개인에 의존하지 않고 팀에 의지해서 개발을 진행해가려는 것이다. 팀이기 때문에 표준이 필요하다.

얼핏 착각할 수 있는 대목이 있다. 표준이 바꾸려고 하는 게 프로그램 소스 코드라고 생각할 수 있다. 업무 방식이라고 생각할 수도 있다. 업무 도구라고 생각할 수 있다.

아니다. 표준이 바꾸려고 하는 대상은, 바로 '개발자'다. 소프트웨어 개발은 개발자가 한다. 개발자를 통하지 않고는 어떤 코드도 나오지 않는다. 소프트웨어의 품질은 결국 개발자의 품질이다. 개발자를 바꾸지 않으면 품질은 바뀌지 않는다. 개발자를 업그레이드해야만 소프트웨어가 업그레이드된다. 그리고 더 강력한 것은 개발자 개인이 아니라 개발 팀을 변화시키는 것이다. 개인의 한계를 팀은 뛰어 넘을 수 있다.

코딩 스타일 표준안 같은 경우에는, 실행과 정착이 그렇게까지 험악하게 어렵진 않다. 개발자 개인들이 이미 손에 익어버린 습관을 바꾸는 것이라서 처음 적응 과정에서 불편함과 이물감이 있는 정도다. 팀 차원에서, 전사적 차원에서 코딩 스타일 표준안 준수를 계속 강조하고 더불어 코딩 표준안 검사 도구 사용을 독려해가면, 점차적으로 해결해갈 수 있다.

반면, 새로운 프레임워크를 도입하는 정도의 크기를 가진 표준안이라면 실행은 참 어렵다. 바꿔야 할 게 정말 너무 많다. 얻을 수 있는 이득도 있지만, 잃어버리는 손실도 꽤 분량이 크다. 개발자의 머릿속을 재정비해야 하고, 새로운 지식들을 장착해줘야 하고, 익숙함과 결별하고 낯섬과 대면하는 두려움과 불안감도 해소해줘야 한다. 다시 말해서, 이건 사람을 변화시켜야 하는 엄청난(?) 일이 된다. 차라리, 그냥 프로그램 코드를 바꾸는 건 정말 쉽다. 코드는 어쨌든 새로 짜면 돌아가니까. 변화시켜야 할 대상이 '사람'이 되면 참 어려워진다. 그리고, 노파심에서 말해두지만, 이건 과학/기술로 해결할 수 있는 사안이 아니다. 정확히, 인문적 문제다. 어려운 문제다. 하지만 해결 불가능한 문제는 아니다. 다만, 시간과 노력이 참 많이 필요하다. 한 사람이 아니라 더 많은 사람이 함께 동참하면 할수록 저절로 해결되는 종류의 문제이기도 하다. 소셜 네트워크의 힘을 믿으면 되는 문제다. 리더십Leadership 못지않게 팔로워쉽Followership도 중요하다. 특히, First follower² 가 중요하다.

---

2 http://www.ted.com/talks/derek_sivers_how_to_start_a_movement.html 데릭 시버스, 사회적 운동은 어떻게 시작되는가?

개발 표준
문서화 3원칙

프로그래밍 작업 관련 문서는 너무 없으면 곤란해지고 너무 많으면 피곤해진다. 어떻게 하는 게 좋을까?

프로그래머들은 '문서화'를 싫어한다. 그래서 프로젝트가 시작되고 진행되고 끝나도, 뭐 그닥 문서는 남는 게 별로 없다. 그러다 보니, 새로 프로젝트에 투입되면 오로지 '코드 독해'만으로 프로젝트의 과제와 범위와 기능들을 복각해야 하는 일이 종종 발생한다. 간단한 설명 문서만 있었으면 해결될 일도, 소스 코드 전체를 추적하고 분석해야만 하는 거대한 작업이 되곤 한다.

좀 규모 있는 SI[3]성 프로젝트의 경우에는 정반대의 양상이 벌어진다. 너무나 많은 문서 때문에 치인다. 그거 만드느라 치이고, 최신본으로 업데

---

3 System Integration 시스템 통합. 삼성SDS, LG CNS, SK C&C 등의 업체에서 수행하는 대규모 개발 프로젝트 사업.

이트하느라 치이고, 그걸 읽고 이해하느라 치인다. 때론 SI 업계에서 사용하는 이러저러한 '개발 방법론'의 실체는 정형화된 '문서 양식'이 아닌가, 라는 생각까지도 든다.

미국에서도 날로 거대해지는 개발 방법론에 맞섰던 일군의 개발자들이 모여서, 2001년에 애자일 선언문이란 걸 발표했었다. 그 내용 중에 문서화 관련 항목이 있다.

> Working software over comprehensive documentation
> 종합적인 문서화보다는 작동하는 소프트웨어를

그런데, 이 대목조차도 조금 정제해서 받아들일 필요가 있다. 이것을 '문서화'가 필요 없다는 의미로 해석하면 몹시 곤란하다. 과도한 문서화에 대한 경계로 기억해두는 것이 좋다.

그렇다면, '문서화'는 어느 정도까지 필요한가? 그 판단 기준은 어떻게 잡는 게 좋을까?

- 제 1원칙: 현재 작업 또는 미래 작업에 실제 도움이 되는가?
- 제 2원칙: 항상 최신 버전으로 업데이트할 수 있는가?
- 제 3원칙: 위 2가지 원칙을 만족시키지 않는다면 그 문서는 만들지 마라.

기본은 '최소화'이고 '최신화'이다. 최소량의 문서를 항상 최신으로 유지하는 일이다. 최소화의 기준은 제출용이나 발표용 혹은 과시용이 아닌, 실제 작업에 도움을 주는 것인가 아닌가가 기준이다.

최신화는 정말 중요하다. 소스 코드와 전혀 맞지도 않는 낡은 문서는 불필요한 짜증과 분노를 야기한다. 항상 최신 버전으로 문서를 업데이트할 자신이 없으면, 그 문서는 만들지 말거나, 그 내용을 아주 간략하고 최소화하는 편이 낫다.

살짝 샛길이지만, Javadoc[4]이나 Doxygen[5] 같은 문서 자동 생성 도구를 사용하면, 소스 코드에 대한 최신 문서 작업 부담을 상당히 덜 수 있다. 그냥, 소스 코드에 코멘트를 작성해서 넣으면 된다. 그러면 짜잔, 그럴듯한 API 문서가 매번 최신 버전으로 생성된다. 특히, Doxygen은 꽤 훌륭한 결과를 뽑아준다. 살짝, 감동스럽다.

---

4 http://en.wikipedia.org/wiki/Javadoc Java 이외의 다른 언어에서도 Javadoc 스타일의 코멘트 문서화 기능을 지원함. PHPDoc http://en.wikipedia.org/wiki/Phpdoc

5 http://www.stack.nl/~dimitri/doxygen/

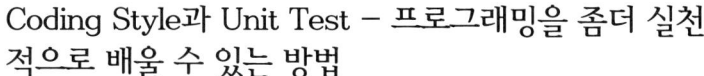

Coding Style과 Unit Test – 프로그래밍을 좀더 실천적으로 배울 수 있는 방법

처음 프로그래밍을 배우고 익힐 때, 보통 프로그래밍 언어의 초급 입문서를 사서 본다. 문법과 활용 예제들을 익히고 함수나 모듈, 클래스 등에 대해 공부한다. 그리고는 좀더 세분화된 부분으로 들어가는 중급 서적들을 사서 본다. 그런데 그쯤에서 공부는 멈추고 실전을 수행하느라 여념이 없는 상태가 되곤 한다. 스스로도 이젠 뭐 문법도 다 알고 언어적 특징도 다 익혔고 더 공부하거나 새로 익혀야 할 건 없다고 생각하기 쉽다.

그런데 사실은 전혀 그렇지 않다. 많은 사람들이 대개 그쯤에서 멈추기 때문에 진짜 프로그래밍을 강건하게 하는 방법을 건너뛰는 건 아닐까 싶다. 초심자 시절에 확실하게 기초를 닦아두고 습관화 해두지 않으면 안 되는 게 두 가지 있다. 바로 코딩 스타일과 단위 테스트 기법이다. 이 두 가지를 초급 시절에 그냥 건너뛰고 넘어가면, 이미 손과 뇌에 습관이 잘못 들어서 힘들게 된다.

코딩 스타일을 맞추는 일, 사소한 것이긴 하지만 사실 실전에서는 정말 중요하다. 팀 단위로 작업을 할 때 합의된 코딩 스타일을 준수하는 일은 팀 작업의 기초다. 각자 개성껏 작성한 코드를 섞어서 보다 보면 금방 피로감이 몰려온다. "아, 진작에 코딩 스타일 표준을 정해서 작업할 걸." 후회는 아무리 빨라도 늦는다. 혼자 작업해도 마찬가지다. 이럴 때 이렇게 짜보고, 저럴 땐 또 저렇게 짜보고, 분명 자기 혼자 한 사람이 짠 코드인데도 수십 명이 짠 것 같이 된다. 혼자 보기에도 피곤해진다. 손도 뇌도 매 순간 머뭇거리느라 개발 속도도 떨어진다.

프로그래밍 언어 자체를 개발하는 사람들, 코딩 스타일 표준 같은 걸 함께 만들어서 배포해주면 아주 좋겠지만, 현실적으로는 너무 많은 스타일들이 서로 각축을 벌이고 있고 쉽게 합의되지도 타협되지도 않는 경우가 많다. p.46에서도 언급했지만, 그나마 파이썬Python은 코딩 스타일의 논쟁적 항목인 중괄호 {} 자체를 빼버려서, 그것에 관한 스타일 전쟁 자체가 없어졌다. 들여쓰기도 공백 문자로만 제한해서 탭 문자와 공백 문자의 논쟁도 없다. 파이썬 언어 창시자인 귀도 반 로썸 Guido van Rossum이 만든 코딩 스타일 표준 문서[1]와 그 규칙을 검사해주는 자동 검사 도구[2]가 있어서, 코딩 스타일 논쟁도 그다지 격렬한 편은 아니다. (그럼에도, 그 스타일 규칙을 따르지 않는 모듈들이 엄청 많다. 개발자들이란 원래 자유로운 영혼들이 많다. 그냥 내버려두면 다들 자기 편한 대로 짠다.)

프로그래밍 언어 자체는 사실, 다양한 코딩 스타일을 모두 지원해줄 수밖에 없다. 그래야 개발자들을 포섭할 수 있으니까. 그러다 보니, 자유도가 너무 넘쳐나고 그 광활한 폭 때문에 혼선도 함께 커진다. 일단, 이것은 게임의 일부로 인정하자. 그렇다면, 어떻게 하는 게 좋을까?

---

1 http://www.python.org/dev/peps/pep-0008/ 한글 번역문은, http://blog.naver.com/joycestudy/100117593331
2 http://pypi.python.org/pypi/pep8 Python style guide checker

역시 맨 처음 배울 때 습관을 잘 잡는 게 좋겠다. 만약 어떤 언어를 새로 배우려고 한다면 달랑 입문서의 문법과 예제만 챙기지 말고 잘 정리된 코딩 스타일 가이드 문서와 그 규칙을 검사해주는 도구가 있는지를 함께 확인해보고, 그 스타일에 맞게 예제를 작성해보고 수정해보고 하는 게 좋겠다. 처음 배울 때 잘 배워두면 두고두고 보답을 받는다.

대표적인 언어인 자바Java에도 자바의 원산지인 썬 마이크로시스템즈에서 권장하는 코딩 스타일 표준[3]이 있다. 표준 준수 여부를 검사해주는 CheckStyle[4]이라는 Eclipse 플러그인도 있다. 자바 경력 10년인데도 이걸 아직 모르는 사람이 많다. 그냥 자기 스타일대로 막 짜면서 고독하게 살아왔을 가능성이 높다. 어떤 스타일로 짜더라도 문법적 오류만 없다면 코드는 잘 돌아간다. 하지만 팀 단위 작업은 어렵다. 괜히 피곤해진다. 국내에서 가장 많이 사용하는 웹 프로그래밍 언어인 PHP에도 phpcs[5]라는 코딩 스타일 표준 검사 도구가 있다. 코딩 표준안도 Zend Framework[6], PEAR[7] 등 여러 가지가 있다.

또 하나, 정말 중요하고 필요한 것인데도 초급 단계에서 놓치기 쉬운 것이 바로 단위 테스트, Unit Test이다. 이것 역시 처음 배울

---

3 http://www.oracle.com/technetwork/java/codeconv-138413.html Code Conventions for the Java Programming Language 썬 마이크로시스템즈(현재는 오라클로 합병됨)에서 제안하는 코딩 스타일 표준안
4 http://checkstyle.sourceforge.net/ 자바 코드 표준 검사 도구
5 http://pear.php.net/package/PHP_CodeSniffer PHP 코드 표준 검사 도구
6 http://framework.zend.com/manual/en/coding-standard.html
7 http://pear.php.net/manual/en/standards.php

때 함께 필수적인 것이라고 생각하고 배워두면, 내내 요긴하게 그 위력을 체감하며 즐거운 프로그래밍 작업을 할 수 있다. 애석하게도, 그 누구도 초급자들에게 단위 테스트의 중요성이나 필요성을 알려주지 않는다. 초급 입문서[8]들은 그냥 언어적 문법만 설명해줄 뿐이다. 현재 거의 모든 프로그래밍 언어에 단위 테스트 라이브러리/프레임워크[9]가 있다. 아예 처음 언어 공부를 할 때 예제 작성을 실습할 때부터, TDD Test Driven Development[10]를 함께 해보면 좋겠다. 언어적 특성과 문법적 특이성을 검사하고 확인하는 데에도 딱이다. 이것 역시 코딩 스타일과 마찬가지로 처음부터 습관을 잘 들여두면 두고두고 보답을 받는다. 나중에 머리 굵어지고 손이 굳으면 배우고 익히기가 좀 어렵다. 습관은 참 무섭다. 그리고 강력하다. 처음에 잘 배워야 하는 이유다.

자바에는 JUnit이 있고, C++에는 CppUnit, .NET에는 NUnit이 있다. PHP에도 PHPUnit, Simpletest가 있다. 파이썬에도 PyUnit과 Nose가 있다. 이들을 통칭해서 xUnit[11]이라고 부른다. 기원은 Smalltalk 언어를 위해 만든 SUnit이다. 이후 켄트 벡 Kent Beck이

---

8 초급 입문서에 나오는 예제들은 '좋은 예제'가 별로 없다. 초급서이기 때문에 설명이 쉽고 어렵지 않게 만드는 데 모든 초점이 가 있다. 그래서 설명하기에는 좋은데 막상 실전에 써먹기에는 나쁜 예제 코드가 많다. 문제는 초급자들이 입문서만 달랑 읽고 공부하기를 멈추는 경우가 많다는 데 있다. 아주 위험해진다. 거기 실린 예제 코드 방식대로 만든다. 보안에 허점이 생길 수밖에 없다. 입문서에는 그런 고급(?) 예제를 다루지 않으니까. 데이터베이스 접속 방식도 아주 원시적인 (primitive) 함수를 사용한다. 모듈화/캡슐화가 안 되어 있다. 그런 고급(?) 기법은 초급자에게 설명하기가 너무 어려워서 생략한 것인데, 초급자들은 그걸 모른다. 자기가 읽은 입문서가 최고인 줄로 착각한다.

9 http://en.wikipedia.org/wiki/List_of_unit_testing_frameworks
10 http://en.wikipedia.org/wiki/Test-driven_development
11 http://en.wikipedia.org/wiki/XUnit

JUnit으로 변환했다. 이들 대부분이 비슷하다. 하나를 배우면 다른 건 정말 쉽다.

나 역시 학교 다닐 때에는 이런 걸 배운 적 없다. 중요성에 대한 얘기도 들은 적 없다. 그래서 사소하다고 생각했다. 사실, 사소한 것이기도 하다. 하지만 때론 엄청나게 중요해진다는 걸 이젠 알고 있다. 요샌 학교에서 가르쳐 주고 있을까? 그랬으면 좋겠다. 처음 프로그래밍을 배울 때 코딩 스타일 표준과 단위 테스트 기법을 함께 배우고 습관화했더라면 얼마나 좋았을까? 지나간 시간을 아쉬워한다. 새로 프로그래밍에 입문하는 후배들은 제대로 배우고 프로그래밍을 제대로 즐겼으면 좋겠다.

소스 관리 도구

전사적 소스 코드 관리 체계 도입과 관련하여[1]

늘 깨닫는 것이지만, 도구와 체계는 도입하는 것만으로 효과를 보장해주지 않는다. 적용 대상이 사람이기 때문이고 사람은 기계가 아니기 때문이다. 심리와 문화, 분위기, 환경, 집단 역학 등등 성공과 실패를 좌우하는 핵심적 요인들은 도구와 체계의 '외부'에 있다. 소프트웨어 공학이 좀더 착목해야 할 대상은, 시스템적 체계라기보다는 오히려 사람이 아닐까? 소프트웨어는 휴먼웨어가 만든다. 도구와 체계는 사람을 도와주고 조직을 지원한다. 도구와 체계를 통해 사람/조직을 변화시켜야만 더 좋은 소프트웨어를 더 쉽게 만들 수 있다.

'소스 코드 관리 체계'란 무엇인가?

'소스 코드 관리 체계'는 SCMSource code Control Management, Version Control, Revision Control 등으로 불린다. 소프트웨어 프로그램 소스 코드

---

[1] 회사 개발팀 대상으로 소스 코드 관리 도구 도입을 제안하며 쓴 글. 원문은 존댓말이었으나 문체를 통일하기 위해 바꿈.

를 '관리'하는 방법과 도구를 의미한다.

여기서, 소스 코드를 '관리'한다는 건 여러 측면이 있다. 가장 중요한 것은, '버전'을 관리한다는 측면이다. 소프트웨어 프로그램은 그 속성상 지속적인 수정과 개정 작업이 불가피하다. 그때마다 '버전'이 새로 생겨난다. 우선, 버전 간의 차이점을 즉각적으로 확인/판별할 수 있어야 한다. 무엇이 어떻게 달라졌는지, 왜 달라졌는지, 해결한 문제는 무엇인지, 새로운 요구사항은 어디까지 반영되었는지 등등을 소스 코드의 이력history에서 쉽게 확인할 수 있어야 한다. 때로는 옛 버전으로 즉각 되돌아 가야 하는 경우도 생긴다. 이러한 동적인 과정은 잘 정비된 '관리 체계'의 토대가 없으면 제대로 대처해갈 수가 없다.

버전 관리의 두 번째 측면은 여러 명의 개발자 간의 분업과 협업 관리이다. 물론 버전 관리 체계만으로 분업과 협업의 모든 과정을 총괄할 수는 없다. 기본은, 개발자 상호간의 부단하고 왕성한 '커뮤니케이션, 의사 소통'이다. 거기에 덧붙여서 약속된 '관습convention'과 도구가 있으면 의사 소통 비용을 획기적으로 절감할 수 있다. 버전 관리 체계는 소스 코드를 둘러싼 개발자들 간의 분업과 협업 과정에 미리 약속된 의사 소통의 관습과 도구를 제공한다. 어떤 개발자가 어떤 코드를 언제 왜 고쳤고 어떻게 바꿨는지를 다른 개발자가 좀더 '간편하게' 확인할 수 있다.

버전 관리의 또 다른 측면은, 소스 코드 품질 관리이다. 품질은 요구사항의 충족 정도와 오류의 부재 정도로 가늠할 수 있다. 버그bug 없는 프로그램은 모두가 열망하는 바이지만, 애석하게도 드물다. 최대한 버그를 줄이고 제거해가야 하지만, 그러기 위해서도 일단 버그의 실존을 인정해야 한다. 개발자 개인에게는 감추고 싶은 비밀일 수 있겠지만, 혼자만 몰래 감추고 은밀하게 고치는 과정이 되는 건 곤란하다. 뭐, 그렇다고 동네방네

떠들썩하게 광고하자는 건 아니다. 개발 과정은 불가피하게 '오류'와 '버그'와 '실수'를 내포할 수밖에 없다. 처음부터 완전무균/무오류의 코드를 작성해낼 수 있는 사람은 없다. 중요한 것은 버그를 찾아내고 제거해가는 즉각적이고 부단한 대응 체계와 활동이다. 제거되었던 버그가 다시 부활하는 '좀비 현상'을 최소화 해가기 위한 체계도 필요하다. 이런 대응 체계가 '개인적' 차원을 넘어 '조직적' 차원에서 갖춰진다면 좀더 강력해질 수 있다. 버전 관리 체계는 품질 강화를 위한 조직적 대응 체계의 토대를 제공해준다.

왜, 지금, 도입이 필요한가?

이런 질문의 아우성이 어디선가 들리는 것 같다.

> "좋은 건 알겠다. 하지만, 왜 굳이, 이렇게 바쁜 때 이런 걸 도입해야 하나?"

반대로 물어보고 싶다.

> "그럼, 안 바쁜 때는 언제인가?"

'안 바쁠 때'란 게 사실 별로 없다. 늘 바쁘다. 생각해봐야 할 것은, 그럼에도 '도입'해야 할 필요성이 절실한가? 이다.

내 답변은 "절실하다"이다. 현재처럼 아무런 '도구적 지원' 없이 임의적으로, 지극히 개인 고립적으로, 별다른 '관리' 없이 개발을 계속해가는 건 곤란하다. 이미 우리는 한두 명이 개발하는 차원과 범위를 넘어서 있다. 개발 서버Dev와 운영 서버Live, Real의 구분 없이 바로 코딩하는 관행에서도 벗어나야 한다. 서비스 오픈 전에 내부 테스트를 충분히 하지 않고, 일반 사용자들을 베타 테스터로 삼는 나쁜 관행도 넘어서야 한다. 우리는 이미 '생계형 스타트업startup 업체'가 아니다. 개발 서버를 별도로 구축할 정도의 재정 여력은 가지고 있다. 출시 전 내부 테스트를 진행할 정도의 여력 역시 확보하고 있다.

문제는 관행화된 개별적 개발 방식이다. 소스 코드 관리 체계에 대해 아무런 '개념'도 '도구'도 없이 모든 걸 '개인'에게 개별적으로 완전하게 의존하는 방식이다. 물론, 이것을 '절대적 악'으로 규정하는 건 명백한 오류이고 왜곡이다. 시작 단계에서는 '가볍게' 출발하는 게 더 낫다. 조직 내에서도 '뛰어난' 개발자들이 여럿 있고, 각자 나름대로 체득한 개발 방식의 효율성도 나쁘진 않다. 다만, 프로젝트 범위가 더 넓어지고 있고 개발자 개인들에게 의존하기보다는 조금 더 '협업적'인 방식이 절실해지는 과정에 있다. 개인적 차원에서도 조직적 차원에서도 '개발 방식'의 변화가 필요하다.

전체적인 그림을 떠올리는 데 도움이 될 수 있도록, 조금 이상적인(?) 개발 방식에 대해 묘사해보려 한다.

개발자 회의를 통해 업무를 분담한다. 소스 코드 레파지토리(저장소)[2]에 프로젝트 폴더를 생성한다. 폴더 단위로 개발자들의 업무를 나누고 책임을 부여한다. 공통 모듈 영역에 대한 작업도 분담한다. 개발자 각자 개발 서버에서 개발을 진행한다. 테스트 완료된 모듈은 소스 코드 저장소에 올린다. 다른 개발자들이 작성한 모듈을 정기적으로 내려 받는다. 코드 충돌이 예상되거나 발생하면 해당 개발자들 간에 의견 조율을 진행한다. Senior 개발자가 Junior 개발자의 코드를 보면서 '지적질'을 한다. Junior 개발자도 '지적질'을 할 수 있다. '지적질'을 통해 '상처'를 받지는 않는다.

---

2 Repository 소스 코드 관리 도구의 중앙 저장소

'상처'를 입히는 게 목적이 아니다. 누가 더 잘났냐를 겨루는 데쓰 매치 death match도 아니다. 더 나은 코드를 위한 작품 활동이다. 팀 활동이다. 프로젝트 팀 내에서 공식적/비공식적 '코드 리뷰'를 진행한다. 모두 코딩 스타일을 맞춘다. 팀 내 누가 작성해도 비슷한 스타일이 나온다. 자기가 생산한 코드가 자신의 인격이나 품위를 상징하지 않는다. 비생산적인 '스타일 전쟁'은 장려하지 않는다. 아집과 고집을 조금 여유롭게 양보할 필요도 있다. 남들 보기에 창피스러운 코드는 작성하지 않기 위해 노력한다. '버그/이슈 트래킹'이 시작된다. 새로운 요구사항은 새로운 번호를 가진 '이슈'가 된다. 새로 발견된 버그는 '버그 번호'를 받는다. 담당 개발자에게 '이슈/버그'가 할당된다. '이슈/버그' 이력이 축적 관리된다. 비슷한 버그가 발견되면 새로운 버그인지, 미해결 버그인지를 판단한다. 자주 발생하는 버그 유형과 취약점에 대해 팀원들이 모두 알 수 있다. 더 나은 방법에 대해 다들 고민해간다. 하나의 마일스톤milestone이 완결되고, 그에 해당하는 소스 코드 저장소에 릴리즈 브랜치[3]가 생기고, 릴리즈 마스터 Release Master[4]가 라이브 운영서버에 해당 릴리즈 버전을 출시release, publish 한다. 개발팀은 새로운 요구사항을 반영하는 새로운 마일스톤 개발로 넘어간다. 새로 출시한 릴리즈 버전에서 버그가 발견되면, 버그 번호를 부여하고 트래킹을 시작한다. 해결된 버그는 릴리즈 브랜치에 반영되고, 메인 브랜치trunk에도 반영할 것인지를 릴리즈 마스터Release Master가 판단하고 진행한다. 개발은 계속된다.

지금 우리의 현실에서 보면, 다분히 이상주의적으로 보인다. 하지만, 이미 많은 조직들이 오래 전부터 실행하고 있는 내용이다. 소스 코드 관

---

3 Release branch 소스 코드 관리 도구에서 사용하는 폴더, 출시용 가지. 나무 줄기에서 갈라져 나온 가지의 모양을 연상하면 됨.
4 소스 코드 관리 도구를 관리하는 사람. 새로 브랜치를 만들고, 기존 브랜치와 병합하고, 업데이트하는 등의 작업을 담당. 최종 출시를 결정하는 권한을 가짐.

리 체계 도입과 적용을 성공적으로 진행하기 위해서는 단지 도구적 관점뿐만 아니라, 조직적 성숙도를 높여가는 것이 병행되어야 함을 알 수 있다. 무엇보다도 '인간적이고 서로 믿고 도와주는' 그런 관계가 마련되어야 한다.

도입과 적용시 예상되는 문제점은 무엇이고, 어떻게 헤쳐 나가야 하는가?

본격적인 도입에는 몇 가지 반드시 넘어야 할 장벽들이 있다. 주로 조직의 준비 정도, 조직원의 수준 정도에 따른 장벽이다. 이들은 대부분 지속적이고 반복적인 '교육/학습/훈련'으로 넘어설 수 있다. '교육의 힘'을 믿으면 된다. 사실, 이것 외에는 별다른 뾰족한 수도 없다.

- 소스 코드 관리 시스템에 대한 사용법 교육/훈련
1) 개발자, 디자이너 대상 교육: 기본적 사용법 교육, 내용과 범위는 비교적 간단
2) 소스 코드 관리 시스템 관리자 대상 교육: 소스 코드 관리 시스템의 admin 명령어 사용법 교육, 다소 복잡, 난이도 있음. 실습 필수.

일반 개발자, 디자이너의 경우엔 교육의 내용과 범위가 단출하다. 주요 명령어 사용법과 간단한 실습이면 충분하다. 반면, 관리자 대상 교육은 조금 내용이 많다. 익혀야 할 명령어도 많고 조금 어렵다. 하지만 천재성이 요구되는 건 아니다. 개발팀 전원이 admin 기능에 익숙해져야 할 필요는 없다. 소스 코드 관리 시스템 관리자와 릴리즈 마스터Release Master 역할을 담당하는 사람들만 익혀두면 된다. 따라서 조직 전체적으로도 '학습 부담'이 과도하진 않다. 막상 해보면 간단하다. 아직 해보지 않은 상태에서 막연히 추측하는 '부담감'의 수준은 아무래도 '과장/과대'이기 쉽다. 정말 해보면 쉽다.

작업방식 변경에 따르는 저항감이 있을 수 있다. 이미 익숙해진 방식을 버리라는 요구는 다소 '부당'하게 느껴질 수 있다. 새로운 방식은 '불편'할 수밖에 없다. 도입 초기에는 '능률 저하'가 불가피하기도 하다. 이 때문에 작업방식 변경에 대한 저항감이 드는 건 어쩌면 당연하고 자연스럽다. 사람은 기계가 아니기 때문이다.

그럼에도 해보지도 않은 상태에서, 아직 제대로 느껴보지도 않은 상태에서, '변화'를 무조건적으로 거부하는 것은 좀 난감하다. 발전과 개선은 새롭고 낯선 바람과 함께 한다. 그리고 사람은 또한 쉽게 '적응'하기도 한다. 새로운 방식의 불편함은 오래 지나지 않아 '익숙한 편리함'으로 바뀐다. 소스 코드 관리 시스템을 사용해본 사람들은 말한다. 이젠 이것 없이 개발하는 건 왠지 불안하다고. 최근에 나오는 통합 개발 환경IDE 편집기들에는 소스 코드 관리 시스템과의 연동을 쉽게 해주는 플러그인들이 있어서, 작업 자체도 간단하고 편리하다. 처음 약간 불편을 감수하면, 나중에 점점 더 큰 능률 향상으로 되돌아 온다. 적어도 이 부분에 대해서는, '믿어' 주시면 좋겠다.

소스 코드 공개에 따르는 저항감이 있을 수 있다. 소스 코드 관리 체계를 도입하게 되면, 소스 코드를 다른 사람이 좀더 쉽게 볼 수 있게 된다. '공개'의 범위는 경우에 따라 다르지만, 최소한 같은 프로젝트를 진행하는 팀원들 간에는 '공개'되는 셈이다. 더구나 현재 코드뿐만 아니라 개발 초기의 코드까지, 버그 수정 이전의 코드까지 모두 드러난다.

내가 짠 코드를 다른 사람들이 쉽게 볼 수 있다는 건, 아무래도 좀 불편할 수 있다. 아무리 내가 짠 것이지만, 아직 다듬고 있는 중이라서, 남들에게 자랑할 만한 수준까지는 아니란 생각도 든다. 더구나, 저 상층에 있는 자들(?)이 '감시 목적'으로 소스 코드를 들여다 볼 생각을 하면, 좀 오싹해지기도 한다.

사실, 이런 느낌은 자연스럽다. 아주 소수의 지극히 천재적인 개발자들이나 예외가 될 수 있겠다. 아니면, '자랑질'에 올인하는 사람들이거나. 하지만, 다른 한 편에서는 자신이 짠 코드를 남들에게 보여주기 창피하다는 건, 좀 문제가 될 수 있다. '자신감'이 부족한 것일 수도 있지만, 정말 '창피한 수준'이라는 것도 될 수 있기 때문이다. 여기서 주목해야 할 문제는 숨긴다고 수준이 향상되지는 않는다는 것이다. 혼자 골방에서 재미로 짜는 프로그램이 아니라 회사에서 '일'로서 하는 것이므로 제대로 숨겨지지도 않는다. 사실 이미 '공개'되어 있는 거나 마찬가지이다.

누구나 모자라고 부족한 부분들이 많다. 그걸 채우고 보강하기 위해 노력해야만 성장할 수 있다. 모자라고 부족한 부분이 드러나는 걸 두려워하기만 해서는 답이 잘 안 나온다. 오히려, 조금 역설적이지만, 소스 코드 관리 체계 도입을 통해 모든 팀원들이 '공개'와 '지적질'에 대해 당당해지는 계기가 될 수 있을 거란 생각도 든다. 거기에서 좋은 코딩 습관과 기법들을 배우고 익힐 수 있다면, 다들 점점 더 강력한 프로그래머로 성장해갈 수 있지 않을까 생각한다.

지적질에 따르는 심리적 저항감이 있을 수 있다. 표현 자체가 좀 격한 감이 있긴 하다. '지적질'이라니, 누가 내가 짠 코드에 대해 뭐라뭐라 평하는 걸 듣는 건 과히 유쾌하지 않다. 대부분 칭찬이기보다는 험담이거나 비난이거나 심지어 '인격적 모독' 수준에까지 도달하는 것들도 있기 때문이다. 우선 비평자들이 너무 막 나가는 경우도 있다.

"이 따위 코드를 대체 손으로 짠 거야? 발로 짠 거야?" "이러구도 니들이 프로그래머냐?" "이 따위로 하려면, 집에 가라!"

더 심한 경우도 많다. 듣다 보면, 욱하게 된다. 때론 울컥하기도 한다. 오만 가지 감정이 다 출렁인다. 속으로 부글부글 끓는다.

"아니, 지는 얼마나 잘 짠다고 나보구 뭐라 그래." "지는 코드 한 줄 짤 줄도 모르면서, 뭘 안다고 그러는 거야." '너나 가라, 집에!'

사실 '지적질'을 일반화해보자는 건 참 어렵다. '인격 침해/모독'이 되지 않도록 충분히 주의해야 한다. 가학성 쾌락에 중독되지 않도록 점검하는 것도 필수이다. 서로 믿고 신뢰하고 의지할 수 있어야 허심탄회한 조언과 의견 교환이 가능하다. 단지 선임 Senior라는 이유로, 직급이 높다는 이유로 함부로 Junior를 모욕해선 안 된다. 충고와 조언의 격렬한 방식(?)을 받아들이기 힘든 사람에게는 그 방식을 사용해선 안 된다. 그리고 사실 대부분의 사람이 높은 음량과 격한 호흡이 곁들여지는 충고를 싫어한다. 아무리 좋은 내용도 듣는 사람이 원하지 않는 얘기는 가르침이 아니라 잔소리일 뿐이다.

괜한 '트집잡기'가 되면 정말 곤란하다. 다른 감정을 실어서도 곤란하다. 그냥 코드는 코드일 뿐이다. 그 사람의 인격과는 아무런 관계가 없다. 어떤 면에서는 지적자 자신의 인격 수양이 몹시 요구된다. '개구리의 오만'에 대한 경계심도 필요하다. '올챙이적' 생각을 의식적으로라도 기억해야 한다. 내가 Junior였던 시절을 잊지 말고 배려를 빼놓지 않아야 한다. 지적자가 올챙이였던 시절, 그 역시 그랬었다. 개구리가 오만한 건 나쁜 기억력 때문이다.

지적을 받는 사람의 입장에서도 최대한 '감정적 요소'를 빼고 다소 건조해 질 필요가 있다. 코드는 그냥 코드일 뿐이다. 좀 나쁜 코드는 좀 좋게 고치면 된다. 다만 똑 같은 지적이 계속 반복되지 않도록 자신의 코딩 습관과 작업 방법, 지식 수준을 꾸준히 끌어올려 가야 한다. 개선되지 않는 지적의 반복이 지적자의 '감정'을 자극하는 경우가 많기 때문이다.

소스 코드 관리 체계를 도입하더라도 서로의 묵인하에 각자의 코드에 대한 '소유권'을 강력하게 보호해주고 '신성불가침'의 '성역'을 만들어 준다면, '말짱 꽝!'이다. 우리는 팀이다. 조직이다. 프로젝트는 팀의 작품 활동이다. 신성불가침의 비판불허의 성역은 없어야 한다. 누구라도 의견을 자유롭게 개진하고 그 의견이 타당하고 적실성이 있다면 채택해야 한다. 코드의 소유권은 팀에 있다. 개인에겐 없다. 각자의 개성보다는 팀원의 역할에 집중해야 한다. 자신의 자아$_{ego}$[5]를 코드에 투영하고 자신이 짠 코드에 대한 지적을 자신에 대한 공격으로 오해해선 안 된다. 그러자면, 먼저 팀원 간의 신뢰 수준을 인간적 차원에서 높여가야 한다. 그리고 코드에 대한 조언을 자연스럽게 서로 주고받을 수 있게 된다면, 그 팀은 비로소 그 순간 '팀'이 된다.

후속 활동 및 향후 과제

"만병통치약은 없다. No panacea."

내가 좋아하는 문구이다. 어떤 경우에든 다 잘 듣는 만병통치약은 없다. 우리 경우에도 마찬가지다. 소스 코드 관리 체계는 시작이다. 이것을 통

---

5 '비자아적 프로그래밍(egoless programming)', 〈컴퓨터 프로그래밍의 심리학〉(The Psychology of Computer Programming, Weinberg 1971)에 처음 언급된 말. 출처: http://blog.naver.com/itbankss/20119409929

해 많은 걸 바꿔갈 수 있기를 기대한다. 하지만, 이것이 만병통치약이라고는 생각하지 않는다. 실제 도입과 적용 과정에서 아직 어렴풋한 여러 문제들을 대면하게 될 것이다. 그때에는 '일반론'이 아닌 '각론'이 필요하게 된다. 그리고, 그 '각론'은 실제 몸으로 부딪쳐야만 깨닫고 익힐 수 있다. 바로 여러분의 몫이다. 나도 최대한 옆에서 돕겠다. 대략 뽑아본 후속 활동 꼭지들이다. 참고 바란다.

- 이슈 트래커
- 코드 리뷰
- 코딩 규약 준수 및 검사
- 개발/운영 서버 분리
- 릴리즈 마스터 Release Master

소스 관리 도구
왜 한국의 프로그래머들은 소스 형상 관리 도구를 잘 안 쓰는 걸까?

좀더 본격적인 개발환경Development Environment 구축을 모색하고 있다. 그 일환으로 소스 형상 관리 도구 CVS[6], SVN[7] 도입을 검토하고 있는데, 그 필요성에도 여전히 잘 안 쓰는 이유가 뭔지를 생각해보고 있다. 도입을 가로막고 있는 심리적/물리적/조직적 장애가 무엇인지를 좀더 구체적으로 알면, 그에 대한 대안을 찾아낼 수 있지 않을까 해서다.

학습 부담

일단 뭔가 새로 배우고 익혀야 하는 '학습'의 부담이 있다. CVS나 SVN 모두 명령어 라인 모드에서 꽤 길고 다양한 옵션을 가지는 명령어를 타이핑해야 한다. 꽤 번거롭다. 명령어 사용법도 약간 낯설다. 메뉴 아이콘과 마우스를 사용하는 그래픽 사용자 인터페이스GUI 윈도 모드에 익숙해있

---

6 CVS(Concurrent Versions System) http://ko.wikipedia.org/wiki/CVS 소스 코드 관리 도구의 하나. 디렉토리의 이동이나 이름 변경을 할 수 없다. 가장 많이 사용하던 도구였으나, SVN(Subversion)이 나오면서 점차 대체되고 있다.

7 SVN(Subversion) http://ko.wikipedia.org/wiki/Subversion

는데, 난데없이 까만 화면에 프롬프트만 깜박거리는 도스DOS 시절로 되돌아간 느낌이랄까.

다행히도 이런 부담을 줄여주는 도구들이 있다. TortoiseSVN[8]을 설치하면, 윈도 탐색기 창에서 팝업 메뉴로 SVN 명령어를 사용할 수 있다. Eclipse[9]와 같은 통합 개발 환경IDE 편집기를 사용하면, CVS, SVN 명령어를 직접 타이핑해야 하는 일이 거의 없어진다. 막상 사용해보면 그리 어렵지 않다.

독자적/개별적 개발 환경 및 개발 서버 없음

소스 관리 도구 CVS와 SVN은 작업본working copy이 여러 개 있다고 전제한다. 개발자 개인별로 또는 팀 단위별로 독자적인 개발 환경 및 개발 서버가 구축되어 있고 개발 중간 결과물을 소스 관리 도구의 레파지토리(저장소repository)에 올려서 서로 공유한다는 개념이다. 그 과정에서 작업본들 간의 소스 충돌이나 미동기화 문제를 소스 관리 도구를 사용해서 해결해간다.

현업에서 살펴보면 개발 서버와 라이브Live 서버의 구별/구분 없이 서버 한 대[10] 있는 경우가 많다. 개발자들이 모두 FTP 연결을 통해 직접 소스 코드 파일을 수정하고 테스트하고 디버깅한다. 작업본이 하나만 있는 경우다. 폴더 단위로 분담하고 있기 때문에 소스 코드 충돌 문제는 별로 일

---

8 http://tortoisesvn.tigris.org/ SVN 명령어를 쉽게 사용할 수 있게 해주는 윈도 응용 프로그램. 간단한 설정만으로 자체 SVN 서버도 구성할 수 있다.

9 http://www.eclipse.org/ 통합 개발 환경 편집기. 오픈 소스. 자바 개발 도구로 시작했으나, 지금은 PHP, Python, C/C++ 등 다른 프로그래밍 언어로도 확대되고 있다.

10 가만 생각해보면, 이 방식은 정말 위험하고 무모하다. 개발자의 순간적인 작은 실수에도 완전히 무방비 상태가 된다. 물론, 스릴감(?)은 있다. 하지만, "저지를 가능성이 있는 실수는 언젠가 반드시 저지르게 된다"는 걸 기억해두는 게 좋겠다.

어나지 않는다. 실제 연결되어 작동하는 부분과 새로 개발하고 있는 부분이 아슬아슬하게 뒤섞여 있다. 더 이상 사용하지 않는 모듈도 섞여있다. 혼돈과 혼란이 일상화되어 있다. 이 상태에서는 소스 코드 관리 도구를 적극적으로 사용해야 할 필요성 자체를 느끼기 어렵다.

개발자 선호 편집기 프로그램

개발자가 선호하는 편집기 프로그램이 EditPlus, UltraEdit인 것도 소스 관리 도구 사용을 꺼리는 이유가 될 듯하다. 이들 에디터 모두 FTP 연결을 통한 파일 편집 기능을 갖추고 있다. 꽤 편리하다. 원격 서버에 있는 파일과 디렉토리에 즉각적으로 접근할 수 있는 편의성과 빠르고 가벼운 속도감, 그리고 copy & paste를 현란하게 만들어주는 키 매크로 기능 등등. 사실 FTP를 이용한 원격 파일 편집 기능 때문에 이들 에디터를 많이 사용한다. 그런데 이젠 이들 편집기 때문에 소스 관리 도구를 연결해서 사용하는 게 불편하고 어려워졌다. 연결을 할 수는 있다. 꽤 복잡하게 매크로를 정의해야 한다. 매크로 변수 치환은 잘 안 된다. 사용도 불편하다. EditPlus나 UltraEdit 편집기를 사용할 때에는 매크로 정의로 소스 관리 도구를 결합하기보다는 TortoiseSVN을 에디터와는 상호독립적으로 따로따로 병행 사용하는 편이 더 낫다. 가급적이면, Eclipse와 같은 통합 개발 환경 편집기를 사용할 것을 권한다. 확장 기능을 통해 소스 관리 도구를 내부 메뉴에 장착할 수 있다.

독자적 개발환경 및 서버 구축 작업의 번거로움

개발자 PC에 Apache/Mysql/PHP/Perl을 간단히 설치할 수 있는 xamp[11]와 같은 패키지 프로그램이 있긴 하지만, 서버를 설치하고 구축하고 관리하

---

11 http://www.apachefriends.org/en/xampp.html Apache 웹 서버, MySQL 데이터베이스, PHP/Perl 관련 라이브러리와 모듈을 모아놓은 패키지. 설정도 쉽고 편리하다.

는 일은 생각보다 번거롭다. 특히 개발자간에 개발환경 설정을 하나로 통일해서 맞추는 일은 꽤 번거롭다. DB 데이터와의 상호작용이 많은 경우, 테스트를 위한 DB 테이블과 데이터 생성작업은 꽤 피곤해진다. 개발 과정에서 변경은 수시로 발생한다. 그때마다 모든 개발자의 개발환경을 서로 맞춰야 한다. 개발서버/운영서버 구분 없이 그냥 하나에서만 작업하던 옛날을 그리워하는 개발자도 생긴다. 개발자 중에는 서버 관련된 설치/설정작업에 서투른 사람도 많다. 개발 역량과 서버 관리 역량은 다른 영역이다. 둘 다 잘하면 좋겠지만, 서버 관련 지식이나 스킬이 부족하다고 해서 개발 역량이 떨어진다고 매도해선 곤란하다. 이 부분에서는 팀 내부에서 서버 관련 지식/스킬이 높은 사람이 다른 사람들을 위해 개발 환경 구축을 지원해주는 것도 방법이다.

칸막이 낮은 업무 공간의 특성

한국 개발자 업무 공간은 대부분 서로 쉽게 얼굴을 볼 수 있는 거리에 다닥다닥 붙어있고 칸막이는 낮거나 없다. 개발자 간의 업무 분할도 그냥 '말'로 하는 경우가 많다. "넌 그거 해. 난 요거 할께."라는 말로 업무 분장을 하기 때문에 '코드 충돌 문제'가 발생할 가능성 자체가 낮다. 대부분 '디렉토리'별로 개발자가 따로 작업하기 때문에 코드가 중복 편집되어 충돌할 가능성은 칸막이 높이만큼이나 낮다. 하지만 가능성은 낮지만 실수와 사고는 발생한다. 주로 공통 라이브러리 부분에서 사고가 발생한다. 소스 관리 도구를 사용하지 않고 있었다면, 수정/변경 전의 코드를 찾기 위해 황급히 백업 파일들을 뒤지는 일이 아주 가끔 발생한다.

소스 코드 백업은 그냥 백업으로도 가능

소스 형상 관리 도구의 부수적인 이점인 소스 코드의 백업은 그냥 rsync와 같은 백업 도구로도 처리 가능하다. 때문에 소스 코드를 백업한다는 부수적 이점 때문에 소스 관리 도구를 도입해야 하는 것은 아니다. 약간의 차이는 있다. 보통 백업 도구는 1일 주기이거나 1주/1월 주기를 따른다. 증분 백업incremental backup을 하긴 하지만, 백업 대상 내용을 세밀하게 반영하지는 않는다. 반면, 소스 관리 도구는 사용자/개발자가 저장하고 싶은 순간/시점마다 변경내역을 저장할 수 있다. 변경이력도 관리 가능하다. 버전별 소스 코드 비교도 쉽다. 세밀하게 차이를 비교하면서 정확히 원하는 시점으로 복구/복원하는 게 가능하다.

웹 사이트는 대부분 한 곳에서 최신/최종 버전만 서비스

일반 애플리케이션 프로그램들은 버전 관리를 할 수밖에 없는 상황에 놓인다. 항상 최신 버전만 출시하는 것은 아니고, 기존 출시 버전의 패치patch를 따로 배포해야 하는 경우가 많이 생긴다. 윈도 버전을 생각해보면 쉽게 이해할 수 있다. 윈도XP가 출시된 이후에도 윈도98에 대해 서비스팩이라는 이름으로 패치가 따로 배포되었다. 윈도비스타 출시 이후에도 기존 윈도XP 제품에 대한 패치가 계속 배포되었다. 소스 코드를 버전별로 따로 분리해서 관리해야 한다. 관리 편의성을 위해서는 소스 코드 관리 도구를 자연스럽게 사용할 수밖에 없다.

반면, 웹 사이트는 항상 최신/최종 버전만 실제로 서비스가 된다. 중간 과정의 버전들이 존재해야 하거나 최종 버전과 중간 버전을 동시에 서비스를 해야 하는 경우가 거의 없다. 소스 코드를 버전별로 계속 유지 관리해야 할 현실적 필요[12]가 적다. 그렇다고 웹 사이트인 경우에 버전 관리

---

12 예외적으로 웹 애플리케이션인 경우에도 오픈 소스 프로젝트는 배포와 업그레이드 관리를 위해 버전 체계를 가지고 있고, 당연히 소스 관리 도구를 필수적으로 채택하고 있다. 이전 버전을 받아서 설치해서 운영하고 있는 사용자들이 항상 최신 버전으로 업그레이드를 할 수 있는 상황이 아닐 수 있기 때문이다. 국내에서 가장 많이 사용하는 웹 게시판 프로그램인 zero board의 경우에도 버전이 꽤 많고 하위 버전 호환성이 없는 경우도 많다. 하위 버전에서 보안 이슈가 발생하면 패치를 배포해야 하는데, 소스 관리 도구 체계가 갖춰져 있어야만 패치 제작 작업이 쉬워진다.

자체가 완전히 불필요하거나 불가능한 건 아니다. 웹 사이트 개발인 경우에도 소스 관리 도구를 사용하면 개발 중인 내용과 서비스 중인 내용과 더 이상 사용하지 않는 내용을 구분하고 분리할 수 있다. 개발 중인 내용 때문에 서비스 중인 내용이 영향을 받는 황당한 사고를 줄일 수 있다.

한국사람 특유의 '빨리빨리' 습성

소스 관리 도구를 현업에서 사용하지 않는 가장 큰 이유는, '빨리빨리' 때문이다. 지금 빨리 개발해서 결과를 내야 하는데, 한가롭게 소스 코드 관리 도구를 배워가며 사용할 여유가 없다. 더 좋은 개발 환경에 대한 모색이나 탐색도 사치스럽게 느껴질 만큼 다들 바쁘기만 하다. 도입하자마자 바로 성능을 내주는 도구는 좋지만, 팀원 모두 새로 뭔가를 배워야 하고, 이제까지의 작업방식도 조금씩 바꿔야 하고, 새로 생기는 규칙도 지켜야 하는 도구는 도입할 엄두를 낼 수 없었던 게 아닐까 싶다.

한국의 개발자들이 소스 관리 도구를 잘 사용하지 않는 이유를 살펴봤다. 소스 관리 도구를 도입해서 사용하면, 꽤 많은 문제를 해결할 수 있다. 하지만 만병치료약은 아니다. 소스 코드 버전 관리 관련된 문제만을 해소/해결해줄 뿐이다. 도구란 그냥 필요한 수준에서 효율적이고 실용적으로 잘 활용하면 된다. '소스 형상 관리 도구'도 마찬가지다. 이름은 거창하게 '형상 관리' 어쩌고 하지만, 간단히 말해서 '버전 관리' 도구다. 잘 익혀서 잘 쓰면 개발작업을 아주 '대담하게' 즐길 수 있게 해준다. 불필요해진 코드 부분을 혹시나 나중에 다시 써야 될지도 몰라서 주석comment으로 막는 지저분한 일을 이젠 안 해도 된다. 코드 리팩토링refactoring을 과감하게 시도하다가도 다시 언제든지 이전 시점으로 되돌아올 수 있다. 그만큼 자유로워진다. 소스 코드 관리에 대한 부담/불안/걱정/근심은 도구에 맡기고 우리 개발자는 담대한 개발을 즐기면 된다.

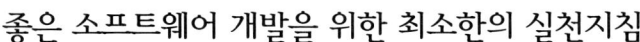

좋은 소프트웨어 개발을 위한 최소한의 실천지침

- 서브버전svn으로 소스 코드 관리
- 개발 서버와 운영 서버의 분리
- CIContinuous Integration 서버로 코딩 스타일 및 정적 코드 검사 일상화, 자동 테스트 및 자동 배치deployment 수행
- 이슈 트래커로 이슈와 오류 기록 및 추적, 작업 할당 및 처리
- 공통 라이브러리/프레임워크 사용. 프로그래밍 언어뿐만 아니라, JavaScript와 Html과 CSS에 대해서도 표준 정의 및 준수.
- 외부 라이브러리 사용시 사업부/팀 단위에서 논의/합의/결정 절차 반드시 준수. 개발자 개인의 독단적 도입 적용 금지. 유사 라이브러리 혼용 금지.
- **TDD와 Unit Test, Test Automation** 적용
- **SCRUM**으로 팀 내 역할과 책임과 프로세스 정의 및 준수
- 설계 및 코드 리뷰: 설계 문서 작성 및 설계 리뷰 미팅. 설계 리뷰 없는 코드 리뷰 미팅 비추천

프레임워크
Framework에 대한 두려움 혹은 불안감

주로 라이브러리Library[1]를 사용해서 개발했던 사람들이 프레임워크 Framework를 접하게 되면 당황하는 경우가 많다. 어디에서부터 시작해야 할지 막막해진다. 갑자기 공중으로 붕 뜨는 느낌을 받는다. 어떤 폴더 아래에 어떤 파일을 만들고 어떤 클래스를 작성하라는 지침을 받고는 멍해진다. 자기가 작성하는 그 클래스가 언제 어떻게 호출되고 실행될지에 대해 아는 바가 전혀 없기 때문에 막막한 기분에 빠진다. 수영법도 잘 모르는데, 누가 밀어서 그만 갑자기 물 웅덩이에 빠져버린 느낌을 가진다.

모르니까, 불안한 건 당연하다. 믿음도 갖기 어렵다. 이 부분은 조금씩 알게 되면서 해소된다. 제어 흐름에 대한 이해가 높아지면 믿음도 생긴다. 하지만 다른 한편으로는, 워낙 프레임워크라는 방식이 그런 측면도 있다.

---

1 라이브러리와 프레임워크의 차이는 제어 흐름에 대한 주도성이 누구에게/어디에 있는가이다. 라이브러리는 라이브러리를 가져다가 사용하고 호출하는 측에 전적으로 주도성이 있다. 반면, 프레임워크는 그 틀 안에 이미 제어 흐름에 대한 주도성이 내재한다. 프레임워크는 가져다가 사용한다기보다는 거기에 들어가서 사용한다는 느낌/관점이다.

기본 얼개와 틀을 제공해줄 테니, 그냥 정해진 규칙대로 짜면 된다는 식이다. 외부적인 규제가 강하게 압박해온다.

자유로운(?) 영혼을 가진 개발자들은, 프레임워크를 싫어한다. 외부에서 강제하는 짜인 틀이 답답해서 싫은 거다. 그냥, 자기가 완전히 장악할 수 있고, 잘 알고 있고, 그래서 수정이나 변경도 자유로운 간단한 도구를 선호한다. 그래서, 대부분은 폴더마다 index.php 파일을 하나씩 만들고, 거기서 필요한 라이브러리를 include() 한 후 함수를 호출해서 사용한다. 만들기 쉽고 무엇보다도 제어 흐름을 빤히 들여다 볼 수 있어서 좋다. 하지만 딱 거기까지다. 그냥 간단하기만 하다. 코드가 확대 성장하면서 생겨나는 중복과 반복을 해소하기엔 원천적으로 역부족이다.

일부 개발자들은, 자신만의 독자적인 프레임워크 비슷한 걸 만든다. 조금씩 개선하기도 하고 변경하기도 한다. 개중에는 쓸만한 수준까지 올라서는 일도 있다. 하지만, 전문적인 팀들이 몇 년간 만들어 온 프레임워크와 비교하면, 기능성이나 안정성이 많이 떨어지는 게 사실이다.

이 대목에서, 사실 결정이 미묘하고 살짝 까다로워지는 부분이 생긴다. 부족하고 미흡하지만, 내부에서 개발하고 유지보수 해온 자체 프레임워크[2]를 사용하는 게 나은지, 혹은 외부의 어떤 프레임워크를 전격적으로 채택하는 게 나은지?

정답은 없다. '정확한' 답도 없지만, '정해진' 답도 없다. 개개의 상황에 따라 다르다. 하지만 일반적인 수준에서 조언한다면, 내부 프레임워크가 그

---

2 내부에서 개발해온 자체 프레임워크의 규모와 내용에 따라서 진짜 '내부'인지 현재는 '내부'인지가 또 달라진다. 한두 사람의 핵심 인력이 빠지면 바로 '외부'가 되어버리는 프레임워크도 많다.

냥 그저 그런 정도라면, 그냥 외부 프레임워크를 쓰는 게 더 낫다. 너무 어렵지 않은 것으로, 이왕이면 학습 자료가 풍부하고, 사용자가 많은 것이면 좋겠다.

사용하는 주 언어가 PHP라면, Zend Framework나 CakePHP가 훌륭한 대안이 될 수 있다. Zend Framework는 다소 어렵다. 하지만 조직 내에서 충분히 소화 가능하고, 영어도 잘하고, ZF를 자유자재로 쓸 수 있는 사람들이 여럿 있다면, 꽤 좋은 선택이 될 수 있다. 라이브러리로서의 기능도 풍부하고 강력하다. CakePHP는 좀더 쉽다. 그 대신 기능적 풍부함은 다소 떨어진다. 하지만 웹 개발이라면 기능 부족 때문에 나중에 아쉬워할 일은 절대 생기지 않는다. 웹 개발 프레임워크로는 딱 적당하다. CakePHP에서는 ZF를 그냥 라이브러리처럼 가져다가 사용할 수도 있다. 약간 무겁지만 쉽고 강력한 기능을 누릴 수 있다.

라이브러리와 프레임워크를 좀더 들여다 보면, 실제 개발할 때 꽤 양상이 달라진다는 걸 알 수 있다. 라이브러리는 외부의 도구 상자이다. 빈 백지에서 시작한다. 어떤 도구가 필요한지를 판단하고 결정하는 것은 개발자가 해야 한다. 뭐든지 다 할 수 있다. 이건 강력한 장점이다. 반면, 프레임워크는 뭔가 큰 틀이 이미 잡혀 있는 상태에서 시작한다. 이미 상당한 부분은 완성되어 있다. 개발자는 몇 가지 비워져 있는 부분을 채우는 일만 하면 된다. 제어 흐름도 이미 결정되어 있다. 폴더 구조도 이미 잡혀 있다. 따라서, 완전 초특급 수퍼 울트라 개발자가 아니어도, 일단 프레임워크에 적응만 하면 이상한 코드를 마구 쏟아낼 가능성은 적어지고, 상당히 다듬어진 형태의 코드만 만들 수 있다. 이것은 프레임워크의 장점이다. 또한, 단점이기도 하다. 이상한 프레임워크는 일을 완전히 망가뜨린다. 개발자들을 끝없는 고통의 나락으로 떨어뜨린다. 좋은 프레임워크를 써야 하는 이유다.

해야 할 작업의 성격과 범위가 정해져 있는 상황이라면, 그리고 그에 맞는 프레임워크가 이미 꽤 오랫동안 사용되고 있는 분야라면, 괜히 고민할 거 없이 그냥 가장 인기 있는 프레임워크를 쓰는 게 제일 좋다. 웹 애플리케이션 분야에서, PHP와 데이터베이스를 사용한다? 그럼, Zend Framework나 CakePHP를 쓰는 걸 권한다. 이미 똑똑하고 영민하신 분들이 벌써 수년 전부터 아주 잘 만들어 놨다. 바퀴를 재발명할 이유는 없다. Don't Reinvent The Wheel. 따로 비싼 돈을 주고 사야 하는 것도 아니다. 오픈 소스다. 무료다. 단지 학습/교육 비용만 든다. 그리고 공부하다 보면 프로그래밍이 재미있어진다. 머리에만 떠돌고 손으로는 절대 익혀지지 않던 OOP도 자연스레 스며들게 된다. 좀 해보면 금방 알 수 있다. 그동안 해오던 라이브러리 기반 개발 방식이 얼마나 초급 수준이었는가를, '학습비용'을 지불하는 게 전혀 아깝지 않다는 것을 알 수 있게 된다.

TDD
소프트웨어 버그의 속성, 세균을 닮았다

소프트웨어의 오류/결함error/defect을 통상 '버그bug'라고 한다. '벌레'라는 뜻이다. 그 이유는 자못 역사적(?)이다. 프로그래밍 언어 COBOL의 어머니이자 전설적인 프로그래머였던 그레이스 호퍼Grace Hopper[1]가 1947년 초창기 전자계산기의 모델 중 하나인 Mark II의 오동작 원인을 찾던 중 발견한 '나방moth'이 그것이다. 다음 사진[2]은, 최초의 컴퓨터 버그를 기록한 버그 리포트이다. 컴퓨터 프로그램의 오류를 찾아서 제거하는 작업인 '디버깅debugging[3]'이라는 용어의 기원이기도 하다.

---

1 http://en.wikipedia.org/wiki/Grace_Hopper
2 http://en.wikipedia.org/wiki/File:H96566k.jpg
3 http://en.wikipedia.org/wiki/Debugging

재미있는 일화이긴 하지만, 이것 때문에 소프트웨어 결함과 오류를 귀엽게도 '버그'라는 낯선 전문용어로 부르면서 실수와 착오를 부드럽게 포장하는 경향이 생긴 건 아닌지 의구심이 든다. 혹시 옆에 작업중인 프로그래머가 있다면, 슬쩍 지나가면서 지금 뭘 하고 있는지 물어보라. 십중팔구는 이렇게 대답한다.

"지금 디버깅 중이에요."

'디버깅' 하고 있다는 얘기를 들으면, 뭔가 심오하고 전문적인 작업을 하고 있는 것 같은 느낌이 든다. 이 말을 문자 그대로 '번역'해보면, 이렇다.

"프로그램에 벌레가 있어서요. 지금 '벌레잡기' 중이에요."

살충제를 사용하지 않는 유기농 과수원이라도 되는 것 같다. 실제 디버깅 작업하는 모습을 지켜보면, 눈으로 세심하게 살피면서 벌레를 발견하고 벌레를 한 마리씩 손으로 뜯어내는 느낌마저 든다. 원시적이다.

소프트웨어 개발에서 디버깅이 차지하는 시간과 비중은 정말 깜짝 놀랄 만큼 크다. 프로그래머 하루 일과의 70 ~ 80%를 디버깅에 소모하는 경우도 많다. 벌레는 왜 생긴 걸까? 왜 벌레잡기에 그렇게 많은 시간을 소모해야 하는 걸까? '버그'와 '벌레'를 생각하다가, 문득 이상한 생각이 들었다. 아무리 생각해봐도 소프트웨어 버그는 벌레의 속성을 가지고 있는 것 같지 않다. 컴퓨터 하드웨어에서는 나방 같은 벌레가 전자 회로에 끼여서 오동작을 야기할 수 있다. 소프트웨어에서는 벌레가 아니라 다른 속성을 가진 것 같다.

좀더 면밀하게 관찰해보면, 소프트웨어 버그는 곤충류인 벌레라기보다는 세균에 가깝다. 이해를 쉽게 하기 위해 소프트웨어 결함/버그와 세균의 공통점을 모아봤다.

- 둘 다 질병을 일으킨다. 소프트웨어 버그는 소프트웨어를 병들게 한다. 세균은 사람을 아프게 한다.
- 지저분하고 더러운 곳에 산다. 깨끗한 곳을 싫어한다. 깔끔하고 청결한 소스 코드에는 버그가 숨어살기 어렵다.
- 평소에는 너무 작아서 잘 안 보인다. 병에 걸리면 그때서야 세균에 감염된 걸 알게 된다.
- 주로 떼로 몰려서 산다. 한 놈이 발견되었다면, 거기에 다른 놈들도 우글우글 몰려 살고 있을 가능성이 높다.
- 어지간해서는 박멸이 어렵다. 완전 무균 상태는 다분히 이상적인 실험실 환경에서나 가능하다.

- 독자 생존보다는 '숙주'에 묻어서 산다. 숙주와 매개체가 있어야 번식과 전염이 가능하다.
- 감염체를 다루는 사람은 작업 전후에 반드시 세척과 소독을 해야 한다.

소프트웨어 버그는 세균처럼 지저분하고 더러운 곳에 떼로 몰려 산다. 박멸도 어렵다. 숙주에 묻어서 산다. 소프트웨어를 병들게 하고 사용자를 짜증나게 만든다. 벌레라고 귀엽게 부르기엔 그 대가가 너무 크고 심각할 수 있다.

소프트웨어 버그가 벌레보다는 세균을 더 닮았지만, 세균과의 차이점도 있다. 실제 '세균'과 소프트웨어 버그와의 결정적인 차이점은 증식 방식에 있다. 세균은 영양분만 주어지면 자가 증식을 한다. 반면, 버그는 자가 증식이 불가능하다. 반드시 '매개체'가 필요하다. 소프트웨어 버그 혼자 또 다른 버그를 스스로 만들어내는 경우는 없다. 쥐 벼룩이 옮기는 흑사병처럼 소프트웨어 버그 역시 매개체가 필요하다. 바로 '프로그래머'다. 버그는 프로그래머를 '매개체'로 이용해서 증식한다. 프로그래머가 어떤 버그를 해결하기 위해 프로그램에 손을 대는 순간, 새로운 버그가 그 프로그래머를 매개체로 이용해서 생겨나고 다른 부분으로 전염된다. 대부분 프로그래머는 면역이 안 되어 있거나 방호복 없이 작업을 하는 경우가 많다. 그래서 종종 '디버깅' 작업 중에 발견된 버그는 죽이지만, 그 과정에서 새로운 변종의 버그를 만들거나 프로그램의 다른 부분들로 버그를 전파하는 경우가 많다. '버그의 악순환' 고리가 생기는 비밀이 여기에 있다. 좀비처럼 죽여도 죽여도 버그가 계속 생겨난다. 손을 대면 댈수록, 점점 더 미스터리가 되는 프로그램 코드들이 많은 이유가 바로 여기에 있다.

이것에 대한 '완벽한' 해결책은? 사실 없다. 다만 조금 더 기계적이고 체계적인 '방호법'이 있다. 최소한 디버깅 작업을 할 때에는 방호복을 입고 멸균 세척을 하는 게 필요하다. 바로 '단위 테스트'를 포함한 '테스트 자동화'이다. 이것이 있으면, 최소한 디버깅 작업이 새로운 버그를 낳는 악순환을 상당 부분 미리 차단할 수 있다. 벌레를 하나씩 손으로 뜯어내는 수작업이 아니라 기계적이고 자동화된 방식으로 간편하게 대응할 수 있다.

구제역이 발생하면 발생 농가로부터 반경 3Km를 위험지역으로 분류하고 출입 통제와 함께 차단 방역을 실시한다. 소프트웨어 버그도 마찬가지로 대처할 수 있다. 버그 발생 구역을 집중 감시 구역으로 설정하고, 버그 구제/퇴치 작업을 진행하는 도중에 새로운 버그가 생겨나지 않도록 차단막을 설치 가동해야 한다. 그게 바로 '단위 테스트'이고 '테스트 자동화Test Automation'이다.

물론, 가난한 유기농 농가(?)에서는 이런 자동화 설비를 구축하기 어려운 게 사실이다. 하지만 형편이 좀 나은 곳에서도 그다지 필요성을 잘 못 느끼는 경우가 많다. 어떻게 하면 좋을까?

먼저 인식 전환이 필요하다. 소프트웨어 결함에 너무 안일해지지 않아야 한다. 어쩔 수 없는 것이라고 체념하지 말자. 극복하고 돌파해야 할 과제라고 인식을 바꿔야 한다. 또한, 효과적인 결함 관리를 위해서는 쉽게 피로해지는 사람의 손과 눈을 어느 정도 보완해줄 수 있는 '자동화 기계'가 필요하다는 공감이 개발조직에 확산되어야 한다.

사실 '자동화 기계'라고 했지만, 이것을 마련하고 가동하는 데 엄청난 비용이 드는 건 아니다. 알고 보면, 저렴하게 이용할 수 있는 '기계'가 많다.

구제역이 발생하면 발생 농가로부터 반경 3Km를 위험지역으로 분류하고 출입 통제와 함께 차단 방역을 실시한다. 소프트웨어 버그도 마찬가지로 대처할 수 있다. 버그 발생 구역을 집중 감시 구역으로 설정하고, 버그 구제/퇴치 작업을 진행하는 도중에 새로운 버그가 생겨나지 않도록 차단막을 설치 가동해야 한다. 그게 바로 '단위 테스트'이고 '테스트 자동화Test Automation'이다.

단위 테스트 도구인 xUnit[4]을 권한다. 대부분 프로그래밍 언어마다 xUnit 패키지가 있다. 뭘 새로 많이 개발해야 하는 게 아니다. 그냥 xUnit 사용법을 익히면 된다. 세균과의 전쟁을 맨 몸으로 하지 않아도 된다. 프로그래머의 뇌를 매개체로 증식하는 세균 같은 소프트웨어 버그에 대처하기 위한 체계적이고 안전한 방호법이다. 버그의 유충까지 섬멸할 수 있는 자동 화염 방사기다. 디버깅하느라 '삽질'을 하고 있었다면, 이젠 삽 대신 xUnit을 사용해보자. 개발이 달라진다.

---

4 http://en.wikipedia.org/wiki/List_of_unit_testing_frameworks

TDD

소프트웨어 개발에서 버그는 정말 어쩔 수 없는 것일까

소프트웨어 버그는 왜 생길까?

회사에서 개발하는 소프트웨어에서 품질 문제가 자주 튀어나온다. 사용성이나 기능성에 관한 품질 이슈도 가끔 있지만, 거의 대부분 오류에 관한 것이다. 오류 때문에 다들 고생이 심하다. 사용자도 고생하고, 고객 지원팀도 고생하고, 결국 개발자도 고생한다. 오류가 안 생기면 좋겠지만, 참 많이도 생긴다. 증상과 원인도 참 다양하다. 복잡도나 난이도도 다 다르다. 오류가 없는 프로그램 개발은 정말 불가능한 것일까?

언젠가 MS에 관한 농담을 본 적 있다. 정확하진 않지만, 대략 이렇다.

> MS 빌 게이츠가 자랑을 했다. "우리는 혁신의 속도가 정말 눈부시게 빠르다. 도스에 이어 윈도우95를 거쳐 윈도우98까지 혁신적인 제품을 개발하는 데 채 10년이 걸리지 않았다. 반면, 자동차 업계는 아직도 가솔린 엔진을 쓰고 있다." 그 말을 전해들은 자동차 업계 사람이 한 마디 했다. "맞다. 우린 좀 느리다. 하지만, MS가 만약 자동차를 만든다면,

그 차는 시동 거는 데만 10분이 걸리고, 잘 가다가도 삑(?)하면 파란 화면이 나오면서, 매번 차를 세우고 Ctrl-Alt-Del 키를 눌러야 할 꺼다."

소프트웨어의 오류는 정말 많다. MS 윈도우95 시절은 정말 끔찍했다. 윈도우98은 조금 나아졌지만, 그래도 여전히 많았다. 어쩌면 그래서 사람들은 소프트웨어 오류에 대해 다소 관대했었는지도 모른다. MS 같이 어마어마한 애들이 만들어도 오류가 저렇게 많은데 하면서 말이다. 그런데, 어느 사이엔가, MS도 달라졌다. 오류가 급격하게 줄었다. 치명적 오류는 거의 사라졌다. 오류가 확실히 제어되고 있다. 윈도우7을 벌써 여러 달째 사용하고 있는데, 심각한 수준의 치명적 오류는 거의 없었다. 이젠 MS에서 자동차를 만들어도 될 거 같다. 아직 비행기를 만들 수준인지는 모르겠다. 나라면 MS가 만든 비행기에는 아직 타고 싶은 생각이 없다.

소프트웨어 버그는 왜 생길까? 프로그램을 짤 때 제대로 집중해서 논리를 면밀하게 따져 보지 않아서 생긴다. 입력 조건을 세밀하게 고려하지 않아서 생긴다. 엉뚱한 생각하면서 짜서 생긴다. 피곤에 절어서 생긴다. 감당할 수 없는 난이도 때문에 생긴다. 생각 없이 바쁘게 막 짜서 생긴다. 너무 바빠서 일정에 맞추려고 겨우 돌아만 가게 만들어서 생긴다. 결국 모아보면 개발자의 뇌가 그 원인이다. 좋은 뇌는 좋은 코드를 만든다. 버그도 적다. 나쁜 뇌와 지친 뇌는 나쁜 코드를 만든다. 버그도 많다.

가장 좋은 해법은 좋은 뇌를 가진 개발자만 모아서, 피곤하지 않게 하면서, 적절한 난이도의 소프트웨어를 만들게 하는 것이다. 그러면 아마 버그는 확실하게 줄어든다. 세 가지 이유 때문이다. 첫째, 좋은 뇌이기 때문이다. 둘째, 피곤하지 않은 뇌이기 때문이다. 셋째, 어렵지 않은 과제이기 때문이다.

MS 빌 게이츠가 자랑을 했다.

"우리는 혁신의 속도가 정말 눈부시게 빠르다. 도스에 이어 윈도우-95를 거쳐 윈도우-98까지 혁신적인 제품을 개발하는 데 채 10년이 걸리지 않았다. 반면, 자동차 업계는 아직도 가솔린 엔진을 쓰고 있다."

그 말을 귄헤들은 자동차 업계 사람이 한 마디 했다.

"맞다. 우린 좀 느리다. 하지만, MS가 만약 자동차를 만든다면, 그 차는 시동 거는 데만 10분이 걸리고, 잘 가다 가도 뻑(?)하면 파란 화면이 나오면서, 매번 차를 세우고 Ctrl-Alt-Del 키를 눌러야 할 꺼다."

하지만, 이렇게 해도 버그는 생긴다. 확실히 줄어들기는 하지만, 여전히 많이 생긴다. 좋은 뇌에 여유와 쉬운 과제를 주었는데도, 버그가 계속 생긴다고? 그럼, 어떻게 해야 하나?

나 역시 프로그래머이지만, 업계 비밀을 하나 폭로(?)한다. 버그는 결함이다. 오류다. 잘못 만든 거다. 하자다. 만들 때 잘못 만들어서 생긴 오류다. 쓰고 있는데 갑자기 생긴 천재지변이 아니다. 사용자 실수가 아니다. 사용자 실수를 미리 예견해서 대비해놓지 않은 개발자의 실수다. 그래서 난, 소프트웨어 업계에서 사용하는 유지보수라는 용어를 들을 때마다 웃음이 터진다. 아니, 명백한 제작자의 실수와 오류임에도 유지보수라는 이름으로 따로 대가를 받을 수가 있다. 다른 업계에서는 무상으로 리콜하고 피해보상 하느라 정신이 없었을 텐데, 소프트웨어 업계는 당연하다는 듯이, 하자보수 기간이 끝나면 유지보수라는 이름으로 제품의 오류에 대해 비용을 청구한다. 참 편리한 관행이다.

우선, 버그bug라는 용어 자체부터가 문제다. 컴퓨터 업계에서는 하드웨어/소프트웨어 결함defect을 버그라는 전문 용어로 슬쩍 그 심각성을 낮춰왔다. 고객이 "어, 이 기능이 좀 이상해요."라고 하면, "아, 그거는 버그에요."라고 답한다. 그러면 뭘 잘 모르는 고객은 '아, 뭔가 심오한 게 있나 보다', 하고 넘어간다. 전문가가 전문 용어를 써서 자기 치부를 감추는 형국이다. 혹시 주변에 개발자가 있다면, 가끔 물어보라. 지금 뭐 하고 있어요? 아마 십중팔구는 디버깅debugging 중이에요, 라고 대답할 거다. 아, 뭔가 전문적인 일을 하고 있구나, 생각하면 된다. 디버깅이란 말은, 자신이 과거에 잘못 짠 것에 대해서 현재 시점에서 다시 들여다보면서 재작업을 하는 것일 뿐이다. 처음 짤 때 빠르게 막 짜놓고는, 그걸 나중에 엄청난 시간과 비용을 들여가며 다시 수정하고 있는 형국이다.

테스팅이 유일한 해법이다

제대로 버그를 관리하고 제어하려면, 우선 버그라는 용어부터 결함이나 오류로 바꿔야 한다고 생각한다. 그리고 디버깅이라는 작업 과정 자체를 단축할 수 있는 방식을 써야 한다. 바로 테스팅Testing이다. 애초에 만들 때부터 잘 만들어야 하고 출시전에 확실하게 테스팅을 하면, 오류의 대부분을 미리 검출하고 해결할 수 있다. 만들 때 제대로 테스팅을 안 하고, 그냥 급하게 만들고, 나중에 사용자에게 테스팅을 해달라는 식은 곤란하다. MS 제품의 오류가 확 줄어든 이유 가운데 가장 획기적인 것은 역시 테스팅이다. 무자비하게 테스팅하기 때문에 최종 출시 후 오류가 확 줄어들었다.

테스팅을 좀더 자주, 좀더 많이, 좀더 확실히 하자는 얘기를 회사 개발팀에게, 개발팀 관리자에게, 수 차례, 수십 차례, 기회 있을 때마다 얘기하곤 한다. 수 년째 해오고 있다. 그럼에도 정말 잘 안 지켜진다. 여전히 오류가 너무 많다. 테스팅을 했다고 주장하는데도 오류 발생건수와 심각도는 좀처럼 줄어들지 않는다.

이유를 물어봤다. 일단, 시간이 너무 없다고 한다. 출시일에 맞춰서 개발하기에도 빠듯하고 부족하다고 한다. 테스팅을 개발 중에도 계속 하고 있고, 나중에 또 하는데도 시간이 너무 부족해서, 꼼꼼히 다 하지는 못한다고 한다. 특히 개발 중일 때는 테스트 대상 자체가 계속 바뀌고 변하기 때문에 매번 모든 테스트 항목을 처음부터 새로 테스트하는 업무 자체가 너무 힘들다고 하소연한다.

우린 전문적인 테스트 팀이 별도로 있지 않기 때문이라는 대답도 있다. MS 같은 곳은 전문적인 테스터가 수두룩하니까, 그렇게 품질 관리가 될 수 있는 것이고, 그렇지 못한 우리는 개발자가 기획자와 함께 테스트 업무까지 다 하려니까 너무 업무량이 많다고 한다. 테스트는 전문영역이고, 전문가가 필요하다는 얘기도 덧붙인다.

대략 맞는 말이다. 우린 늘 시간이 좀 없다. 그리고 인력도 없다. 그래서 전문적인 테스트 팀을 따로 꾸려서 운영할 형편이 안 된다. 그래서 우리는 오류에 관해서는 어떻게 할 도리가 없는 걸까? 정말? 전문 테스트 팀을 따로 꾸릴 형편이 안 된다면, 정말 답이 없는 걸까?

테스팅을 감당할 수 없다면, 개발도 감당할 수 없다

정말 그렇다면, 우린 소프트웨어 개발 같은 건 이제 하지 않는 편이 좋을지도 모른다. 제품 결함을 제대로 제어하지 못하는 조직이 만드는 제품을 계속 사용해줄 사용자가 얼마나 있을지 잘 모르겠다. 사용자들이 소프트웨어의 사소한 오류에는 여전히 관대할 수 있겠지만, 심각한 오류 때문에 매번 불편과 짜증을 겪어야 하는 일이 계속 반복되고 그게 해결될 기미나 전망이 거의 없는 제품이 있다고 할 때, 그걸 얼마나 참고 견디며 계속 사용해줄지 의문이다.

이 글을 읽는 분들 중에 프로그래머가 있다면, 스스로 자문해보기 바란다. 제품을 만드는 프로그래머 입장이 아니라 고객 입장에서, 소비자 입장에서, 사용자 입장에서, 당신이 사용하는 소프트웨어에 결함과 오류가 항상 들끓는다면, 해결될 기미조차 없다면 그걸 과연 돈 내고 쓰겠는가? 아마 공짜여도 안 쓸 거다. 설사 기능성과 사용성이 더 떨어진다고 해도 오류가 없는 다른 프로그램을 찾아서 떠나버릴 것이다.

전문 테스트 팀이 확실한 해법이 될까? 확실히 오류 감소에 도움은 된다.

하지만 오류는 테스트 팀이 만드는 게 아니다. 테스트 팀은 오류를 발견할 뿐이다. 테스트 팀이 있으면 오류가 잠복한 상태로 출시되는 일은 줄어든다. 하지만 정확히 거기까지만이다. 오류를 근원적으로 줄여가려면 개발을 바꿔야 한다. 오류가 계속 양산되는 절차와 방법을 바꿔야 한다. 오류의 근원을 바꿔야 한다. 바로 개발자의 뇌를 바꿔야 한다. 태도와 자세를 바꿔야 한다. 개발방식과 도구를 바꿔야 한다. 개발자와 개발조직의 습관을 바꿔야 한다. 하나의 방법이 바로 단위 테스트다. 개발할 때 테스트를 함께 실행하는 방법이다. 테스트와 함께 개발하는 방식이다. 전문 테스트 팀은 블랙 박스 테스트만 수행할 수 있다. 내부적인 로직이나 작동방식에 대해서는 알 수도 없고 설령 안다고 해도 가해볼 수 있는 입력의 종류는 제한적이다. 반면, 개발자가 실행하는 단위 테스트는 화이트 박스 테스트다. 함수 단위, 클래스 단위, 모듈 단위로 세세하게 입력 조건을 지정할 수 있다. 오류를 더 촘촘하게 걸러내고 검사할 수 있다.

소프트웨어 시장도 치열해지고 있다. 멋진 기능, 화려한 장식, 직관적인 사용성도 좋다. 하지만, 이 모든 게 빛나려면 오류가 없어야 한다. 아니, 정말 적어야 한다. 최소한, 제어가 되어야 한다. 적어도 오류가 폭발해선 안 된다. 새로운 기능 출시도 좋지만, 오류로 범벅이 된 소프트웨어는 곧바로 사용자에게 외면당한다. 어렵게 모아온 신뢰를 깨먹는다. 오류를 줄이려면, 테스트해야 한다. 오류를 제어하려면, 프로그램 코드를 짤 때부터 단위 테스트를 반드시 함께 짜고 실행해야 한다. 단위 테스트와 통합 테스트를 일상화하지 않으면, 절대로 오류는 제어할 수 없다. 아무리 좋은 뇌와 싱싱한 뇌를 여유 있게 투입해도 오류는 계속 번식한다. 사용자 제보(?)를 받아 뒤늦게 디버깅할 시간에 미리 테스팅을 하자. 디버깅하는 시간이 테스팅하는 시간보다 많다면, 그건 나쁜 개발자라는 증거다. 디버깅은 테스팅으로 대체되어야 한다. 그럴 수 있다.

감히 건방지게 예언(?) 하나 해보려 한다. 뭐, 전문 예언가는 아니라서 예언의 정확성 따위는 나도 책임질 수 없다.

앞으로 10년 내에 단위 테스트와 TDD를 적용하지 않는 개발 회사들은 모두 사라질 것이다.

그리고, 단위 테스트와 TDD를 실행하지 못하는 개발자들 역시 그 회사들과 함께 사라질 것이다.

TDD

소프트웨어 개발에서 품질 향상은 생산성을 갉아먹는 게 아니다

품질을 좀더 높이자는 얘기를 개발팀에게 했다. 그랬더니, 이런 답이 돌아왔다.

"품질을 더 높이려면 아마 생산성이 더 떨어질 겁니다."

얼핏, 맞는 말인 것 같았다. 일반적으로 품질과 생산성은 서로 상충하고 제약하는 trade-off 관계다. 품질을 높이려면 생산성 감소를 감수해야 하고 생산성을 높이려면 품질을 다소 희생해야 한다. 그래서 시장은 크게 고급 명품과 중저가 공산품으로 양분된다. 장인적 기예를 마케팅하는 고급 명품은 상당한 비용과 시간을 들여서 마지막 1%의 품질에 몰두한다. 반면 중저가 공산품은 대량 생산/제조 시스템에 맞춰서 적절한 품질의 제품을 빠르고 싸게 많이 만드는 데 집중한다.

그런데 곰곰이 생각해보니 좀 이상했다. 정말 그럴까? 정말 소프트웨어에서도 품질과 생산성은 서로를 제약하고 충돌하는 관계일까?

우선, 소프트웨어 품질에 대한 정의부터 살펴봤다. 소프트웨어 품질 평가에 대한 국제 표준(ISO 9126)[5]에서는 다음 6가지 요소를 제시한다.

- 기능성
- 신뢰성
- 사용성
- 효율성
- 유지보수성
- 이식성

모두 좋은 얘기다. 중요한 순서를 생각해보니, 위에 나열된 순서가 대략 맞다. 기능성이 제일 중요하다. 뭔가 유용해야 하니까. 그 다음, 신뢰성이다. 원하는 대로 오류 없이 잘 돌아가야 한다. 다음은 사용성, 사용하기 편해야 한다. 그리고 효율성, 너무 자원 낭비적이면 안 된다. 속도도 빨라야 한다. 적은 메모리와 CPU 자원을 소모해야 한다. 마지막으로 유지보수성과 이식성이 좋으면 정말 좋다.

위의 품질 요소들과 생산성 간의 관계를 살펴봤다.

- 기능성과 생산성은?
  더 많은 기능을 추가하려면, 당연히 자원 투입이 더 많이 필요하다. 시간도 더 걸리고 인력도 더 들어간다.
- 신뢰성과 생산성은?
  오류를 줄이려면 테스트도 더 많이 해야 한다. 생산성이 다소 떨어진다.

---

5 http://en.wikipedia.org/wiki/ISO/IEC_9126 한글 문서로는 http://shinms77.springnote.com/pages/3599839

- 사용성과 생산성은?

    사용하기 편하게 만들려면, 더 신경을 써서 세심하게 작업을 해야 한다. 더 꼼꼼해야 한다. 생산성에 영향을 줄 수 있다.

- 효율성과 생산성은?

    효율적이게 만들기 위해서 추가적으로 많은 노력이 들어갈 수 있다. 메모리와 CPU 소비를 줄이기 위해 알고리즘을 바꾸거나 설계를 변경해야 할 수도 있다.

- 유지보수성과 생산성은?

    유지보수성을 높게 만들기 위해서는 꽤 많은 공력이 들어갈 수 있다. 리팩토링을 상당 수준까지 진행해야 할 수도 있다.

- 이식성과 생산성은?

    다른 운영체제나 하드웨어로 이식하는 작업은 꽤 공력과 잔손이 많이 들어간다. 당연히, 생산성을 제약한다.

품질 요소 대부분이 생산성에는 마이너스 효과를 지닌다는 걸 알 수 있다. 그런데, 여기서 재미있는 게 하나 있다. 신뢰성과 생산성의 관계다. 신뢰성이 낮은 상태, 즉 오류가 다수 포함된 상태로 출시를 하게 되면, 당장은 생산성이 높다. 하지만, 오류는 결국 수정을 하게 되어 있다. 누군가는 언젠가는 수정해야 한다. 그리고 늦으면 늦을수록 그 때문에 발생하는 손실은 커진다. 시장에서의 손실은 측정하기도 곤란할 정도로 크다. 출시된 이후에는 오류 수정을 하기 위한 비용도 꽤 많이 든다. 오류 보고를 받아야 하고, 오류 보고 내용을 검토해야 하고, 분석해야 하고, 오류 지점을 찾아야 한다. 오류를 재현해야 하고 오류인지를 판정한 후 수정해야 한다. 수정한 내용이 다른 오류를 일으키지는 않는지를 검사해야 한다. 이런 과정까지 생산성의 범위로 포함해서 생각해보면, 과연 신뢰성과 생산성이 서로 충돌하고 제약하는 관계인지 의구심이 생긴다.

처음부터 신뢰성이 높게 만들면 오류는 적을 것이고 나중에 그 오류를 수정하기 위해 들어가는 자원과 시간을 아낄 수 있다. 신뢰성 품질 요소가 생산성을 저해하는 게 아니라 오히려 증강하는 것이다. 신뢰성을 높이면 높일수록 결국 생산성도 높아진다.

개발자의 일상을 보면 알 수 있다. 회사에 개발팀과 개발자가 있으면, 그들이 하루의 대부분을 어떤 일을 하면서 보내는지 관찰해보길 권한다. 뭐, 그냥 놀고 있다면 위험한 회사다. 그건 빼자. 아마도 뭔가를 개발하고 있을 것이다. 열심히 가끔 야근도 하면서 개발한다. 그렇게 해서 하나의 프로젝트가 끝나고 제품 출시를 했다. 그리고 또 새로운 프로젝트를 시작한다. 그런데 재미있는 일이 관찰된다. 지금 하고 있는 프로젝트의 일이 아닌데, 자꾸 예전에 했던 프로젝트의 일이 끼어든다. 무슨 무슨 문제가 생겼다고 고객 지원팀에서 매번 급하게 연락해온다. 그러면 그 개발자는 현재 하던 일을 멈추고 예전에 했던 그 일로 되돌아가서 뭔가를 열심히 한다. 이른바 유지보수 업무다. 문제를 해결하고 나선 다시 원래 하던 일로 되돌아 온다. 개발 업무와 유지보수 업무를 동시에 진행하는 상황이 된다. 이 때 개발자 뇌의 컨텍스트 스위칭context switching이 발생하는 데, 이 비용이 생각보다 꽤 크다. 개발자는 하소연한다. "유지보수 업무 때문에 현재 프로젝트 개발 업무에 전념할 수가 없어요. 유지보수 업무를 전담할 조직을 갖춰 주세요." 자기는 빼달라는 얘기인 경우가 많다.

관리자는 생각해본다. 개발자 얘기가 맞는 말인 것 같다. 프로젝트 인력의 일부를 유지보수 담당으로 돌린다. 주로 실력이 좀 떨어지는 인력을 배치한다. 신참을 유지보수 업무에 투입하는 무모한 경우도 있다. 문제는 해결됐을까? 이번엔 고객 지원팀이 아니라, 유지보수팀에서 전화가 온다. "아, 그 모듈과 이 모듈에서 문제가 생겼는데요, 그건 어떻게 해야 하나요?" 이건 개발자의 업보다. 자기가 만든 코드에 대해서는 그 조직에서 자기가 가장 잘 알고 있기 때문에, 결국 문제를 가장 **빠르게 해결할 수 있는 사람도 그 사람일 수밖에 없다.** 아무리 문서를 잘 만들고 업무 인수인계를 철저히 해도, 공백과 누락은 생긴다. 문제가 자주 많이 생기는 모듈일수록 다른 사람들이 이해하기 쉽게 작성된 경우가 별로 없다. 그래서 다른 사람이 투입되면 해결 시간과 노력은 엄청나게 더 들어간다. 결국 회사 전체로 보면 생산성이 엄청 떨어질 수밖에 없다.

아무 것도 출시하지 않는 프로젝트가 아닌 이상, 신뢰성이 낮게 만들어진 제품의 하자 보수 작업은 반드시 생긴다. 만들 때부터 잘 만들어야 하는 이유다. 지금 막 만들어서 출시하면, 당장은 빠른 개발속도를 자랑하며 우쭐할 수 있다. 하지만 금새 엄청나게 불어난 일거리로 되돌아온다. 그것도 아주 고약하고 지지부진한 유지보수 업무의 쓰나미로 되돌아온다. 그 일을 피하는 방법? 딴 회사로 도망가는 수밖에 없다. 그 대신 그 일을 맡게 될 팀의 다른 사람들은 엄청 고생을 하게 된다.

많은 기능을 빠르게 개발해서 출시하면, 당장은 생산성이 아주 높은 개발자로 평가 받을 수 있다. 그리고 대부분 초짜 개발 관리자들은 그런 개발자를 실력 있고 우수하다고 착각한다. 잠시 후, 오류가 밀려오고 팀의 업무가 추가 기능 개발 업무와 유지보수 업무로 뒤섞인다. 우리의 초짜 개발 관리자는 그게 당연하다고 착각한다. 유지보수 업무가 점점 많아지고 일상화되고 추가 기능 개발은 점점 더 느려진다. 마케팅 팀에서는 시장 요구에 맞춰서 추가 기능을 개발해달라고 아우성을 친다. 개발팀에서는 인력이 모자라서 대응을 할 수 없다고 항변한다. 관리자는 인력을 더 뽑아서 투입한다. 그랬더니 개발 속도가 조금 더 나아진다. 역시 인력이 모자란 것이었군, 하고 생각한다. 그 후에도 인력 추가 투입으로 개발 속도 저하(생산성 저하) 문제에 대처해간다. 그러던 어느 날, 이젠 뭔가가 더 복잡해지고 꼬이기 시작한다. 개발팀의 숫자는 많아졌는데, 개발 속도가 더 떨어질 뿐만 아니라 개발된 결과물의 품질도 신뢰성 요소뿐만 아니라 기능성 요소와 사용성 요소까지 마구 떨어진다. 개발 관리자는 "어, 뭐지" 하고 어리둥절해진다. 이미 임계점을 넘어섰다는 걸 모르고 있다. 팀 크기가 너무 커져서 팀 내 커뮤니케이션의 수준이 엄청나게 떨어졌고 개발자들이 개발표준 없이 개성적으로 막 작업을 하다 보니, 품질의 다른 요소들까지 위협받고 있다는 걸 자각하지 못한 탓이다. 이쯤 되면, 참 답이 안 생긴다. 이미 엎질러지고 저질러진 일들에 대한 수습은 과학과 공학의 범위를 넘어선다. 인력 추가 투입으로 문제에 대처하는 멍청한 개발 관리자들이 의외로 많다. 생산성이 떨어지는 이유를 근원적으로 파악해야만 근원적인 대처가 가능하다.

개발자에 대한 평가 기준부터 바꿔야 한다. 개발 속도만 평가해선 곤란하다. 개발 품질, 특히 신뢰성 요소까지 포함해서 평가해야 한다. 개발 속도는 빠른데, 유독 오류 발생률이 높은 개발자들이 있다. 얼핏 보면 아주 우수한 개발자로 착각하기 쉽다. 하지만, 단순히 개발 속도가 빠르다고 방심하면 오래 지나지 않아서 조직 전체가 낭패를 본다. 빠르게 개발하는 건 좋은 덕목이다. 하지만, 오류가 너무 많다면 그건 앞에서는 벌고 뒤에서는 까먹는 식이 된다. 개발해놓고 나중에 디버깅하느라 시간 다 까먹는다. 개발자 자기 혼자만의 시간만 까먹는 게 아니다. 사용자의 시간도 까먹고, 고객지원팀의 시간도 까먹는다. 잘 드러나지 않는 오류의 경우에는 아주 두고두고 많은 사람들이 괴로움을 겪으며 대가를 치른다. 개발 관리자가 개발자를 평가할 때 유념해야 할 대목이다.

개발 방법/방식을 바꿔야 한다. 거듭 말하지만, 단위 테스트와 통합 테스트가 거의 유일한 공학적 해법이다. 특별히 천재적이거나 영재급이 아닌 개발자도 오류가 적은 코드를 작성할 수 있게 해준다. 처음, 단위 테스트 기법을 익히는 데 시간이 좀 걸린다. 기존의 코드에 점차적으로 적용해가

신뢰성이 낮게 만들어진 제품의 하자 보수 작업은 반드시 생긴다. 만들 때부터 잘 만들어야 하는 이유다.
지금 막 만들어서 출시하면, 당장은 빠른 개발속도를 자랑하며 우쭐할 수 있다.
하지만 금새 엄청나게 불어난 일거리로 되돌아온다.
그것도 아주 고약하고 지지부진한 유지보수 업무의 쓰나미로 되돌아온다.
맡게 될 팀의 다른 사람들은 엄청 고생을 하게 된다

는 데는 시간과 노력이 또 더 들어간다. 하지만, 결국은 유지보수 업무 자체를 가볍게 만들고, 오류 수정이 또 다른 오류를 만드는 악순환을 끊어내어 전체 비용을 아껴준다. 그리고 일정 시점 이후에는 복잡도 관리를 위해 어떤 시스템이든 반드시 필요해지는 리팩토링refactoring을 안전하고 성공적으로 진행할 수 있게 해준다. 단위 테스트의 힘이다.

상식적인 어림짐작과는 다르게 소프트웨어 개발에서는 신뢰성 품질 향상이 개발 생산성을 제약하기보다는 오히려 더 높여준다. 오류가 적은 소프트웨어를 만들면, 유지보수 업무의 비용과 시간을 확 줄일 수 있다. 개발자의 시간뿐만 아니라 고객 지원팀의 시간, 고객의 시간과 에너지까지 절약해준다. 시장에서의 제품 가치도 높아진다. 단위 테스트를 충실히 적용해두면, 추가 기능 개발이나 오류 수정 작업에서 시간과 노력을 획기적으로 절감할 수 있다. 남이 짠 코드도 수정 작업을 두려움이나 불안 없이 진행할 수 있다. 이미 잘 돌아가는 단위 테스트 코드가 있기 때문이다. 기능을 세세하게 이해하지 못해도, 그 단위 테스트 코드가 깨지지만 않으면 된다는 공학적 믿음을 가질 수 있기 때문이다. 이 믿음은 TDDTest Driven Development가 아닌 FDDFaith Driven Development 개발 방법론에 나오는 신학적 믿음과는 근원적으로 다르다.

소프트웨어 품질 요소 가운데, 사용성도 생산성을 크게 저해하지 않는다. 개발할 때에는 이렇게 개발하거나 저렇게 개발하거나 특별히 개발 비용이 크게 증감하지 않는다. 사용성이 낮게 개발할 때에도 더 좋게 개발할 때에도 비슷한 시간과 에너지가 들어간다. 다만, 안목과 구현 기술의 수준 문제가 있을 뿐이다. 좀더 고급적 안목과 구현 기술을 가지고 있다면 사용성 높은 제품을 개발할 수 있다. 문제는 그런 안목과 기술이 없을 때이다. 안 되는데 닦달해봐야 개발팀의 시간과 에너지만 깨먹는다. 생산성에도 차질이 온다. 닦달이 아닌, 다른 해법을 찾아야 하는 이유다.

TDD

프로그램 오류에 숨겨진 IT 조직 이야기[6]

소프트웨어 개발 관련 좋은 글이 있어서, 링크를 소개한다.

- [칼럼] 프로그램 오류에 숨겨진 IT 조직 이야기
- http://www.zdnet.co.kr/ArticleView.asp?artice_id=20101118112733
- 최영석 BSI 코리아 심사위원

소프트웨어 프로그램의 오류에 대한 생각을 정리한 글이다. 특히, 그것과 개발 조직간의 관계에 대해 조곤조곤 설명해준다. 소프트웨어 제품은 개발 조직을 그대로 반영해준다. 개발 조직은 자신을 뛰어넘는 소프트웨어를 결코 개발할 수 없다. 소프트웨어 제품을 업그레이드하고 싶다면, 조직을 업그레이드해야 한다. 글쓴이의 견해를 거칠게 요약해보면, 프로그램 오류 속에는 전문적 분업화가 덜 된 조직과 테스트를 등한시 하는 개발 조직 분위기가 숨어있다. 말투는 차분하지만, 콕콕 찍어서 얘기하는

---

6 저작권자의 승인을 얻어 재해석한 내용이다.

대목들을 읽어보면 뜨끔뜨끔하다.

프로그램 오류에 대해 사용자들은 언제까지 관대할 수 있을까?

> 잦은 프로그램 오류를 접하는 사용자들은, 비유가 그렇지만, 중국산 제품의 눈높이로 IT 서비스를 바라보게 된다.

이미 변곡점을 넘어선 것 같다. 사용자는 더 이상 관대하지 않다. 참고 인내하며 기다려주지도 않는다. 잦은 오류로 범벅이 된 소프트웨어 제품의 미래는 없다. 무료 소프트웨어가 시장에 넘쳐난다. 유료 제품을 판매하면서 오류에 둔감한 개발 조직은 시장에서 심판 받는다.

가장 기본적인 문제는 한 사람이 너무 많은 영역의 일을 넘나들면서 작업해야 하는 작업 환경과 협업 프로세스 부재에 있다. 개발자가 수퍼맨이 되어야 하는 지극히 한국적인 현상[7]이다.

> 한 개발자가 요구사항을 접수하고, 데이터베이스도 설계하며, 프로그램 코딩뿐만 아니라, 테스트까지의 역할을 담당하는 것은, 제조분야의 전통적인 가내수공업을 떠올리게 한다. … 코딩만 잘하면 된다는 소신을 가진 개발자와, 넓은 의미의 개발업무를 이들에게 부여하는 IT조직의 만남은, 전형적인 미스매치로, 프로그램 오류를 '양산'하는 결과를 초래할 수 있다.

부문적 전문성이 현저히 떨어지는 개발자가 일정에 쫓기며 '혼자' 개발한 제품이 완성도 높고 오류가 적기를 기대하는 것 자체가 무리다. 모든 걸 다 잘할 수 있는 개발자는 드물다. 그럼에도 부문별 전문성을 연마하고 축적할 수 있는 기회 자체가 별로 없는 상황에서는 부문별 전문가를 키워내기도 어렵다. 부문별 전문가가 있다고 하더라도 개발 과정에서 협업을

---

7 http://bittalk.org/thread79546.html 개발자 떡실신 시리즈 유머.

효과적으로 조직하는 일은 또 다른 난제가 된다. 너무 많은 일을 너무 짧은 시간에 모두 다 처리해야 하는 한국적 속도전에서는 부문별 전문가들 간의 꼼꼼하고 사려 깊은 협업이 자리잡기 어렵다.

현실에서는 데이터베이스 설계를 주니어 개발자도 '혼자' 아무렇지도 않게 막 한다. 이미 테이블 설계가 끝나고 코딩이 진행 중이다. 뒤늦게 테이블 중복을 발견해도 이미 작업해놓은 분량이 아까워서 그냥 넘어간다. 설계 리뷰도 없고 코드 리뷰도 없다. 대략 잘했을 거라고 믿는 수밖에 없다. 오류가 터져도 조직이 돕지 않는다. 다들 바쁘기 때문이다. 개발자마다 한 꼭지씩 개발을 '혼자' 하기 때문에 도와주고 싶어도 뭘 하는지 서로 모르기 때문에 도와줄 수가 없다.

개발 조직이 갖춰져 갈 때, 가급적이면 부문적 전문화를 함께 가져갈 수 있도록 역할을 분담하는 것이 좋다. 최소한 데이터베이스 설계에 대해서는 책임자를 두고 확인과 검증을 반드시 거치게 하는 것도 방법이다. 코드 리뷰code review를 할 수 있는 온화하고 협력적인 조직적 여건이나 분위기가 어렵다면, 최소한 설계 리뷰design review만이라도 해서 설계 초기의 결함이나 미비점을 보완할 수 있도록 하는 것도 방법이다. 촘촘하고 체계적인 테스트 활동만이 오류를 줄일 수 있는 유일한 방법이다.

> 테스트 활동은 개발자의 잘못된 프로그램 코딩을 교정할 수 있는 유일한 기회다.

소프트웨어 제품은 순수하게 개발자의 뇌에 의존한다. 뇌는 복잡하다. 순간적 착각/착오와 딴 생각으로 분주하다. 프로그램 오류의 원천은 개발자의 뇌. 그렇다고 뇌만을 탓할 수는 없다. 태도와 방식, 도구와 절차가 미묘하게 오류 생성에 끼여 든다. 일점일획 오류 없이 일필휘지로 코드를 생산해낼 수 있는 개발자는 없다. 개발하면서도 테스트해야 하고 개발 후에도 테스트해야 한다. 그냥 임의적으로 테스트해선 안 된다. 적어도 체크 리스트를 갖추고 반복적으로 테스트해야 한다. 테스트 체크 리스트만 갖추었다고 테스트가 완벽해지는 건 아니다. 정상 동작뿐만 아니라 예외 동작에 대해서도 테스트해야 한다. 정상 입력뿐만 아니라 예외 입력에 대해서도 마찬가지다. 테스트는 일회성으로 끝나기보다는 반복적이어야 한다. '활동'이어야 한다. 피드백이 주어지고, 개선되고, 다시 실행되는 지속적인 활동이어야 한다. 테스트의 꼼꼼함이 최종 오류의 감소를 보증할 수 있다. 인간적 꼼꼼함뿐만 아니라 기계적/도구적 꼼꼼함이 함께 필요하다. 개발 과정에서 단위 테스트와 TDD를 적용하는 것 못지않게 전문 테스트 팀을 육성하고 키워가는 것 역시 개발 조직의 과제다. 우리 개발 조직은 프로그램 오류를 어떤 태도로 대하고 있을까?

> IT 조직이 발전가능한지, 또는 운영 수준이 높은지를 판별하는 나름의 기준이 있다. 바로 프로그램 오류를 대하는 '태도'다. 프로그램 오류가 발생하는 산술적인 숫자보다는, 이것들을 객관적으로 놓고, 발생원인을 끝까지 추적해서 피드백하고 있는가를 본다는 것이다.

결국 핵심은 다시 '태도'로 모아진다. 소프트웨어 오류에 대해 둔감하고 무책임하고 무기력한 개발 조직은 답이 없다. 유료 사용자를 버그 리포터/베타 테스터로 활용하면서도 부끄럼을 모르는 개발 회사는 미래가 없다. 도구/절차/조직의 문제 이전에 '태도'의 문제가 더 크다. 태도가 바뀌지 않으면, 도구/절차/조직은 절대로 바뀌지 않는다.

글쓴이의 예언은 깔끔하다. 그리고 섬뜩하다.

> 프로그램을 얼렁뚱땅 만들어도 통하던 시대는 점점 종말을 고하고 있다. 사용자들을 감탄하게 하는 프로그램들이 표준 패키지의 형태로 점점 영역을 넓혀가고 있다. 프로그램 오류조차 통제할 능력이 없는 IT 조직은, 이제 생존해 나갈 수 있는 시간이 얼마 남지 않은 것 같다.

얼렁뚱땅의 시대는 이미 지나가고 있다. 대충 막 빨리만 만들면 되던 시대도 이미 끝났다. 잘 만들어야 하고 무엇보다도 오류가 없어야 한다. 사용자들의 눈높이는 계속 높아지고 있다. 관대함은 더 이상 없다. 개발자보다도 더 오류를 잘 찾아내는 사용자도 많아졌다. 취미 생활로 개발하고 소프트웨어 제품을 무료 봉사하듯 배포하는 게 아니라면, 오류 통제/제어는 개발 조직의 핵심 업무다. 얼렁뚱땅 개발조직이 생존할 수 있는 시간은 이제 별로 없다.

오류 없이 잘 돌아가는 강건한 코드 그리고 그 강건함을 매 순간 입증할 수 있는 테스트 코드, 출시에 앞서 무시무시할 정도로 꼼꼼하고 촘촘한 자동 테스트를 실행하는 개발 조직만이 결국 살아남을 수 있다. 개발자 자신도 들여다 보고 싶어하지 않는 허접쓰레기 같은 소스 코드와 수동 입력과 육안 검사에 의존하는 테스트 활동, 겨우 몇 가지 눈에 띄는 UI 오류와 한글 맞춤법 정도나 잡아내는 것에 만족하는 QA 과정 가지고는, 글쎄, 계속 성장해야 하는 소프트웨어 개발과 유지보수를 감당할 수 있을까?

짜놓고 오류 없기를 기도해야 하는 개발 방법론인 FDD Faith-Driven Development로는 더 이상 안 된다. TDD Test-Driven Development여야 한다. 오류 없이 잘 돌아간다는 걸 남에게 '말'로 설명하며 자신의 믿음을 전도하려 애쓰는 일은 안쓰럽다. 개발은 신앙생활이 아니다. 과학이고 공학이다. 말 대신 테스트 코드 실행으로 보여주면 된다. 더 많은 개발자들이 FDD가 압박하는 위태로운 길에서 하루라도 빨리 탈출할 수 있기를 성탄절[8]을 맞아 기원해본다.

---

8 2010년 12월 24일, 성탄 전야에 쓴 글.

TDD

TDD를 도입해야 하는 10가지 결정적인 이유들

소프트웨어 프로그램 개발, 특히 웹 기반 프로그램 개발 과정에서 TDD Test-Driven Development[9]를 도입해야 하는 이유들은 아래와 같다. (순서 무작위)

1. 실행 코드와 테스트(디버깅) 코드의 분리

개발할 때 디버깅 단계에서 클래스/모듈 내부에 출력문을 삽입하고 화면 출력하는 경우가 많다. 디버깅을 통과하게 되면 해당 출력문을 코멘트(주석) 처리하거나 삭제한다. 다시 디버깅할 경우 출력문을 주석문으로 풀었다가 다시 막았다가 수십 번 반복하기도 한다. 결과적으로 실행 코드 자체가 몹시 지저분해진다. 소스 코드 관리 도구를 함께 사용할 경우에는 주석문 넣었다가 뺐다가 하는 것 때문에 소스 코드 변경 내역을 올려야

---

9 TDD(Test Driven Development)와 단위 테스트(Unit Test), 테스트 자동화(Test Automation)는 서로 관련되어 있지만 조금 다른 의미이다. TDD는 테스트 코드를 실행 코드에 앞서 먼저 작성하는 개발 방식이다. 단위 테스트는 부품/컴포넌트/모듈/클래스/함수 단위로 테스트 코드를 작성하는 방법이다. 테스트 자동화는 사람이 수동으로 개입/입력/확인하는 작업을 최소화하는 방법이다. 이 글에서는 설명의 편의를 위해 TDD라는 용어를 단위 테스트와 테스트 자동화를 모두 포괄하는 의미로 사용한다.

해서 더 피곤해진다.

테스트 코드를 분리하면 깨끗하고 깔끔하게 개발할 수 있다. 실행 코드에는 실행 코드만 들어있어야 한다. 나중에 코멘트로 막을 출력문을 남발하는 건 나쁜 코딩 습관[10]이다. 테스트 코드는 별도의 파일에 작성해 놓고 필요할 때마다 반복적으로 실행하면 된다. 테스트 코드를 작성하면 테스트 대상 실행 코드의 내부 변수값을 따로 뽑아보는 것도 쉽다. 테스트 코드에서 출력문을 넣어주면 된다. 실행 코드가 깔끔해진다. 개발이 깔끔해진다.

2. 입력값 패턴 입력 자동화 처리

매번 테스트를 수행할 때마다 입력값과 상태값 조건을 손수 타이핑해서 입력하는 경우가 많다. 수동 입력이므로 속도도 늦고 오타 가능성도 있다. 중요한 테스트인데도 수동 입력해야 하는 반복 작업이 싫어서 슬쩍 넘어가기도 한다. 특히 다양한 입력값 패턴을 충분히 공급해야 숨어있는 버그를 촘촘히 수색할 수 있는데, 수동 입력이기 때문에 번거롭고 힘들다는 이유로 중요한 테스트 항목을 빼먹는 경우도 자주 생긴다. "그건 지난번에 이미 입력값 넣어서 테스트해봤던 거니까 지금은 넘어가도 돼."라고 자신에게 얘기한다. 테스트 대상 코드가 그 동안 수십 번도 넘게 수정되었다는 사실은 잊는다. 좀더 솔직하게는 다시 그 많은 입력값 패턴을 수동 입력하고 싶지 않은 것이다. 이제까지 수동 입력을 지루해하지 않고 묵묵하게 반복하는 개발자를 단 한 명도 본 적이 없다. 수동 입력 테스트가 부실해지는 이유다. 지루한 일을 반복하는 작업은 사람이 잘할 수 있는 영역이 아니다. 기계가 더 잘한다. TDD가 필요한 이유다. 입력값을

---

10 중간 변수값이 궁금하면 로깅(logging) 클래스나 모듈을 사용해서 파일이나 데이터베이스로 뽑아서 보는 게 더 낫다. 실행 코드 중간 중간에서 출력문으로 중간 변수값을 뽑아보는 방식은 나쁘다. 코드를 지저분하게 만든다. 코멘트 처리를 깜박할 경우에는 사용자에게 디버깅 출력이 노출되기도 한다.

한 번 코드로 만들어서 지정해주면, 그 다음부터는 무한 반복 실행할 수 있다. 그냥 엔터키만 누르면 된다. 매번 마우스와 키보드를 사용해서 입력값을 폼form에 채우지 않아도 된다. 테스트 대상 클래스/모듈/함수를 수정해서 그 내용이 달라질 때마다 미리 만들어둔 풍부한 입력값을 자동으로 전달해서 테스트를 자동화할 수 있다. 개발자가 지루할 일은 전혀 없다.

가끔 오해하는 사람도 있다. TDD가 입력값 패턴까지 자동으로 생성해주는 건 아니다. 테스트 입력과 예상 출력값 패턴은 하나씩 사람이 생각하면서 만들어야 한다. 기계가 어떻게 그걸 알겠는가? 입력값이 있고 현재 상태값이 있으면 출력값은 이러저러하게 나와야 한다라는 걸 기계는 알 수가 없다. 기계는 기계적이다. 입력과 출력을 지정하고 설정하는 것은 사람의 몫이다.

TDD는 사람이 한번 입력값 패턴을 신경 써서 만들어 놓으면, 간단한 실행과정을 통해 테스팅을 쉽게 할 수 있게 도와준다. TDD를 활용하면 입력 패턴을 만드는 방법도 간단해지고, 출력값을 예상하고 비교하는 작업 역시 간단해진다. 컴포넌트 하나씩 테스트할 수도 있고 묶어서 테스트할 수도 있다.

3. 더 철저한 경계조건Boundary Condition 검사

프로그램의 함수는 입력값과 상태값의 변화에 따라 출력값이 결정된다. 특히 입력값 때문에 오류가 발생하는 경우가 많다. 정상적인 입력값은 잘 넘어간다. 상당수의 버그는 잘못된 입력값에서 생겨난다. 발견이 쉽지 않은 버그는 주로 입력값의 경계치에 웅크리고 숨어있는 경우가 많다. 마치 자기도 정상적인 입력값의 범위에 들어있는 것처럼 위장한다. 수동입력/

이제까지 수동 입력을 지루해하지 않고 묵묵하게 반복하는 개발자를 단 한 명도 본 적이 없다. 수동 입력 테스트가 부실해지는 이유다.

지루한 일을 반복하는 작업은 사람이 잘할 수 있는 영역이 아니다.

기계가 더 잘한다. TDD가 필요한 이유다.

육안검사 방식으로 테스트를 하는 경우에는 입력의 경계조건에 대해 치밀하고 꼼꼼하지 못할 경우가 많다. 반복 테스트를 하는 경우에는 주의집중력이 현저하게 떨어진다. 개발자도 사람이다 보니 자신이 직접 짠 코드에 대해서는 믿음이 아주 강해진다. 잘 돌아가게 짰으니까 잘 돌아갈 거라고 믿는다. 입력을 넣어보면서 확인을 해야 하는데, 가능한 모든 입력을 다 생각해서 넣어보지 않는 경우가 많다.

이런 종류의 버그를 색출하는 방법은 경계치를 모두 입력해보는 것밖에 없다. 정상 입력뿐만 아니라 예외 입력까지 미리 준비해두고 실행 코드가 바뀔 때마다 반복적으로 계속 테스트해야 한다. 입력값의 경계조건 검사를 철저하게 수행해야만 실행 코드가 안전해진다. 개발자의 믿음에만 의존하는 방식은 곤란하다. 믿음 대신 검사가 중요하다. TDD는 그걸 도와준다.

4. 클래스/모듈 결합 테스트시 오류 발견이 쉬움

개별적으로는 잘 동작하던 클래스도 좀더 상위 수준에서 다른 클래스/모듈들과 결합하게 되면 예상치 못했던 오류를 쏟아내곤 한다. 상위 수준으로 한 단계씩 결합도를 높여갈 때마다 그에 상응하는 테스트 코드를 작성하고 적용하면 더 신뢰도 높은 고품질의 코드를 얻을 수 있다. 상위 수준에서는 상위 수준에 걸맞은 테스트 입력/출력 패턴이 작성되고 실행되어야 한다. 하위 수준에서 이미 상당한 정도로 단위 테스트$_{Unit\ Test}$가 진행되었더라도, 상위 수준에서만 구성 가능한 입력 패턴의 공간이 따로 있다. 특히 예외처리가 프로세스 상에 구현되어 있다면, 해당 예외처리가 제대로 발생하는지도 빼먹지 말고 테스트 패턴으로 만들어 테스트해야 한다.

TDD와 단위 테스트를 사용하지 않는 경우에는 테스트는 최상위 수준에서만 이루어진다. 웹 개발의 경우에는 최종적으로 UI 화면을 보면서 그 수준에서만 테스트를 한다. 입력 폼을 수동으로 입력해서 채우고 마우스로 '전송'버튼을 클릭하고 결과 화면을 눈으로 확인하는 방식이다. 손으로 입력하는 방식의 한계도 뚜렷하고 눈으로 확인하는 방식의 한계도 뚜렷하다. 최종 결과 화면을 산출하기 위해 참여한 모듈/클래스/함수들의 세부 항목에 대해 충분한 테스트가 될 수도 없는 한계도 뚜렷하다. 빙산의 일각만을 겨우 테스트할 수 있다.

TDD와 단위 테스트는 상향식/하향식으로 함수/클래스/모듈 전체에 대해 촘촘하고 꼼꼼한 테스트를 지원해준다. 결합/통합 테스트도 지원해준다.

5. '리팩토링Refactoring'의 필수 도구

XP 개발 방법론[11]이 유행하면서 이상한 편향이 생겼다. 특히 리팩토링에 대해 심각한 오해가 있다. 일단 생각나는 대로 코드를 막 짜고 나중에 천천히 리팩토링하면 된다는 식이다. 혼자 취미 삼아 개발하는 경우라면 상관없다. 하지만 회사에서 업무로 팀 단위로 개발하는 경우에는 이렇게 하면 절대로 안 된다.

리팩토링은 강력한 방법이다. 약효가 강력한 만큼 독성도 강력하다. 무작정 리팩토링을 감행하면 곧바로 재앙을 만난다. 개발은 결코 완료되지 못하고 짰던 코드 지웠다가 다시 똑같이 짰다가 새로 짰다가 다시 원래대로 되돌아갔다가 갈팡질팡 개발이 된다. 코드는 엉망진창이 된다. 반복의 반

11 http://en.wikipedia.org/wiki/Extreme_Programming XP(eXtreme Programming)

복 때문에 팀은 서로 으르렁거리게 된다. 멍청하고 짜증스러운 무한 반복의 지옥이 된다. TDD와 단위 테스트가 있어야 한다. 그래야 용기 있는 리팩토링이 가능하다. 무대책은 XP에서 말하는 용기가 아니다. 최소한 기존에 잘 돌아가던 테스트 코드를 깨뜨리지만 않으면 해당 리팩토링은 성공했다고 볼 수 있기 때문이다. TDD와 단위 테스트로 촘촘하고 꼼꼼하게 반복적 테스트가 가능한 상태라면 대담한 리팩토링도 가능해진다. 테스트를 믿고 전진할 수 있기 때문이다. TDD와 단위 테스트는 리팩토링의 필수 도구[12]다.

테스트 기법이라고는 최상위 수준인 UI 화면에서 수동입력/육안검사만 있는 상황이라면 리팩토링은 악몽이 된다. 코드와 팀이 혼수상태에 빠질 수도 있다. 누군가 '리팩토링'을 마치 최신의 초강력 기법인 것처럼 떠드는데 정작 'TDD'에 대해 무지하다면, 십중팔구 '사기꾼'이거나 '떠벌이'라고 생각하면 딱 맞다. XP 개발 방법론의 일부를 가져다가 자신의 무지/무능력/몽매함을 은폐하는 데나 써먹고 있는 사람이다.

6. '심리적 불안'을 '체계적인 확인사살'로 해소

내가 짠 코드가 제대로 잘 돌아가는지 늘 의심스러울 때가 많다. 그 때문에 늘 불안이 서성거린다. 보통의 개발자는 가장 의심가는 몇 가지 시나리오를 입력값으로 넣어보고 동작을 확인해본다. 수동입력/육안검사 기법 그리고 나머지는 슬쩍 묻어두고 "이 정도면 이제 다 잘 돌아갈거야"라는 '믿음'으로 버텨가려는 경향을 보인다. 그래 놓고는 퇴근하고 집에 가서 또 다시 불안해 한다. 개발이 자꾸 신학적 영역으로 미끄러져 간다. 공

---

12 리팩토링의 필수 도구 하나가 더 있다. 바로 소스 코드 관리 도구다. 이것 없이 리팩토링하는 건 자해행위에 가깝다. 리팩토링의 대상은 소스 코드다. 소스 코드를 하루에도 수십 번씩 수정/제거/변경/생성한다. 소스 코드 관리 도구의 도움 없이 그 모든 변경 내역을 다 기억하고 추적할 수 있는 사람/팀은 없다. 팀 전체가 비상한 기억력을 갖춰야 하는데, 설령 그렇다고 해도 소스 코드 변경 이력은 그냥 소스 코드 관리 도구에 맡기고 그 탁월한 기억력을 개발 본연의 과제에 사용하길 권한다.

내가 짠 코드가 제대로 잘 돌아가는지 늘 의심스러울 때가 많다. 그 때문에 늘 불안이 서성거린다.
보통의 개발자는 가장 의심가는 몇 가지 시나리오를 입력값으로 넣어보고 동작을 확인해본다.
수동입력/육안검사 기법 그리고 나머지는 슬쩍 묻어두고
"이 정도면 이제 다 잘 돌아갈거야"라는 '믿음'으로 버텨가려는 경향을 보인다.
그래 놓고는 퇴근하고 집에 가서 또 다시 불안해 한다.
개발이 자꾸 신학적 영역으로 미끄러져 간다.
공학이 아니라 신앙이 되는 이유가 바로 '불안'에 있다.

학이 아니라 신앙이 되는 이유가 바로 '불안'에 있다.

코드에 대한 불안은 '확인 사살'로만 해소할 수 있다. '믿음'은 결코 불안을 없애주지 못한다. TDD와 단위 테스트로 개별 컴포넌트 수준에서 최상위 통합 수준까지 체계적으로 테스트하면 막연히 불안해 할 이유가 없어진다. 테스트가 부족한 듯 불안하면 테스트 코드를 더 많이 짜면 된다. TDD와 단위 테스트는 개발자가 퇴근한 후 집에서는 불안 없이 그냥 즐겁게 놀며 쉴 수 있게 해준다.

7. 웹 개발의 경우, 화면 테스트로는 작동을 100% 확신할 수 없음

UI 화면상에서 제어할 수 있는 입력값의 조합은 제한되어 있다. 모든 기능이 화면으로 노출되는 것도 아니다. 결국 화면상에 나오는 것은 빙산의 일각이다. 90 퍼센트 이하의 기능은 수면 아래에 잠겨있다. 수면 밑 거대한 얼음덩이를 우습게 보다가 빙산과 충돌해서 끝내 침몰한 타이타닉호의 교훈을 떠올릴 필요가 있다. UI 화면 저 아래에는 무시무시한 얼음덩이가 있다. UI 화면의 입력값은 가 닿지도 않는 어둠의 영역이 있다. 대부분의 오류/버그는 이 어둠 속에 숨어있다. 전문적인 테스트 팀을 구성하고 QC/QA를 아무리 강화해도 웹 UI 화면에서만 테스트해서는 잡을 수 없는 오류들이 너무 많다. TDD와 단위 테스트만이 어둠을 걷어내고 밝은 빛으로 오류/버그를 색출하고 박멸해갈 수 있다.

웹 화면의 디자인 초안이 나오기 전까지는 중요한 테스트를 모두 미루고 대기하는 일도 종종 있다. 왜 개발자가 디자이너 핑계대면서 대기하고 있는 걸까? 웹 UI 화면이 나와야만 테스트(수동입력/육안검사)가 가능하기 때문이다. 웹 UI 화면에서만 테스트할 수 있다는 편견/오해가 개발팀 전체에 퍼져있는 탓이다. UI 화면 없이도 테스트가 가능해야 한다.

커맨드 라인 인터페이스에서도 테스트 실행이 가능해야 한다. 그래야 컴포넌트/클래스/함수를 개발할 때에도 테스트를 할 수 있다. TDD와 단위 테스트는 이걸 가능하게 해준다. 웹 UI 화면 없이도 테스트와 개발이 가능하다. 중요 컴포넌트를 개발할 때 함수/클래스 단위로 테스트 패턴을 함께 만들면서 개발이 가능해진다. 웹 UI 화면 수준에서도 TDD와 단위 테스트에서 제공하는 Web Testing 라이브러리 모듈을 사용하면, 테스트 자동화가 가능해진다. 마우스나 키보드 입력 없이도 웹 UI 화면 테스트가 가능하다.

8. 문서화 작업 부담 경감

개발 과정에서 꼭 필요한 문서들이 있다. 소스 코드는 개발의 직접적인 산출물이지만, 그것만으로는 부족한 경우가 많다. 데이터베이스 관련 문서도 필요하고 아키텍처 관련 문서도 필요하다. 기능 명세서/정의서가 필요한 경우도 있다. 문서화 작업은 개발자에겐 또 다른 부담이다. 개발하다 보면 계속 조금씩 내용이 바뀐다. 개발과 병행해서 문서 작업하는 일은 꽤 고단하다. 문서를 항상 최신 버전으로 만들어야 하는 부담도 크다. 그렇다고 안 할 수는 없다. 나중에도 계속 이 프로젝트에 얽혀있고 싶지 않다면 문서화를 잘해야 한다. 그래야 인수인계를 쉽게 해줄 수 있다. 문서 작업을 해야 하는 가장 중요한 이유는 다른 개발자가 맡았을 때도 비교적 쉽게 유지보수 업무를 할 수 있게 해주기 위해서다. 이걸 위해서 상세하고 방대한 양의 문서를 만든다.

그런데 곰곰이 생각해보면 문서가 많다고 항상 도움이 되는 것은 아니다. 오히려 핵심은 빠진 채 장대한 분량만 차지하고 정작 도움되는 내용은 거의 없는 문서도 많다. 프로그램이 제대로 잘 돌아가는지 아닌지를 판별할 수 있는 문서가 핵심이다. 어떤 조건/상태일 때가 제대로 잘 동작하는 것인지, 어떤 결과가 나오면 오동작인지를 쉽게 판별할 수 있어야 한다. 테스트 관련 문서가 바로 그것이다. 데이터베이스/아키텍처/구조 설계 관련 문서 못지않게 유지보수 업무에 긴요한 것이 바로 테스트 관련 문서다. 즉각적으로 정상동작/오동작을 판별할 수 있어야 한다.

TDD나 단위 테스트를 채택하지 않는 경우를 보면, 테스트 관련 문서는 정말 '문서'다. 엑셀파일에 테스트 항목을 대/중/소분류로 정리한 문서부터 함수/클래스/모듈의 입력/상태/출력에 대해 상세하게 기술하고 시나리오별로 정리한 문서가 대부분이다. 내용의 밀도는 차치하고 '문서'의 형태로만 제작되고 전달되기 때문에 재현을 하려면 프로그램에 대해 수동입력/육안검사 기법을 누군가가 시간을 들여가면서 다시 적용해봐야 한다. 테스트 문서를 옆에 놓고 하나씩 체크해가면서 테스트를 재현해봐야 한다. 고단한 일이다. 이런 문서조차 없는 경우에는 정말 난감해진다. 그냥 대략 잘 돌아간다는 '믿음'을 가지는 수밖에 없다. 간단한 기능 개선을 위해 코드에 손을 대는 경우엔 혹시라도 오류를 만들어내는 건 아닌지 초긴장 상태가 된다. 다양하고 풍부한 테스트는 언감생심 꿈도 꾸지 못한다.

TDD와 단위 테스트는 테스트 관련 문서화 작업의 부담을 확 줄여준다. 따로 문서를 작성할 필요도 없다. 단위 테스트와 통합 테스트를 작성하고 실행하면 자연스럽게 검사 항목의 리스트와 입력조건과 예상 출력값이 이미 잘 정리된 형태로 나온다. 테스트 프로그램 코드가 그냥 그대로 테스트 문서가 된다. 프로그래머가 아닌 사람에게 테스트 문서를 제공해야 할 필요가 있을 때는 테스트 코드를 기초로 약간만 가공해서 테스트 문서를 만들면 된다.

최근 오픈 소스 프로젝트를 보면 소스 코드와 함께 테스트 코드를 함께 제공하는 경우가 많다. 따로 설명 문서가 없어도 테스트 코드를 읽으면서 어떤 입력이 들어가고 어떤 출력이 나오는지를 확인할 수 있다. 기능에 대해 자연스럽게 이해할 수 있다. 게다가 미심쩍으면 테스트 코드를 실행해보면 된다. 조금 다른 입력을 넣어보고 결과를 확인해볼 수도 있다. 테스트 코드가 문서를 대신해줄 수 있다.

9. 디버깅 작업 단축

프로그램 개발과정은 대략 다음 3단계로 이루어진다.

1) 설계
2) 코딩
3) 디버깅

설계를 잘못하게 되면, 아주 두고두고 괴롭힘을 당하게 된다. 개발자 자신도 괴롭고, 그걸 지켜보는 사람들도 괴롭고, 그 프로그램을 사용하는 사용자들도 괴로움을 당하게 된다. 민폐도 이런 민폐가 없다. 따라서 제대로 '설계'를 잘하는 게 정말 중요하다. 이를 위해서는 전체 개발 과정에서 설계에 소요되는 시간은 가급적 억지로 줄이지 않는 편이 낫다. 그 대가는 그리 멀지 않은 시기에 반드시 치르게 되어있다. 아무리 쥐어짜도 좋은 설계안이 안 나오는 경우에는 그냥 빨리 코딩으로 넘어가는 게 더 낫다. 좀더 고급의 설계안을 얻겠다고 바둥거려봐야 시간만 날리는 경우가 많다.

코딩은 실제로 시간이 그리 오래 걸리지 않는다. 후다닥 끝나는 경우가 많다. 특히 자신이 무척 유능하다고 자랑하는 개발자들은 코딩이 꽤 빠른 편이다. 한 때 타이핑 속도가 빠르다고 자랑하던 개발자도 있었다. 물론 도움은 된다.

정작 문제는 '디버깅'이다. 아예 용어 자체부터가 불길하게도 '진행형'이다. 이게 대체 언제 끝나는 것인지 알 수가 없다. 다 끝난 것 같다가도 조금 새로운 입력 패턴이 들어오면 그냥 뻗거나 엉뚱한 결과를 쏟아낸다. 숨어있던 '버그(bug, 벌레)'가 나타난 것이다. 한바탕 '벌레잡기 소동'이 벌어진다. 몇몇 클래스와 모듈들이 검거되어 수정되고 사태는 진정된다. 이제 끝인가? 아니다. 방금 새로 수정한 코드 때문에 또 다른 '버그'들이 새로 알을 까고 태어났다. 대체 언제 이 지독한 '벌레잡기 전쟁'은 끝이 날 것인가? 역설적이게도 '디버깅' 자체가 '버그'를 재생산하는 경우가 많다. 그러니 웬만해서는 버그 전쟁은 끝이 안 난다.

TDD와 단위 테스트는 이미 갖춰진 자동화기로 '버그'를 수색한다. '디버깅' 과정에서 새로 태어난 '베이비 버그' 역시 검문검색을 받는다. 그리고 대부분 참빗처럼 촘촘한 테스트 망에 걸려 일망타진된다. 디버깅이 버그를 낳는 악순환의 고리를 끊어낼 수 있다. 디버깅 시간을 확 줄여준다. 사후 디버깅 작업의 근원부터 개발할 때 뿌리뽑는 방식이다. 나중엔 오류 수정을 위해 디버깅 작업을 해야 할 이유조차 희미해진다. 기능 추가 개선을 위해 코드를 수정해야 할 때에도 자동 테스트라는 강력한 도구의 힘으로 안심하고 작업할 수 있다.

10. '믿음' '대신' '검사', '전도'보다는 '입증'

가끔 개발자들을 보면 자신이 짠 코드에 대한 '믿음'이 너무 터무니없이 강한 경우가 있다. 깔끔하게 잘 짰으므로 문제 없이 잘 돌아간다고 말한다. 정말 자신도 그렇게 믿고 그 믿음을 남에게 '전도'까지 하려 한다. 대체 무슨 '신내림'을 받았기에 저렇게 철석같이 믿고 있는지 가끔 의아할 때가 있다. 물론 꼼꼼하게 동작 하나하나를 확인했을 것이다. 정상 동작뿐만 아니라 예외 동작까지도 예외적/오류적 입력값에 대해서도 촘촘하게 테스트를 했을 것이라고 믿고 싶다.

하지만 프로그램 개발은 '신앙 생활'이 아니다. 맹목적인 믿음은 '재앙'만 남긴다. '믿음'보다는 '검사'가 필요하다. '전도'보다는 '입증'해야 한다. 그 책임이 개발자에게 있다. 잘 돌아간다고 말로만 설명하지 말고 실제로 보여주고 입증하면 된다. 준비된 정상/예외/오류 입력에 대해서 프로그램이 설계된 그대로 강건하게 잘 돌아간다는 걸 보여주면 된다. 그냥 말로만 믿어달라고 하는 건 곤란하다.

TDD와 단위 테스트는 검사와 입증을 도와준다. 막연하고 불안하고 맹목적인 '믿음'을 체계적이고 기계적이고 반복재연 가능한 테스트를 거친 과학적/공학적인 '확신'으로 바꿔준다. 나중에 프로그램이 실제 작동에 들어갈 때 '기도'해야 하는 일도 없어진다. 신학적 믿음이 아닌 과학적/공학적 확신이 생긴다.

TDD
TDD 도입을 꺼리는 10가지 주요한 이유들

1. 새로 뭔가를 배우는 게 싫다

사실 많은 이유가 있을 테지만 가장 결정적인 것은 역시 뭔가를 또 새로 배워가는 게 싫고 두렵기 때문이다. 지금 알고 있는 것만으로 별 문제없이 잘 해왔다. 괜히 시간과 에너지 들여가며 오래 쓸 수 있을 것 같지도 않고 아직 안정화 되지도 않은 걸 배우기는 싫다. 남들도 별로 쓰는 거 같지도 않은데, 왜 우리가 그걸 새로 배우고 도입해야 하나?

맞다. 지금 그리고 앞으로도 한참 동안은 아무 문제가 없을 것이다. 하지만, '배움' 자체를 기피하면서 어떻게 프로그래머로 살아남을 수 있을까? 어렵다고 본다. 프로그래머이면서도 새로운 걸 배우길 싫어한다면 둘 중 하나다. 정말 타고난 천재이거나 길을 잘못 들어선 것이다.

TDD와 단위 테스트, 아직도 안 쓰는 개발 회사들이 더 많다. 도입 즉시 효험을 볼 수 있는 방법도 아니다. 새로 배우고 익히는 데도 시간이 걸리고 개발에 도입한다면 예전에는 하지 않았던 테스트 코드 작성 작업 때문에 개발 일정도 늘어난다. TDD와 단위 테스트의 단점을 지적하면서 도입에 반대하는 것은 나름 일리가 있다. 하지만 그냥 새로운 걸 새로 배우고 익히는 게 싫어서 반대하는 건 곤란하다.

2. 우리는 이미 테스트를 충분히 잘하고 있다

이것이 진짜라면 축하한다. 진짜 잘하고 있는 거다. 테스트는 '충분히' 그리고 '잘' 이루어지고 있어야만 한다. 아무리 일정에 쫓기고 분량의 압박에 시달리더라도 믿었던 코드에 발등 찍히지 않으려면 가혹한 테스트밖에 없다.

문제는 좀더 효율적으로 테스트를 하자는 거다. 수동입력/육안검사 기법도 훌륭하지만 반복적으로 시행하기엔 한계가 있다. 최종 UI 수준에서만 입력이 가능하고 출력 확인이 가능한 부분도 한계지점이다. 좀더 자동화가 필요하다. 좀더 하위 수준에서도 테스트가 필요하다.

테스트에 소모되는 주의력을 최대한 줄이고 일단 손으로 한번 잡은 버그는 그 다음부터 테스트 자동화로 검사하자는 거다. 처음에 다양한 테스트 패턴을 생성하는 일이 조금 수고스럽겠지만, 이후 수십 번 어쩌면 수백 번이 넘을 수도 있는 반복적인 수동 입력 작업을 절약해준다는 걸 감안하면, 테스트 자동화가 생산성을 더 높여주는 방법이다.

3. TDD는 너무 극단적이다

맞다. TDD는 그야말로 익스트림하다. XP 개발 방법론의 특징이라고 이해하자. 프로그래머의 심리적 요소까지 소프트웨어 공학의 대상으로 삼고 있다. TDD에서는 '테스트 코드'를 실제 테스트 대상 '실행 코드'보다

더 먼저 작성하자고 한다. 첫 번째 테스트는 반드시 실패하게 되어 있다. 왜냐하면 아직 '실행 코드'가 작성되지 않았기 때문이다. 이것은 두 가지를 염두에 둔 책략이다. 첫째는, 실패 테스트에 대해 면역을 길러주기 위해서다. 빨간색으로 터져 나오는 실패 테스트 결과에 필요 이상으로 놀라지 않도록 해주기 위해서다. 둘째는, 꼭 해야 하는 싫어하는 일을 좋아하는 일보다 먼저 시키는 것이다. 사람들은 누구나 테스트를 싫어한다. 그래서 테스트 코드 작성을 싫어하고 자꾸만 미루려고 한다. 반면, 테스트 대상 실행 코드 작성은 누구나 좋아한다. 머릿속에 한 줄기 아이디어라도 지나가면 금방이라도 구현해보고 싶어서 어깨를 들썩거린다. 그렇게 가만히 놔두면 사람들은 결국 실행 코드만 열심히 재미있게 짜고 테스트 코드는 대충 마지못해서 조금 짜고는 다 됐다고 손을 놔버리곤 한다. 그래 놓고는 자기가 짠 코드는 문제없이 잘 돌아간다고 우기는 것이다. TDD는 개발자의 이런 심리까지 빤히 들여다 본다. 그래선 안 된다고 말하다가 지쳐서, 아예 테스트 코드를 먼저 작성하자고 설득하는 개발 방법론이다.

TDD는 처음 해보면 당황스럽다. 테스트 코드를 먼저 작성하고 그걸 통과하는 테스트 대상 실행 코드를 작성한다. 다시 테스트 코드를 조금 추가하고 그걸 만족하는 실행 코드를 추가한다. 리듬이 생긴다. 테스트와 실행 코드를 왕복하면서 한 단계씩 한 걸음씩 전진한다. 실행 코드가 점점 더 정교해진다. 테스트 코드도 점점 촘촘해진다.

4. 테스트 항목을 생각해내고 작성하는 게 귀찮다

사실이다. 테스트 대상 실행 코드를 작성하는 것은 문제를 풀어가는 과정의 묘미와 그것을 구현하는 재미가 꽤 쏠쏠하다. 반면 뭔가를 검사하기 위해 코드를 작성하는 작업은 단순하고 반복적이고 기계적이어서 그 자체로는 귀찮고 성가신 작업이다. 특히 뻔히 잘 돌아갈 것으로 예상되는 입력값 패턴을 하나씩 만들고 조금씩 바꾸는 작업은 꽤 지루하고 피곤하다.

하지만 어차피 테스트는 해야 한다. 그리고 실제 누구나 조금씩은 하고 있다. 조금 더 하자는 것이다. 그것도 매번 일회성으로 입력값을 타이핑해서 넣는 수동 입력 방식 말고, 좀더 자동화하자는 것이다. 어차피 해야 하는 일이고 그걸 통해 좀더 좋은 품질의 코드를 확보할 수 있는 방법이라면, 생각보다는 피곤하거나 지루하지 않은 것이라면, 굳이 하지 않을 이유가 없다.

테스트 코드를 작성하다 보면 자연스레 깨닫게 되는 것 가운데 하나는, 입력값은 참 다양하게 변주될 수 있다는 사실이다. 그동안 정상 동작에만 집중하느라 놓쳐왔던 예외 동작과 허용해선 안 되는 입력값들에 대해서도 세심하게 신경을 써야 한다는 걸 깨닫게 된다. 어떤 입력값에도 흔들리거나 무너지지 않는 강건한 코드를 얻을 수 있는 방법은, 역시 무자비하게 테스트하는 것밖에 없다는 것 역시 깨닫게 된다.

5. 개발시간도 부족한데 테스트 패턴 만들고 테스트하는 데 시간을 또 들일 수는 없다

아마 그럴 지도 모른다. 그리고 실제로도 TDD를 도입하면 개발 기간 동안 해야 할 작업의 분량이 절대적으로 증가한다. 이 때문에 많은 개발자들이 TDD 도입을 반대하거나 적용을 주저하곤 한다. 개발 관리자 입장에서도 개발 기간이 늘어가는 것에 대해 부정적일 수밖에 없다.

하지만 곰곰이 다시 생각해보기 바란다. 자신이 프로그램을 작성해갈 때 단 한번에 완벽한 코드를 짰던 적이 몇 번이나 있었는지? 한 번 짠 이후로 한 번도 수정하지 않은 클래스나 모듈들이 과연 몇 개나 있었는지? 단지 오류 때문이 아니라도 기획상의 변경이나 다른 모듈들과의 접속 문제로 숱하게 만지작거렸어야 했던 기억들이 있을 것이다. 문제는 '그때마다 충분하게 테스트를 했는가'이다. 아마 대부분 코드를 수정해놓고도 그것이 예전처럼 잘 돌아간다는 믿음만 가지고 슬쩍 테스트를 생략해버리고 넘어간 적이 많았을 것이다. 다행히 모든 게 다 잘 돌아간다면 문제는 없다. 애석하게도 세상은 그렇게 호락호락하지 않다. 무수한 수정 작업 과정에서 예전엔 잘 돌아갔으나 중간 수정 작업 때문에 이제는 안 돌아가는 모듈들을 디버깅하느라 끙끙거리며 많은 시간을 허비하며 보냈을 것이다. '디버깅'이라는 이름으로 불리는 시간은 대부분 테스트 코드만 제대로 갖춰져 있었다면 단축 가능했을 시간이다.

이젠 이러지 말자는 것이다. 생산성 증강의 핵심은 반복적인 작업을 최소화하는 데 있다. 특히 수작업으로 진행되는 부분들을 최대한 자동화하는 데 있다. TDD와 단위 테스트는 정확히 이걸 도와준다. 실제로 실험을 해보면 알겠지만 중기적으로 개발 생산성은 엄청나게 올라간다. 프로젝트 규모가 크면 클수록 참여 인력이 많으면 많을수록 TDD 적용의 효과는 기하급수적으로 증가한다.

6. 코드 수정할 때마다 테스트도 함께 수정해야 하는 게 이중 작업이다

버그가 아닌 다른 여러 이유들로 해서 자신이 짰던 코드를 수정하는 일은 별로 즐겁지 않다. 그런데 같은 이유로 테스트 대상 실행 코드뿐만 아니라 테스트 코드까지 함께 수정해야 한다면 마치 일이 두 배가 된 것처럼 느껴진다. 실행 코드도 고쳐야 하고 테스트 코드도 고쳐야 한다.

맞다. 그렇게 느낄 수 있다. 어떤 면에서는 사실 그렇기도 하다. 실행 코드 내용이 달라지면 테스트 코드도 달라져야 한다. 수정해야 할 분량의 압박이 생긴다. 하지만 테스트 코드 내용이 쓸모 없는 게 아니다. 테스트 코드로 작성하지 않았더라도 누군가는 수동입력/육안검사 기법으로라도 반드시 테스트를 했어야 할 내용이다. 이중 작업처럼 보이지만 불필요한 작업은 아니다. 테스트는 아무리 강조해도 지나치지 않다. 우리는 테스트를 통과한 것만 믿고 신뢰할 수 있다. 그게 공학이다.

7. 테스트 코드를 통해 발견한 오류가 아닐 경우, 새로 테스트 코드로 추가해줘야 하는 게 번거롭다

TDD와 단위 테스트를 도입했는데도 오류가 뒤늦게 발견될 수 있다. 현재 있는 테스트 코드가 조금 더 촘촘해져야 한다는 뜻이다. 번거롭지만 테스트 코드가 더 충실해질 수 있는 계기이기도 하다. 발견된 오류를 재현하기 위한 테스트 코드를 먼저 작성할 필요가 있다. 그 다음에 테스트 대상 실행 코드를 수정하는 게 좋은 습관이다. 그 다음엔 반드시 전체 테스트 코드를 실행해봐야 한다. 그래야 방금 수정한 내용이 다른 곳에 영향을 끼쳐서 다른 테스트 코드를 실패로 만드는지를 검사할 수 있다. 버그 수정이 또 다른 버그를 낳는 버그의 악순환을 제거하기 위한 검사다. 이렇게 해서 테스트 코드는 더 촘촘해진다. 테스트 대상 실행 코드는 점점 더 강건해진다.

8. 소켓 통신 프로그램은 TDD하기 어렵다

소켓 통신 프로그램은 현재 시스템 외부의 자원에 접속한다. 그 외부의 자원이 항상 정상 동작하는 경우도 있지만 아닌 경우도 있다. 테스트 대상이 외부의 자원과의 연결을 가지고 있는 경우, 테스트 자동화는 다소 어려워질 수 있다. 하지만 불가능해지는 건 아니다. 오히려 외부 자원의 정상 동작뿐만 아니라 예외적 동작까지도 포함해서 테스트 시나리오를 만들고 테스트해야 한다. 외부 자원에 문제가 생겼을 경우 테스트 대상 시스템은 어떻게 반응해야 하는지를 미리 결정하고 점검하는 것이다.

TDD와 단위 테스트 라이브러리 중에는 이런 경우에 활용할 수 있도록 모의 객체Mock를 제공한다. 외부 대상의 동작을 모사하는 객체다. 소켓 통신 모듈에 이 기능을 장착하면 외부 자원과 직접 연결하지 않고도 테스트 실행이 가능해진다. 외부 자원이 예외적 상황에 빠질 때를 가정해서 테스트할 수도 있다.

9. 데이터베이스 프로그램은 TDD하기 어렵다

대부분 웹 개발은 데이터베이스 중심적이다. 데이터베이스 테이블에 값을 생성했다가 변경했다가 삭제했다가 조회했다가 하는 연산이 중심을 이룬다. TDD와 단위 테스트를 데이터베이스 중심적인 웹 개발 프로젝트에 적용하려 할 때, 첫 번째로 부딪히는 장벽이 바로 데이터베이스이다. TDD를 적용하기가 좀 어렵다.

하지만 방법이 없지는 않다. 데이터베이스를 TDD로 끌어들이기 쉽게 해주는 도구가 많이 나와있다. 대표적인 것이 바로 DbUnit[13]이다. 데이터베이스 테이블과 연동해서 TDD를 실행할 수 있게 지원한다. 비슷한 계열로는 Fixture[14]가 있다. 테스트 케이스 실행 전에 완전히 고립적이고 독립적인 실행환경을 구성해준다. 데이터베이스의 테이블도 Fixture를 사용해서 초기화한다. 테스트 케이스 실행 후에는 다른 테스트 케이스와 혼선이 빚어지지 않도록 테이블을 완전히 삭제한다. 이들 방법을 사용하면, 데이터베이스가 포함된 시스템도 TDD와 단위 테스트를 적용할 수 있다.

---

13 http://www.dbunit.org/
14 PHP의 대표적인 웹 개발 프레임워크인 CakePHP에서는 자체 Fixture 기능을 제공한다.

10. UI 프로그램은 TDD하기 어렵다

웹이든 애플리케이션 프로그램이든 UI를 가진 프로그램은 TDD와 단위 테스트 적용이 다소 어렵다. UI를 구성하는 화면 출력 부분과 제어 논리가 집중적으로 들어있는 부분간의 구분이 없는 경우에는 특히 더 어렵다. MVC_{Model-Controller-View} 디자인 패턴을 따라서 각 부분이 잘 분리된 경우에는 모델과 컨트롤러에 대해서 TDD와 단위 테스트 적용이 가능하다. 보통 뷰에 대해서는 자동화된 테스트보다는 육안검사 기법이 더 치밀하고 꼼꼼하고 탁월하다.

UI가 전면화된 프로그램들도 복잡도가 일정 수준 이상으로 높아지면, MVC로의 분화를 고민해야 하는 지점이 생긴다. 처음부터 MVC로 쪼개서 개발하는 건 아무래도 배보다 배꼽이 더 커질 공산이 있다. 간단한 응용 애플리케이션 프로그램인 경우에는 본격적인 MVC 분리보다는 그냥 집체적으로 개발하는 게 편하다. 기능이 점점 더 복잡해지는 경우가 문제다. 이 때에는 TDD 때문이 아니더라도 중복적 요소 제거를 위해서 MVC로의 분화가 필요해진다. MVC로 쪼개져 있는 시스템/프로그램인 경우에는 M과 C에 대해서 TDD와 단위 테스트를 적용하는 일은 정말 쉽다. 그냥, 하면 된다.

MVC로 분화되지 않은 UI 프로그램에 대해서는 TDD와 단위 테스트를 최대한 적용하기보다는 오히려 테스트 자동화에 초점을 맞추는 게 더 나을 수 있다. 사람이 수작업으로 테스트해야 하는 항목들을 최소화하고 최대한 외부의 도구를 활용해서 자동/반자동으로 테스트가 실행될 수 있도록 개발 환경을 구축하면 된다. 사람은 반복을 싫어하지만 기계는 반복을 정말 잘 수행한다. 테스트는 많이 하면 할수록 이익이다. 테스트 자동화를 하면 할수록 이익이 커진다.

소프트웨어 개발자 구인 소개글을 써봤습니다

제가 일하는 회사에서 개발자를 찾고 있습니다. 각종 기술 스펙만을 건조하게 적어두는 기존 방식이 맘에 들지 않아서, 긴 소개글을 써봤습니다. 소프트웨어 개발에 관한 평소의 생각을 약간 댓구를 넣어서 모아봤습니다.

개발자가 피곤하면 코드도 피곤해진다고 생각합니다.
개발자가 침울하면 코드도 침울해진다고 생각합니다.
개발자가 정신 없으면 코드도 정신 없어진다고 생각합니다.
개발자가 소모되지 않아야 코드도 소모되지 않는다고 생각합니다.
개발자가 즐거워야 코드도 사용자를 즐겁게 할 수 있다고 생각합니다.

저희는 "월화수목금금금"이 아닌, 주5일 9시~6시 근무가 개발의 효율이 더 높다고 생각합니다.

저희는 개발 일정을 추정하는 작업은 개발자가 가장 잘할 수 있다고 생각합니다.

저희는 미리 계획하고 준비하지 않은 돌발적/즉흥적 회의/데모는 개발자에게 해롭다고 생각합니다.

저희는 무리한 계획은 반드시 무리를 낳는다고 생각합니다.

저희는 개발자가 개발 업무에 몰두하고 집중할 수 있도록 여건을 개선해가는 게 관리자의 주요 임무라고 생각합니다.

저희는 기술적 결정사항에 대해서는 전문가인 개발자가 가장 잘 판단할 수 있다고 생각합니다.

저희는 개발자가 계속 성장하고 점점 더 강력해지도록 지원하는 것 역시 조직의 임무라고 생각합니다.

저희는 개인 능력이 차고 넘치는 사람보다는 좀 부족하더라도 동료들과 서로 도우며 협력해가는 개발자가 더 낫다고 생각합니다.

저희는 아무도 알아주지 않고 사용해주지도 않는 소프트웨어는 큰 의미가 없다고 생각합니다.

저희와 함께 안정된 환경에서 소프트웨어 개발을 즐기며 세상에 기여해갈 개발자를 찾습니다.

소프트웨어 개발만큼 창의적이고 도전적이고 재미있는 일도 그리 많지 않을듯 합니다. 여건과 환경과 보상만 제대로 갖춰진다면 말이죠.

에필로그

좋은 소프트웨어를 만들어야 하는 이유, 나쁜 소프트웨어가 해로운 이유를 거창하게 생각해봤다.

좋은 소프트웨어는 매혹적인 기능을 가졌다. 쓰기도 편하고 UI도 우아하다. 오류는 거의 없다. 있어도 미미하다. 쓰는 사람을 편하고 즐겁게 만든다.
나쁜 소프트웨어는 사용자를 괴롭힌다. 짜증과 분노까지 일으킨다. 급기야 성질까지 나쁘게 만든다.

좋은 소프트웨어는 세상을 밝게 만든다. 행복하게 만든다.
나쁜 소프트웨어는 이 세상에 불만과 짜증과 분노를 더한다. 불행의 총량을 높인다.

우리가 좋은 소프트웨어를 만들어야 하는 이유다. 최소한 나쁜 소프트웨어가 되지 말아야 할 이유다. 더 즐겁고 편리한 세상을 위해서….

우리도 40년 이태리 장인처럼 한땀 한땀 정성 들여서 명품 소프트웨어를 만들 수 있으면 좋겠다. 아니, 최소한 사용자를 괴롭히는 나쁜 소프트웨어를 만들지는 않았으면 좋겠다.

세상은 과학자와 엔지니어가 바꾼다는 자부심에 대해 생각해본 적이 있었다.

> 2006년 가을, 제주도에서 열린 '다음 라이코스 개발자 컨퍼런스'에 참석한 일이 있는데, 행사에 참석한 이재웅 사장이 꺼낸 첫 마디는 "세상은 우리 엔지니어가 바꿉니다."라는 말이었다.
>
> 출처: http://www.dal.kr/blog/001638.html
> 컴퓨터공학이 여전히 매력적인 학문이고 직업인 이유, 김중태, IT문화원 블로그

다음은, 미국 인텔사의 창립자인 로버트 노이스Robert Noyce가 한 유명한 아포리즘aphorism이다.

> Engineers, scientists, and artists create value. Everybody else just moves it around. – Robert Noyce Cofounder, Intel Corp
>
> 가치를 만드는 건 엔지니어, 과학자, 예술가들이다. 다른 사람들은 단지 그걸 이리저리 옮길 뿐이다. – 로버트 노이스, 인텔 창립자
>
> 출처: 구글 도서 검색 The Race for Perfect:
Inside the Quest to Design the Ultimate Portable Computer

개발자로서, 엔지니어로서 살기에 여러모로 팍팍한 한국의 현실과 상황. 의욕은 꺾이고 일상은 바쁘고 하루는 피곤하다. 하지만 그럼에도 일은 재미있다. 가치를 만들고 세상을 바꾸는 건 결국 과학자와 개발자와 엔지니어라면, 나름 자부심을 가져도 될 듯하다. 재미있는 일을 하면서 세상을 더 편리하고 행복하게 만들어 가는 일, 바로 우리 엔지니어가 하는 일이다.

찾아보기

A~B
Agile ... 59, 107
Agile Manifesto ... 64
awk ... 42
Bill Atkinson ... 52
Bob Frankston ... 51
Bourne shell ... 43
Brace ... 46
bug ... 192

C
CakePHP ... 40, 190
CheckStyle ... 167
CI ... 54
Coding Style ... 165
collaboration ... 141
commit ... 35
complexity ... 20
connected autonomy ... 148
context switching ... 102
Continuous Integration ... 54, 149
C shell ... 43

D
Daily Scrum Meeting ... 113
DbUnit ... 240
debugging ... 192
Deja Vu ... 94
Dennis Ritchie ... 50
Don't Reinvent The Wheel ... 191
Doxygen ... 164

E
Eclipse ... 182
egoless programming ... 179
Enemy ... 143
engineering methodologies ... 60
Estimation ... 117
Expert ... 75

F
FDD 개발 방법론 ... 128
Feature list ... 116
First follower ... 161
Fixture ... 240
flow chart ... 48

Framework ... 188
freeze ... 116

G
Genius ... 75
Global Variable ... 44
Grace Hopper ... 192
gridlock ... 20
Guru ... 75

H~J
Hawthorn Effect ... 63
Hello, World ... 9
Impressionism ... 60
Interrupt ... 95
Issue Tracker ... 98
Iteration ... 62
Javadoc ... 164
John von Neumann ... 56

K~M
Ken Thompson ... 50
Library ... 188
Lovely TortoiseSVN ... 40
MacPaint ... 52
Manager ... 130
Managers ... 109
Managing By Wandering Around ... 96
Marketters ... 109
MBWA ... 96
migration ... 29
milestone ... 174
mnemonic ... 56
Morten T. Hansen ... 146
MVC 디자인 패턴 ... 241

N~P
NIH 장벽 ... 147
Novice ... 74
OOP ... 44
orchestrate ... 86
Pascal ... 52
phpcs ... 167
Pigs and Chickens ... 108
pointer ... 42
predictive/prophetic programming ... 32

Product Backlog … 111, 117
Product Increment … 113
Product Owner … 130
Professional … 74

R~S
Rebecca D. Costa … 20
refactoring … 30
restructuring … 30
Scrum … 107
SCRUM … 124
Scrum Master … 130
sed … 42
Self Organization … 117
SI … 162
software engineering … 10
Software Requirements Specification … 65
sprint … 110
Sprint Backlog … 112, 117
SRS … 65
Steve Wozniak … 51
subversion … 40
Subversion … 34
SVN … 40

T~Z
TDD … 33, 55, 168
Test Driven Development … 33, 55
Tim Paterson … 51
TortoiseSVN … 182
Unit Test … 33, 40, 165
Usability … 14
Users … 109
VisiCalc … 51
Waterfall … 58
working copy … 182
wrap and conquer … 35
xUnit … 168, 198
Zend Framework … 40, 190
zero code based new project … 30

ㄱ
감싸기 & 정복하기 … 35
개발마 … 131
개발 문서 … 72
개발 방법론 … 11
개발 프레임워크 … 38
검색 장벽 … 147
경계조건Boundary Condition 검사 … 222

경계조건 검사 … 222
공학적/공예적 기법 … 23
공학적 방법론 … 60
관리자 … 109
교각살우 … 85
교착 상태 … 20
그레이스 호퍼 … 192
기능 리스트 … 116
기능 목록 … 117
기획마 … 131

ㄴ~ㄷ
네트워크 수단 … 147
니모닉 … 56
단위 테스트 … 33, 38, 40, 196
대한 국제 표준 … 208
데니스 리치 … 50
데이터 자료의 이전 … 29
데자뷰 … 94
독점 장벽 … 147
동결 … 116
돼지와 닭 … 108
디버깅 … 192

ㄹ~ㅁ
라이브러리 … 188
레거시 … 29
레거시 코드 … 25
레베카 코스타 … 20
리스트럭처링 … 30
리팩토링 … 30, 225
릴리즈 마스터 … 174
마일스톤 … 174
마케터 … 109
매니저 … 130
맥페인트 … 52
메타적 사고 … 64
모의 객체 … 240
몰입 … 101
문명 붕괴 … 20
문서화 … 162

ㅂ
반비례의 법칙 … 137
버그 … 15, 192
버그의 악순환 … 195
복잡성 … 20
브랜치 … 174
비가시성 … 129
비자아적 프로그래밍 … 179

비지캘크 ... 51
빌 애킨슨 ... 52

ㅅ
사용성 ... 14
사용자 ... 109
서브버전 ... 34
소스 코드 관리 ... 38
소스 코드 관리 도구 ... 34
소스 코드 관리 체계 ... 170
소프트웨어 공학 ... 10
소프트웨어 붕괴 ... 18
소프트웨어 품질 평가 ... 208
솔루션 ... 72
스승 ... 75
스크럼 ... 107, 124
스크럼 마스터 ... 109, 130
스크럼 팀 ... 109
스티브 워즈니악 ... 51
스페셜리스트 ... 84
스프린트 ... 110
스프린트 계획 회의 ... 113
스프린트 구현 목록 ... 112
스프린트 리뷰 회의 ... 113
스프린트 회고 회의 ... 113
시각화 도구 ... 108
시간 관리 ... 92
신학적 기법 ... 23

ㅇ
아키텍처 ... 23
애자일 ... 59, 107
애자일 선언 ... 64
애자일 선언문 ... 163
에러 ... 15
역할 ... 108
연결된 자율성 ... 148
예언적 프로그래밍 ... 32
오케스트레이트 ... 86
외상후 스트레스 증후군 ... 80
운영관리 문서 ... 72
이슈 트래커 ... 98, 104
이전 장벽 ... 147
인상주의 ... 60
인재 수단 ... 147
인터럽트 ... 95
인터럽트(방해) ... 102
일일 스크럼 회의 ... 113
일정 추정 ... 112

ㅈ
자기-조직화 ... 117
작업 목록 ... 117
작업본 ... 182
전문가 ... 75
전역 변수 ... 44
절차적 프로그래밍 언어 ... 44
제너럴리스트 ... 84
제로 베이스 코드 ... 29
제로 코드 베이스 뉴 프로젝트 ... 30
제품 기능 목록 ... 111
제품 증가분 ... 113
제품 책임자 ... 109, 130
존 폰 노이만 ... 56
중괄호 ... 46
지속적 통합 ... 149
직업인 ... 74
진화 전략 ... 24

ㅊ~ㅌ
책임 떠넘기기 ... 28
천재 ... 75
초보자 ... 74
추정 ... 117
커밋 ... 35
컨텍스트 스위칭 ... 102
코딩 스타일 규칙 표준 ... 158
테스트 자동화 ... 196
테스트 주도 개발 ... 33
톰슨 ... 50
통합 수단 ... 147
튼 한센 ... 146
팀 패턴스 ... 51

ㅍ~ㅎ
파스칼 ... 52
포인터 ... 42
폭포수 ... 58, 59
품질 ... 67
프랭크스틴 ... 51
프레임워크 ... 188
프로세스 ... 108
프로젝트 ... 26
플로우 차트 ... 48
협업 ... 141
협업의 적 ... 143
호손 효과 ... 63
희생양 만들기 ... 28